KB241891

안철수 檢證 보고서

검증

조갑제닷컴

'안철수 현상'은 한국의 어린 민주주의에 대한 중대한 도전

'자기'가 없는 책

對談集(대담집) 《안철수의 생각》(김영사)은 최근에 내가 읽은 책들 가운데 가장 재미가 없었다. 그런 책 275페이지를 의무감으로, 분석적으로 읽은 건 하나의 고통이었다.

재미있는 사람이 좋은 사람이듯이 재미있는 책이 좋은 책이다. 재미는 어디서 오는가? 솔직함, 드라마틱함, 깊은 생각, 영혼을 맑게 해주는 교양, 신선한 視覺(시각), 충격적 사실들에서 생긴다. 이 책엔 그런 게 없다.

우선 '자기'가 없는 책이다. 안철수 씨의 이야기들은 그의 생각처럼 느껴지지 않는다. 어디서 많이 읽고 들은 이야기인데, 주로 從北좌파 세력이 發信(발신)한 논리의 틀 속에서 이야기하니 상투적이다. 그는 좌파적으로 생각한다. 좌파적이라 함은 이 세상을 계급투쟁적 관점에서 본다는 뜻이다. 그런 관점에 대한민국을 '弱肉强食(약육강식)'과 '勝者獨食(승자독식)'의 사회라고 매도한다. 엄청난 선동이고 왜곡이다.

교양이 느껴지지 않는다. 漢字(한자)를 한 글자도 쓰지 않은 책이다. 나는 한국어를 표기하는 두 문자 중 하나인 漢字를 말살한 글을 글로 보지 않는다. 안철수 씨와 김영사가 만든 이 책은 국어 문법의 원칙을 위배하였으므로 정상적 출판으로 볼 수 없다. 교양의 바탕은 '人文的 知識(인문적 지식)'이다. '知識'을 구성하는 다섯 요소가 바로 인문적 교양의 기본이다. 矢[화살 시]는 화살, 즉 전략이다. 口[입 구]는 입, 즉 경제이다. 言[말씀 언]은 인문학이고 音[소리 음]은 예술이며, 戈[창 과]는 창, 즉 전술이다. 지식인을 자처하려면 모름지기 전략, 전술, 경제, 인문, 예술적 소양을 갖추어야 한다는 의미이다.

人文的 교양의 틀은 역사, 문학, 철학이다. 국가와 민족의 발자취를 알게 하는 역사, 인간의 본질을 탐구하는 문학, 事物(사물)의 원리를 밝히는 철학이다. 안철수 씨의 말에선 이런 교양의 향기를 느낄 수 없었다. 나이 50을 넘긴 사람에겐 당연히 요구되는 자질이다. 그는 한글專用(전용) 교육의 피해자인지도 모른다.

인간의 잠재력을 무시

그는 인간을 아주 허약하고 의타적 존재로 본다. 인간이 가진 위대한 잠재력과 생존력, 그리고 克己(극기)의 힘과 창의력을 인정하지 않는 듯하다. 가난한 사람들을 일단 허약한 존재로 보고 국가가 무조건 보호해야 한다는 생각이 돋보인다. 過保護(과보호)가 인간의 鬪志(투지)를 약화시켜 인생을 망칠 수도 있다는 인식 자체가 없는 듯하다.

그런 안철수 씨가 내세운 '복지, 正義(정의), 평화'는 공허하다. 복지는 성장으로, 正義는 法治(법치)로, 평화는 安保(안보)로 유지된다. 그는 이 책에서 성장, 法治, 안보에 대한 신념도 비전도 보여주지 못한다. 정부가 채찍만 써서 남북관계를 악화시켰다고 억지를 부리면서 北核(북핵)문제 해결 방식은 북한정권이 주장해온 것의 踏襲(답습)이다. 이는 安保 포기적 발상이다. 광우병 亂動(난동)과 용산 放火(방화)사건을 진압한 정부를 비방하고 깽판의 본산인 從北문제를 외면한다. 法治포기다. 제조업을 경시하고, 대기업을 敵對的(적대적)으로 대하면서 낭비적 복지를 주장한다. 그래서 그의 복지, 正義, 평화는 공허하다.

정의감 실종

그는 正義란 단어를 애용하지만 정의감이 느껴지지 않는다. 정의감은 균형감각 위에 서야 한다. 안철수는 대기업에 대하여는 적대감과 분노를 드러내는데 민족반역자이자 학살자이며 反인류범죄자인 김일성 一家(일가)와 從北세력에 대하여는 그런 감정이 생기지 않는 모양이다. 분노의 대상을 잘못 설정한 것이다.

이 책에선 대한민국을 세우고, 지키고, 키우고, 가꾼 선배 세대에 대한 고마움도 느껴지지 않는다. 제대로 분노할 줄 모르는 이는 제대로 감사할 줄 모른다. 李承晩(이승만), 朴正熙(박정희), 미국, 국군, 트루먼, 李秉喆(이병철), 鄭周永(정주영) 같은 이들을 미워하는 게 從北좌파 세력이다. 安씨가 '대한민국을 만든 이들의 勞苦(노고)'에 감사하는 생각이 조금이라도 있다면 대한민국을 '弱肉强食'이라고 표현할 순 없었을 것이다. 弱肉强食은 정글과 야만의 논리이다. 유엔개발기구(UNDP)의 2011년 통계에 따르면 한국은 세계 187개국 중 삶의 질(HDI·인간개발지수)이 15번째 나라이다. 미국의 결정적 도움을 받은 선배세대의 피, 땀, 눈물로 세계적 문명을 건설한 나라이다. 그런 조국을 야만의 정글로 格下(격하)하는 이가 대통령이 되고 국군통수권자가 된다면?

북한인권 문제와 탈북자들에 대한 짧은 언급은 있지만 溫氣(온기)를 느낄 수 없었다. 지도자가 되려는 이에게 요구되는 正義感(정의감)은 애국심의 다른 표현일 것이다. 한국인의 애국심은 북한정권과 從北세력에 대한 분노, 대한민국에 대한 사랑과 자랑, 미국에 대한 감사의 마음이기도 하다. 安씨에겐 이런 감정 구조가 없는 듯하다.

"대학생 수준이다"

그는 對談을 통하여 너무 많은 분야에 걸쳐 아는 체를 너무 많이 한다. 생동하는 이 세상의 현실을 좌파의 인식 틀에 끼워 맞추려 한다. 안철수의 생각이 아니라 좌파가 프로그래밍한 것들을 머리에 넣어두었다가 자판기처럼 쏟아내는 듯하다. 陳腐(진부)하고 판에 박힌 분석이고 代案(대안)이다.

만병통치 식 해결책으로 등장하는 게 소통과 합의이다. 이해관계가 첨예하게 대립하고 얽혀 있는 한국의 문제들을 소통과 합의로 일거에 해결할 수 있다는 식이다. 그가 새로운 것인 줄 알고 열심히 설명하는 문제해결책을 듣고 있으면 이미 시행되고 있거나 하나마나한 것들도 많다. 예컨대 이런 말이다.

〈현재의 정치권은 진영논리에 빠져서 상대의 의견을 좀처럼 받아

　들이지 않는데, 화합과 소통의 리더십을 통해서 복지, 정의, 평화의
시대적 과제를 추구해야 한다고 생각합니다〉

〈유능한 인재는 정파와 관련 없이 기용하는 문화가 필요합니다. 인
재추천위원회와 같은 시스템을 만들어 상시적으로 폭넓은 추천을
받고 검증위원회를 통해 이 인재들을 적재적소에 기용하는 방법을
생각할 수 있을 것입니다〉

　그는 화합을 주장하지만 言動(언동)은 분열적이다. 2011년 서울시장
선거 때는 박원순 지지자를 상식파, 반대자를 비상식파로 분류하기도
하였다.
　《안철수의 생각》에서 '오만', '위선', '좌익성'을 간파한 자유진영의 이
론가들도 감정적 반응을 보였다. 〈한국경제신문〉 정규재 논설실장은 자
신이 운영하는 '정규재 TV'에서 안철수 씨의 책을 혹독하게 비판하였다.
　"기가 막힌다", "수준 이하이다", "대학생 수준이다"는 말이 자주 나온다.
　"좌빨들이 프로그래밍한 말들을 골라 생각 없이 말한다."
　"뭘 모르고 하는 말이다." "좋은 말들만 모아 놓는다."
　"정년연장, 임금 피크제를 하여 청년 실업률을 줄이겠다는 건 좋은 말
과 좋은 말 사이의 모순 관계를 모르는 말이다."
　"문제의 복잡성에 대한 이해가 없다."
　"북한정권 비판이 없다." "역사 인식이 없다." "개념 없다."
　"아이들을 속이려 한다."
　"능력 밖이다."
　"억지를 안 들어주는 걸 소통이 부족하다고 표현한다."

'남태평양의 섬나라 대통령이라면 몰라도…'

정 실장은 '한심하다'는 경멸스러운 표정을 여러 번 지었다. 前〈문화일보〉논설실장 윤창중 씨도《안철수의 생각》에 대하여 '구역질난다'는 표현을 했다. 그는 〈동아일보〉종편 채널A에 나와서 "어린아이의 젖비린내를 어른이 풍기면 그걸 惡臭(악취)라고 부른다"고 했다.

자료를 검색해보니 젊은 자유투사 金成昱(김성욱) 씨도 2011년 서울시장 선거에 개입한 안철수의 敎示型(교시형) 편지를 읽고 '구역질난다'는 반응을 보였다. 이들은 안철수 씨의 도덕君子(군자)인 척하는 僞善(위선)에 분노한 것이다.

나도 지난 6월 tvN의 '백지연의 피플인사이드' 인터뷰에서 이런 말을 주고받았다.

▲ **백지연**(이하 백): 지금 안철수 원장에 대한 의견도 좀 여쭤봤으면 좋겠어요. 여러 가지 이야기를 쓰셨던데, 몇 가지만 들어서 여쭤보면 '대한민국에 빨갱이가 어디 있습니까?'라는 말과 관련해서 여러 가지 말씀을 하셨고요. '안보와 관련해서 본다면 백지상태다'라는 말씀도 하셨고요. 특히 '어휘력이 부족하다' 이런 말씀을 하시면서 어휘력은 한 사람의 독서와 사색 이런 것의 결과라 하셨는데 어떤 근거로 안철수 씨를 평가하는 건지 좀 말씀해 주시겠어요?

△ **조갑제**(이하 조): 요약을 잘 해주셨는데, 전 그렇게 생각합니다. 대통령이란 자리는 국군 통수권자가 되는 거예요. 대통령의 제1자질은 安保(안보)와 이념입니다. 그리고 法治에 대한 확고한 철학이 있어야 해요. 그리고 전문적인 지식이 있어야 합니다. 이것은 지금 공부해선 안 됩니다. 공부해서 머리로는 알 수 있지만, 지도자는 머리로 합니까? 이런 문제는 신념으로 하는 거죠. 그

런데 지금 좌파 교수를 불러서 남북관계에 대해 공부하고 있다고 그러더라고요. 또 자기 아버지한테 '요새 세상에 빨갱이가 어디 있습니까?'라는 말을 했다고 하는데, 그 말을 했다고 하면 '나는 대통령 될 자격이 없다'는 고백이에요. 아니, 한국에 있는 빨갱이 때문에 잠이 제대로 안 오고 이렇게 시끄러운데 '빨갱이가 어디 있습니까?'라고 한다면 그 사람이 남태평양의 통가나 피지에서 대통령이 되면 몰라도, 대한민국에서 왜 대통령이 되려고 합니까? 자기도 불행해지고 나라도 불행해지는 거예요.

▲ 백: 안보나 이념은 워낙 예민한 문제니까 어떤 생각이 있어도 말을 안 할 수 있는 거 아닐까요?

△ 조: 아니 안보나 이념이 예민한 게 아니라 중차대한 문제고, 한국에서 공무원이 되겠다는 사람은 누구나 거기에 대해서 자기의 정답을 가지고 있어야 된다는 거죠.

▲ 백: 지금 말씀하신 여러 문제에도 불구하고 사실 안철수 원장에 대한 신망이 높아요. 그렇게 지지도가 높기 때문에 대선에 출마한다면….

△ 조: 기성정치에 대한 불만이 하나의 대안을 찾다 보니까 아주 맑게 보이는, 순진하게 보이는 안철수 씨 쪽으로 간 것 같은데 문제는 언젠가는 그 사람이 노출 될 것 아닙니까? 그리고 政敵(정적)으로부터 공격을 당하지 않겠습니까? 그렇게 하면 그 사람의 원래 모습이 상당히 드러날 거예요. 그러면 그 모습이 국민이 지금 기대하는 모습과 같으냐? 상당한 차이가 있을 것 같아요. 그래서 아주 혹독한 토론을 몇 번 겪으면 지지율에 많은 변화가 생기지 않을까. 또 다음 대통령 자리는 그 임기 5년 중에 반드시 북한 급변사태와 만날 겁니다. 이건 피할 수가 없어요. 그렇다면 안보에 신념이 있는 사람을 뽑아야죠.

▲ 백: 그런 차원에서 안철수 원장은 대통령으로서 자질이 어떻다고 생각하시는 거예요?

△ **조:** 없다고 생각합니다.

'從北도우미'에서 '從北노리개'로

《안철수의 생각》은 유치한 수준이지만 여론조사에서 그의 지지율은 매우 높고 구조적으로 단단하다. 이 책이 나오기 전의 여론조사를 종합하면 박근혜 對 안철수는 대체로 45 對 40%이었다. 안철수 지지율이 높은 곳은 호남(약 60%)과 제주(약 50%)이고 대구·경북은 18%로서 가장 낮았으며 경남과 부산은 36%이었다. 19~39세층에서 안철수 지지율은 55%이고, 50세 이상층에선 약 20%였다. 자신이 보수라고 생각하는 이들 가운데서도 안철수 지지는 23% 정도이고 자신이 中道(중도)라고 생각하는 이들 중에선 42%(박근혜는 41~43%), 자신이 진보라고 생각하는 이들 중에선 65%가 안철수 지지였다. 자영업, 화이트칼라, 학생층에서 상대적으로 지지율이 높았다.

그는 從北좌파 진영의 대표 인물인 박원순을 서울시장에 당선시킨 최대 공로자였다. 박원순 시장은 국가보안법 폐지론자이고, 한국 현대사를 부정적으로 보며, 천안함 폭침의 책임이 李明博(이명박) 정부에 있다고 주장하는 전형적인 從北좌파 인사이다. 그를 결정적으로 도운 안철수를 일부 보수층 인사들까지도 '안보에선 보수'라고 오해를 한다. 새누리당 인사들도 "안철수는 우리 黨이 수용할 수 있는 인물"이라고 추파를 던진 적이 있다. 그러니 상당수 보수-중도층이 안철수를 자기편이라고 생각하고 지지한 것이다.

이번 책을 통하여 안철수의 좌경성이 드러났다. 그가 좋아한 사람과 그를 좋아한 사람, 그가 쓰는 사람, 그가 하는 말을 만든 사람들은 거의

가 왼쪽이다. 안철수 씨는 '從北도우미' 역할에 머물지 않고 직접 대통령 선거에 출마하려고 수를 쓰고 있다. 조직이 없고 이념적으로 좌파논리의 포로가 된 그는 대통령이 되더라도 '從北의 노리개'가 될 가능성이 있다.

민주통합당-통합진보당-안철수 세력이 大選(대선)에서 손을 잡으면 20~40대를 主力(주력)으로 하는 좌파+중도성향 표를 흡수할 것이다. 종북좌파 진영은 선거를 철저하게 이념적으로 다룬다. 새누리당이 이념대결을 피하고, 안철수의 이념적 정체성을 정확히 알리는 일을 포기한다면 苦戰(고전)할 것이다. 여러 번 實證(실증)되었지만, 이념戰場(전장)의 한반도에선 理念(이념)이 가장 큰 전략이다.

1997년, 2002년 大選에서 李會昌(이회창) 후보는 김대중, 노무현의 이념적 정체성을 폭로하지 않으려다가 오히려 아들 병역 문제로 逆攻(역공)을 당해 졌다. 새누리당이 從北논쟁을 피하여 이기더라도 그런 식으로 잡은 권력은 李明博 정권의 예에서 보듯이 힘을 쓸 수가 없다.

안철수 씨가 천안함 폭침이 북한 소행임을 인정하면서도 이를 믿지 않은 사람들을 책망하지 않고 오히려 이명박 정부를 비난하는 것은 천안함 폭침이 북한 소행이 아니라고 생각하는 약 30%의 유권자들을 의식해서가 아닌가 추측된다. 천안함 폭침이 북한 소행이 아니라고 주장하는 이들은 고학력층과 2030세대가 주축이다. 안철수 지지층과 겹친다. 천안함 폭침이 북한 소행이 아니라고 주장하는 이들은 유권자로서의 자격이 없다. 유럽에선 유태인 학살을 부정하거나 왜곡하는 발언을 하고 다니면 형사처벌을 받는다. 한국은 교육수준이 높을수록 분별력이 망가지는 나라이다. 이들 '배운 무식자'와 從北좌파 세력이 특정지역의 압도적인 지지를 기반으로 '안철수 현상'을 만들어냈다. 이 세력이 4·11총선에선 29명의 반공법 및 국가보안법 위반 前歷者(전력자)를 국회의원으로 뽑는 데 결정적 역할을 하였다. 법치확립과 자유통일로 나아가야 하는 한국의 어린 민주주의는 중대한 도전세력을 만난 것이다. 이들이 한 독선자를 청와대로 보내려 한다.

한 셰익스피어 연구가는 위안이 되는 말을 남겼다.

"惡은 스스로를 드러낸다."

最惡(최악)은 獨善(독선)과 僞善(위선)이다.

〈조갑제닷컴〉은 이 책을 통하여 서울시 선관위가 '18代 대통령 입후보 예정자'라고 규정한 안철수의 생각, 인맥, 지지층을 정리했다. 자유진영의 대표 筆陣(趙甲濟·정규재·윤창중·柳根一·이동복·金成昱)이 안철수 현상을 해부하였다. 아래 의문에 대한 답을 썼다.

'착한 철수'가 '좌익 선동꾼'처럼 말하도록 그를 감염시킨 바이러스의 正體(정체)는 무엇인가? 대한민국이 얼마나 큰 나라인데 이런 유치한 수준으로 대통령을 꿈꾸나? '從北도우미'를 거쳐 '從北의 노리개'가 될 작정인가?

김정일 사망 후 急變(급변)의 조짐을 보이는 북한을 놓고 치러지는 2012년 대통령 선거는 '대한민국의 챔피언이냐 북한정권의 심부름꾼이냐', '통일 대통령이냐 從北 대통령이냐'를 결정할 것이다. 한국이 선거를 거치면서 '선동에 안 속는' 抗體(항체)를 만들어 '안철수 바이러스'를 퇴치한다면 자유통일이란 關門(관문)을 지나 一流(일류)국가로 나아갈 것이다. 나라의 위기를 한 방에 해결할 수 있는 메시아는 없다. 위대한 유권자, 즉 '속지 않는 국민'이 있을 뿐이다.

2012년 8월10일

趙甲濟

차 / 례

제3부

檢證

제4부

'안철수 현상'의 비밀-'배운 無識者들' 연구

CHAPTER 1

趙甲濟:
《안철수의 생각》 讀後記

2008년 이후 북괴에게 얻어맞아 국민 57명의 목숨을 잃고도 참기만 한
이명박 정부에 '남한정부가 채찍만 써서 남북관계가 악화되었다'며
책임을 돌리는 안철수 씨는 國籍(국적)이 어디인가?
이런 자가 국군통수권자가 되면 한반도에 평화가 오나, 전쟁이 오나?

趙甲濟(조갑제)

前 월간조선 편집장. 現 〈조갑제닷컴〉 대표

1

趙甲濟:
《안철수의 생각》讀後記

안철수의 自畵自讚-거의 聖者수준

《안철수의 생각》(김영사)이란 책은 안철수 씨와 제정임 씨의 問答集(문답집)이다. 제 씨가 묻고 안 씨가 답하는 식이다. 安씨가 자신을 설명할 때 한국인들이 좀처럼 쓰지 않는 自畵自讚(자화자찬)의 語法(어법)이 많은 데 놀랐다.

〈저는 강한 사람에게 강하고 약한 사람에게 약한 성격이기도 합니다. 약자에겐 따뜻하게 대하는 편이지만, 강한 사람이 부당하게 공격하면 더 세게 맞받아치는 '괴팍한' 성격이 있습니다. 사업을 하는 동안 척박한 환경 속에서 경쟁자들과 겨루고 결국 살아남았던 것도 이런 성격 덕이었다고 생각해요〉

〈제가 경영학을 다시 공부한 이유가 '배워서 남 주려고'였거든요〉

〈지난 10개월간 나름대로 치열하게 사회 현안에 대해 고민하고…〉

〈한 직업에서 다른 직업으로 넘어갈 때마다 제가 고민한 가장 큰
기준은 '개인적으로 뭘 많이 얻을 수 있는가'나 성공확률이 아니라
'얼마나 우리 사회에 좋은 영향을 끼칠 수 있는가'였습니다〉

〈감히 말씀 드리지만 제가 지금까지 살아온 과정은 안주하지 않는,
도전과 결단의 연속이었습니다〉

자신의 결심을 '결단'이라고 표현하는 것은 자신의 욕심을 '행동하는
양심'이라고 과장하는 정도는 아니지만 한국인의 예절감각과는 맞지 않
는다. 직업을 바꿀 때 오로지 '얼마나 우리 사회에 좋은 영향을 끼칠 수
있는가'만 생각하였다면 聖者(성자) 수준이다. 다른 사람은 몰라도 나는
그런 생각만 해본 적이 한 번도 없다.

자신의 도덕성에 대한 過信(과신)이 공개적으로 표출되면 반드시 반
발이 생긴다. 모든 인간은 결점이 있기 때문이다. 결점 많은 인간이 자
신은 무결점이라고 확신하고 다른 결점 많은 사람을 斷罪(단죄)함으로써
유토피아를 만들려 할 때 어떤 일이 일어나는가? 캄보디아의 킬링필드,
로베스피에르의 공포정치 같은 역사적 사례가 많다. 獨善(독선)과 僞善
(위선)이 정치적으로, 이념적으로 결합되면 위험하다. 천국을 만들려다
가 지옥을 만들 수도 있기 때문이다.

이 책에는 안철수 씨 이력 설명이 붙었는데, 〈최근에는 '국민 멘토'라

는 애칭으로 많이 불리고 있다〉고 했다. 출판사에서 적은 필자 소개는 필자가 반드시 교정을 본다. 이 표현을 안철수 씨가 지우지 않은 것으로 보아 그는 자신을 '국민 멘토'라고 생각하는 듯하다. 나도 국민의 한 사람인데 그를 나의 멘토라고 생각해본 적은 한 번도 없다.

안철수의 요술방망이—'소통과 합의'

자신의 도덕성을 내세우는 데 주저함이 없는 안철수 씨는 이 책을 통하여 李明博(이명박) 정부와 대한민국 現체제를 비판하는 데도 무자비하다. 그는 '구체제'란 표현을 했다. 한자로는 舊體制다.

〈사람들 눈에 '구체제'라고 느껴지는 것들, 즉 국민의 생각을 반영하지 못하는 정당과 계층 이동이 차단된 사회구조, 빈부격차가 심화되는 경제시스템 등을 극복하고…〉

安씨는 '구체제가 어떤 의미인지 조금 부연 설명을 해달라'는 질문에 대하여 萬惡(만악)의 책임을 몽땅 '구체제'란 말 속에 집어넣는다.

〈사회적 약자의 인권을 외면하는 태도, 성장과 효율성만을 앞세워서 경제력 집중과 양극화를 방치하는 것, 청년들이 기회를 잃고 국민들이 불안에 떠는 현실을 도외시하는 것도 구체제〉라는 것이다.

安씨의 현실진단은 사실 왜곡이다. 계급투쟁론을 깐 좌파적 시각의 세계관일 뿐이다. '빈부격차 심화'는 과장이고 '양극화 방치'는 거짓말이다. 문제는 모든 나라가 모든 시대에 지니고 있었던 이런 문제들을 체제의 잘못으로 단정한 뒤 그가 내어놓는 처방의 '나이브함(순진함)'이다.

〈이런 시대적인 과제를 해결하기 위하여 '소통과 합의'가 필요하
고요〉

'소통과 합의'는 萬惡의 근원인 '구체제의 문제'를 해결하기 위한 요술
방망이로서 《안철수의 생각》에 자주 등장한다. 安씨가 지적한 문제들을
해결하려면 공정하고 엄정한 法질서 확립과 安保(안보), 그리고 성장이
필요한데 그는 줄곧 '소통과 합의'라고 우긴다.

안철수가 그린 암울한 대한민국은 거짓말!

안철수 씨가 《안철수의 생각》이란 對談集(대담집)에서 진단하는 한국
의 현상황은 양극화와 貧富(빈부)격차가 심화되고 젊은이들의 미래는 절
망적이며 중산층은 쓰러지고 의료보험은 부족하며 표현의 자유가 억압
되고 사회는 勝者獨食(승자독식)의 암울한 정글이다. 이는 엄청난 과장이
고 선동이고 새빨간 거짓말이다.

2011년 유엔개발기구(UNDP)는 삶의 질(HDI·인간개발지수) 랭킹에서 한
국을 세계 187개국 중 15등으로 평가하였다. 삶의 질은 소득(구매력 기
준), 평균수명 등 보건, 교육 부문을 종합한 평가이다. 복지의 핵심적인
기능이다. 세계 복지 랭킹이라고 봐도 무리가 없다.

2011년 한국의 1인당 국민소득은 구매력 기준으로 세계 29등(세계은행
통계)이었다. 삶의 질 등수는 이보다 14등이나 높다. 한국은 국민소득이
허용하는 것보다 보건과 교육에 더 많은 투자를 하고 있다는 뜻이다. 즉
정부가 복지 분야 투자를 아끼지 않는 정도가 아니라 경제력보다 더 많
이 하고 있다는 이야기이다. 326조 예산 중 복지 예산이 92조 원으로서

국방비(33조 원)의 거의 3배이다. 45조의 교육예산을 복지에 더한다면 약 140조 원이나 된다.

중산층 비중도 2010년부터 늘고 있고 원래부터 낮았던 貧富격차는 더 줄어드는 추세이다. 저소득층의 소득증가율이 고소득층보다 높아졌다는 이야기이다. 세계에서 한국의 경제적 위상은 2008년보다 더 나아졌다. 재정, 무역수지, 물가상승률, 성장률, 실업률을 종합하면 한국은 싱가포르, 대만과 함께 세계에서 금융위기를 가장 성공적으로 극복한 나라이다. 안철수의 대한민국과 세계가 평가하는 대한민국은 딴판이다.

2008년까지 우리의 라이벌이었던 스페인은 실업률 23%(한국은 3%), 청년 실업률 50%(한국은 7%)이고, 국가는 부도 직전이다. 안철수는 비판을 하더라도 뭘 알고 해야 할 것 아닌가? 勝者獨食? 고졸 출신이 대통령이 되고, 현직 대통령의 형이 감옥에 가는 나라가 대한민국이다. 안철수는 거짓말의 특권을 누리는 사람인가?

예산의 3분의 1이 복지

2012년 한국인의 예상 의료비 지출은 약 91조원으로서 국방비의 약 3배이다. 2013년엔 100조 원을 넘는다. 이 가운데 약 60%를 국가, 즉 공공기관이 부담한다. 2000년대 10년간 한국의 의료비 증가율은 연평균 7.8%로서 OECD 평균 4%의 두 배였다. 국내총생산(GDP)의 약 2.7%를 국방비로, 약 6.9%를 의료비로 쓴다. 국가財政(재정)이 가장 빨리 망가지는 것은 의료비 증가를 막지 못할 때이다. 2020년에 가면 年의료비 지출이 國內(국내)총생산의 11.2%로 늘어난다. 256조 원.

우리나라는 세계에서 가장 빨리 고령화가 진행되므로 고령자의 의료비 지출이 급증하게 되어 있다. 국가부담을 늘리면 과잉치료가 이뤄져 의료비는 더 늘게 된다. 감기만 걸려도 종합병원에 가서 입원하는 이들이 생긴다. 의료비 지출이 가장 많은 나라는 미국인데 국내총생산의 17.4%이다. 미국 재정赤字(적자)의 가장 큰 원인이다.

민주통합당 등 좌파진영에선 '무상의료'를 공약으로 내거는데, 국가부도로 가는 첩경이다. 2013년의 의료비 지출이 약 100조원이고, 이 가운데 공공 기관 부담이 약 60조, 민간부담이 약 40조원이다. 무상의료를 실시한다면 매년 40조 원을 더 써야 한다. 더구나 이 규모는 해마다 늘어난다. 2012년 국방예산이 33조 원이니 국군을 하나 더 만들어 운영하는 것보다 더 많은 돈이 추가된다.

세금을 더 많이 거두어야 한다. 기업과 국민들이 돈을 많이 벌어야 한다. 從北좌익 세력이 정권을 잡으면 부자들을 괴롭히고, 대기업을 착취기관으로 간주, 온갖 압박정책을 펼칠 터인데, 경제성장은 둔화되고 세금도 많이 걷히지 않을 것이다. 민주통합당과 통합진보당이 공통으로 내건 4·11총선 공약은 99%를 편들고 소득 상위 1%를 누르겠다는 것이었다. 이 1%가 소득세의 45%를 낸다. 세금이 많이 걷히지 않은 상태에서 무상의료를 밀고 나가면 국가부도는 예정된 결론이다.

公共(공공)부문의 의료비 지출 중 약 30%가 65세 이상 고령자에게 나간다. 고령자는 급증한다. 고령화 사회가 되면 이들을 부양하는 부담이 청장년층에 가해진다. 문제는 좌익선동에 의하여 청장년층이 무상복지 공약에 넘어가 자신들의 부담을 늘리려 한다는 점이다.

무상의료는 필연적으로 과잉치료를 유발하고 이게 국가재정을 망가뜨린다. 공식은 간단하나, 인간은 뻔한 진실도 믿지 않는 경향이 있다.

1980년대 성장률 세계 1위

　한국의 언론, 정치, 종북좌익들이 만든 하나의 신화는 '兩極化'와 '貧富격차의 확대'라는 신기루이다. 안철수 씨의 사고방식도 그런 신기루를 의심 없이 받아들이고 있다. 한국은 예나 지금이나 富의 분배가 세계적으로 공정한 편에 속한다.

　세계은행이 1965~1989년 사이 세계 40개 주요국 평균 경제 성장률과 소득분배를 조사한 자료에 따르면 한국은 경제 성장률에서 세계 1위, 소득분배의 평등성에서도 아주 양호한 국가로 나타났다. 소득분배의 평등성을 재는 기준은 上位(상위) 20%의 소득이 下位(하위) 20% 소득의 몇 배를 차지하느냐를 보는 것이다. 한국은 약 7배, 브라질은 약 26배, 말레이시아는 약 16배, 수단은 약 12배, 멕시코는 약 20배, 태국은 약 9배, 필리핀은 약 11배이다. 일본과 대만은 약 5배, 싱가포르는 약 9배, 홍콩은 약 9.5배였다.

　1965~1989년의 24년간 1인당 소득 성장률이 年4% 이상이고, 소득분배 지수가 10(즉, 上位 20%의 소득이 下位 20%의 소득의 10배)이내인 우량국가는 東아시아의 6개국—한국, 대만, 싱가포르, 홍콩, 일본, 태국뿐이었다. 이는 군사정권 때 한국사회의 貧富 차이가 더 커졌다는 俗說(속설)을 무효화 시키는 통계이다. 군사정권 때 한국은 전체적인 國富(국부)와 개인소득도 세계에서 가장 크게 늘었을 뿐 아니라 소득분배도 가장 공평하게 되었다.

　1965~1980년 사이, 즉 朴正熙(박정희) 대통령 시절과 거의 겹치는 16년간 한국의 年평균 국내총생산(GDP) 증가율은 9.5%로서 세계 9위였다. 1980~1990년의 11년간, 즉 全斗煥(전두환) ― 盧泰愚(노태우) 대통령

시절 한국의 GDP 성장률은 연평균 10.1%로서 세계 1위였다. 5·16쿠데 타 직후인 1963년 한국의 1인당 GDP는 100달러로서 말레이시아(271달러), 필리핀(169달러), 태국(115달러)보다 못했다. 군인출신 대통령이 국정을 운영하던 30년간 한국은 국민총생산(GNP) 규모에서 세계 37위(1960년)→15위, 1인당 국민소득에선 83위→30위, 무역부문에선 세계 51위→11위로 도약하였다.

한국의 민주화가 최소한의 피를 흘리고 이뤄진 것은 민주화 운동이 활발하던 시기가 고도성장 시기와 일치한 덕분이다. 경제가 망가지면 민주화 운동이 일어나기 어렵고 일어나더라도 국민의 외면을 받는다. 민주화 운동이 너무 격렬해지면 경제가 후퇴하거나 그 운동이 국민의 지지를 받지 못하고 쉽게 진압된다.

복지를 해야 富者가 된다고?

안철수 씨의 對談集《안철수의 생각》을 읽어보면 安씨가 사람을 어떻게 보는가를 알 수 있다. 그는 인간을 아주 약하고 의타적인 존재로 보는 듯하다. 개인이 먼저 책임져야 할 거의 모든 사회적, 경제적 책임을 정부와 대기업에 돌린다. 家計(가계)부채도 정부와 금융권의 책임이 크다는 것이다. 이 문제는 빚을 낸 사람의 책임과 함께 논해야지 정부와 금융권의 책임으로만 돌려버리면 대책도 일방적이다.

〈단기대출을 중장기로 전환해주거나 금리 부담을 낮춰주고, 변동금리대출을 고정금리대출로 바꾸고, 거치식 일시상환을 정기 원리금 분할상환으로 바꾸자〉는 것이다. 무리하게 빚을 낸 사람들을 위하여 이런 善心(선심)을 쓴 뒤가 문제이다. 무리하게 빚을 낸 이들의 家計부채를 해결하려다가 은행부실이 생기면 빚 지지 않고 정직하게 산 사람들에게 피해가 돌아가지 않을까, 하는 고민이 보이지 않는다.

안철수 씨는 막대한 돈이 들어가는 수많은 사업을 제시하는데, 그 돈을 어떻게 마련할 것인가에 대한 구체적 해답이 보이지 않는다. 유엔개발기구(UNDP)의 삶의 질 통계(HDI · 인간개발지수)에 따르면 한국은 지금도 국민소득 수준에 비하여 교육과 복지 분야에 훨씬 많은 투자를 하는 나라이다. 이미 복지 과잉이다. 그럼에도 안철수 씨는 유럽 국가의 기준을 갖고 와서 '한국은 아직 더 돈을 써야 한다'고 주장한다. 그 돈을 쓰는 방법도 가난한 학생들이 열등감을 느끼지 않도록 무상급식이 필요하지 않은 부잣집 학생들에게까지 무차별적으로 급식하자는 식이다.

그는 〈우리나라의 복지 지출 수준이 OECD 평균의 절반도 안 되는 형편에서 좀 늘리자는 얘기를 두고 '재정위기' 운운하는 것은 부적절하다〉고 생각한다. 그는 그리스, 스페인, 이탈리아 등 남유럽이 재정위기를 맞은 것이 '과잉복지' 때문이라는 사실도 인정하지 않는다.

> 〈복지지출이 많아 재정위기를 맞았다면 훨씬 수준이 높은 북유럽이 먼저 망했어야 했겠죠. 그런데 스웨덴 등 북유럽 국가들은 글로벌 금융위기 이후 가장 안정된 성장세를 보이고 있습니다〉

남유럽 국가들은 경제력 수준보다 더 많은 복지 지출을 하여 재정위기가 온 것이고, 北유럽 국가들은 자신들의 경제력에 맞는 지출을 하여 위기를 부르지 않았다는 점을 무시한 비교법이다. 개발도상국이 복지 수준을 自國(자국) 기준으로 하지 않고 선진국 기준에 맞추려 하면 필연적으로 재정적자가 생긴다. 그리스는 특히 의료보험 분야에 너무 많은 투자를 하여 위기를 자초하였다. 안철수 씨는 스웨덴의 경우 "富者(부자)라서 복지를 하는 것이 아니라 복지를 해서 富者가 되었다"는 이야기를 소개하여 자신의 입지를 강화하려 한다.

돈을 벌어야 부자가 되지 돈을 많이 써야 부자가 된다는 이야기는 금시초문이다. 복지를 하여 부자가 되려면 그 나라 경제력에 맞는 수준의 복지를 해야 하는데 安씨는 한국의 경제력보다 더 많은 복지를 하자고 주장하니 富者가 아니라 貧者(빈자)의 길을 제시하고 있는 셈이다.

그는 복지지출을 늘리기 위하여 세금을 더 거두어야 한다고 주장한다. 세금을 많이 내려면 개인과 기업이 이익을 남겨야 한다. 경제가 성장해야 한다. 그가 주장하는 경제, 복지정책을 종합하면 거의가 성장을 둔화시키는 것들이다. 그렇다면 무슨 수로 增稅(증세)를 하나? 그는 "능력대로 내고, 필요한 만큼 쓰자"는 주장도 소개한다. 가난한 사람은 적게 내고 많이 쓰자는 이야기이다. 이는 공산주의의 사기극으로 밝혀진 유토피아의 꿈이다.

안철수 씨가 대단한 것처럼 말하는, 경제와 복지와 통일에 대한 견해는 너무나 많이 들어본 상투적 이야기들이다. 주로 종북좌파 진영에서 發信(발신)된 사고의 틀에 근거하여 판에 박은 이야기를 하고 있다는 느낌이다.

'지난 5년간 정당한 의사표현이 억압당했다'는 흉듬

《안철수의 생각》이란 책은 안철수 씨와 제정임 씨의 問答集이다. 제 씨가 묻고 안 씨가 답하는 식이다. 자신의 도덕성을 자랑하고, 대한민국의 현실을 정의가 실종된 '舊체제'라고 매도하는 데 과감한 安씨는 李明博 정부를 비방하는 데도 용감하다. 잘한 것은 잘 했다, 못한 것은 못했다고 하는 비판 수준이 아니다. 일방적 매도이다.

〈지난 5년 동안 정당한 요구, 정당한 호소, 정당한 의사표현이 많이 억압되지 않았습니까? '법질서 확립'이라는 명분 아래 정당한 요구들마저 불법적인 것으로 규정됐고, 이 때문에 시민의 분노가 상당히 누적되어 있다고 생각해요. 따라서 차기 정부에서 누가 정권을 잡더라도 사회 전반적으로 다양한 종류의 분노와 갈망이 동시다발적으로 표출될 가능성이 큰 것 같습니다〉

안철수 씨가 대통령은커녕 區(구)의원도 되어선 안 될 사람이란 확신을 주는 발언이다. 李明博 정부가 언론자유를 억압하였다는 주장을 하는 이들은 불법을 서슴지 않는, 주로 從北좌파 진영이다. 〈한겨레〉, 〈미디어오늘〉, 민노총, 從北성향의 통합진보당, 광우병 난동 정신을 잇겠다는 민주통합당, 그리고 북한정권이다. 안철수 씨 머리엔 이 진영의 선동 논리가 그대로 입력되어 자동적으로 그의 입을 통하여 흘러나오는 듯하다.

▶ 조작, 과장, 편향, 왜곡의 수법을 총동원한 프로를 통하여 세계에서 가장 안전하게 관리되는 미국산 쇠고기를 먹으면 인간광우병에 걸릴 위험이 높다고 선동한 MBC도 '정당한 의사표현'을 하여 억압을 당한 경우인가? TV가 발명된 이후 최악의 선동 방송을 한 MBC의 누가 감옥에 간 적이 있나? 억압당한 건 국민이고 진실이고 억압한 건 MBC 아닌가.

▶ 좌익이 주동한 광우병 난동으로 대한민국의 심장부가 밤만 되면 불법 시위대에 점령당하고 경찰관이 500명 이상이나 다쳤는데, 이것도 정당한 요구와 정당한 호소를 억압한 결과인가?

▶ 국회의원이 국회 본회의장에 최루탄을 투척하고도 검찰 조사를 거부하고, 국회로부터 아무런 징계를 받지 않았는데, 앞으로는 수류탄을 던질 표현의 자유까지 주어야 한다는 건가?

▶ 李明博 정부가 가장 잘못한 것은 법질서 확립을 하지 못한 일인데, 안철수는 이 정도의 법질서 유지도 억압이라고 규정한다. 그가 대통령이 된다면 (그럴 일은 없겠지만) 대한민국 정부는 반역의 자유, 깽판의 자유를 주고 (그리하여 무정부 상태가 되고) 표현의 자유로서 수류탄 투척의 자유까지 보장하는 나라가 될 것인가?

〈한국경제신문〉 정규재 논설실장은 안철수의 생각을, '좌빨들이 프로그래밍한 정보를 외는 수준'이라고 혹평하였는데 그런 思考(사고) 구조가 이 책을 통하여 드러난 것은 그나마 다행이다. '惡은 스스로를 드러낸다'는 말이 생각난다. 가장 나쁜 악은 獨善(독선)이고 僞善(위선)이다.

안철수와 조국이 좋아하는 메뉴 '약육강식'과 '승자독식'

안철수 교수가 좌파적 세계관을 갖고 있다는 의심을 확인시켜주는 건 對談集《안철수의 생각》에 나오는 다음과 같은 대목이다.

〈약육강식, 승자독식의 시장만능주의가 활개 치는 가운데 자본의

이익을 극대화하는 방향으로 경제가 흘러가다가 보니 대기업으로
의 경제력 집중이 심해지고 중소기업에서 좋은 일자리들이 새롭게
창출되거나 창업이 일어날 수 있는 기회는 점점 줄어들었죠. 그러
다 보니 소득불균형이 심해지면서 중산층과 서민층의 실질소득이
줄거나 정체되고 부족한 수입을 빚으로 메우는 경우가 늘어난 것
이죠〉

19세기에 칼 마르크스가 그렸던 암울한 자본주의의 미래를 21세기의
안철수 씨가 가장 역동적으로 성장하는 대한민국에 덧씌운 것 같은 문
장이다. 약육강식, 승자독식, 시장만능주의는 좌파가 대한민국을 비난
할 때 자주 쓰는 선동적 용어이다.

좌파는 세상을 계급투쟁적 시각으로 파악하려는 이들이다. 이런 생각
을 가진 이들은 富者와 지도층과 국가를 계급의 敵(적)으로 간주하고 法
(법)을 지배층의 억압수단으로 규정, 법치 파괴를 부끄러워하지 않는 경
향이 강하다.

이런 계급투쟁적 사고틀에 갇힌 집단이 선거에 나서면 '99%의 힘으
로 1%를 이기자'는 식의 계급적 적대감 선동으로 공동체를 해치고 국민
을 분열시킨다.

한반도에선 북한정권이 이런 계급투쟁적 이데올로기를 앞세워 정권
을 유지하므로 한국의 좌파는 거의 필연적으로 北에 종속된다. 그리하
여 좌파는 從北, 從北은 좌파성향을 띠는 경우가 많은 것이다.

안철수 씨도 이런 범주 안에 든다. 위의 문장에서 그가 요약한 '약육
강식, 승자독식, 시장만능주의의 대한민국'은 물론 존재하지 않는다. 商
高(상고)출신이 대통령이 되고, 石工(석공) 출신이 세계적 대기업을 만들

고, 경찰이 고문으로 학생을 죽이면 내각이 총사퇴하고, 현직 대통령의 아들과 형이 구속되고, 종북정당의 국회의원이 국회에서 최루탄을 던지고도 선거에서 당선되고, 노동자들이 자가용을 몰고 출근하는 나라를 弱肉强食, 勝者獨食으로 표현하는 사람은 참 나쁜 인간이다.

弱肉强食은 강자가 약자의 고기를 뜯어먹는다는 뜻이고, 勝者獨食은 경쟁에서 이긴 사람이 모든 것을 독차지한다는 뜻이다. 漢字를 쓰지 않는 안철수 씨가 이 용어의 진정한 의미를 알고나 썼는지 의심이 간다.

안철수와 유사한 성향을 가진 조국 서울대 교수도 '하위 80%'의 소득이 크게 줄어들었다는 엉터리 통계를 보여주면서 '약육강식과 승자독식'을 이야기하다가 정규재 한국경제 논설위원에게 걸려 치명상을 입은 적이 있다. 안철수도 조국 수준이다.

"조국 교수가 인용한 통계는 '완전 엉터리'"

경제전문가인 정규재 〈한국경제신문〉 논설실장은 사실과 전혀 맞지 않는 경제자료를 강연자료로 활용, 계급갈등을 부추긴 曺國(조국) 서울대 교수를 정면 비판했다. 정 논설실장이 조 교수를 정면 조준한 매체는 인터넷 팟캐스트 방송인 '정규재 TV'이다(2012년 2월13일 개국). 이 방송은 최근 사이트 누적 방문자 수만 30만 명을 넘었고, MP3와 모바일 수단을 사용하는 청취자까지 포함하면 접속자가 50만 명에 육박한다고 한다.

조국 서울대 교수에 관한 '조국… 아! 나의 조국'(5월25일) 편의 경우 네티즌들 사이에서 한 달이 넘도록 폭발적인 인기를 끌었다. 방송에서 정 논설실장은 知人(지인)을 통해 얻은 조국 교수의 강연자료를 근거로 조

정규재 논설실장이 잘못된 통계를 사용한 조국 서울대 교수의 강연자료를 들어보이고 있다.

교수가 자신의 논리를 정당화하기 위해 잘못된 통계자료까지 전혀 거리낌 없이 사용하고 있음을 지적했다.

'조국… 아! 나의 조국' 편에서 정 논설실장의 첫 멘트는 이렇게 시작된다.

"조국이라는 분 아시죠! 별명이 강남 좌파입니다. 강남 좌파가 요즘 굉장히 많습니다. 강남에 살면서 어퍼 클래스(upper class) 상위 10%에 들면서 급진적 성향을 가진 사람들입니다. 먹고 살만해지면서 뒤늦게 도덕심을 가지게 된 거죠. 그러면서 자기보다 잘 사는 사람들을 공격하고, 이타적인 인간인 척합니다. (중략) 오늘의 주인공은 이분(조국 교수)입니다. (중략) 누군가가 조국 교수의 강의를 들었는데, (내용이) 하도 기가 차서 무슨 얘기를 하고 있는 건지 검증을

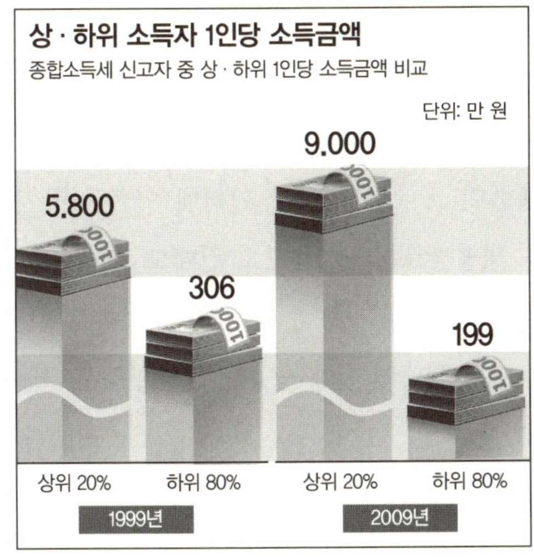

조국 교수가 자신의 강연자료로 사용한 문제의 〈연합뉴스〉 그래픽으로 인턴기자 김 모 씨가 제작했다.

해달라고 (자료를) 보내왔습니다.”

문제의 조국 교수 강연 자료 제목은 '노동과 복지 있는 민주주의'다. 여기서 그는 한국 사회를 '승자독식과 약육강식', '富(부)와 지위의 부자 세습', '20 대 80'(상위 20% 소득이 전체의 80%를 차지하는 사회)의 법칙이 더 심화되어 '10 대 90'의 승자독식 행태가 심화되는 불균형 사회로 규정 했다. 특히 조 교수는 '상위 10 對 하위 90' 문제를 설명하면서 '상-하위 소득자 1인당 소득금액'(2011년 국세청 자료) 자료를 인용했다.

구체적으로 1999년에는 상위 20%와 하위 80%의 1인당 소득금액이 각각 5800만 원, 306만원이었던 것이 2009년에는 상위 20%와 하위 80%의 1인당 소득금액이 각각 9000만 원, 199만 원이 됐다는 것이다. 즉 저소득층의 소득은 그동안 계속 줄어든 반면 고소득층의 소득은 크게 늘어났다는 것이 조 교수의 주장이다.

문제는 조 교수가 인용한 경제자료는 당시(2011년 4월) 언론보도 이후 기획재정부가 기자간담회까지 열고 해명자료를 냈던 엉터리 자료란 점이다. 통계수치를 발표했던 국세청도 당시 인터넷 언론들이 자료를 잘못 인용해 보도하자 해명자료를 냈었다. 그런데도 조 교수는 고의로 그랬는지는 알 수 없지만 잘못된 자료를 자신의 강연에 그대로 사용한 것이다. 이 같은 조 교수의 행태에 대해 정규재 논설실장은 다음과 같이 비판했다.

"이 표(상-하위 소득자 1인당 소득금액)는 눈으로 보고 의심해야 합니다. 조국 교수가 법학을 떠나서 지성인이고 논리적 추론이 가능하다면 의심을 해야 합니다. '상위 20%'는 말이 되는데, '하위 80%'라는 말은 없죠. '하위 80%'는 대부분을 의미합니다. '하위 80%'란 말은 있을 수가 없죠. 10년 동안 대부분의 국민들, 거의 모든 소득자들이 306만 원에서 199만 원으로 소득이 줄었다는데, 이게 말이 됩니까? 있을 수 없는 일이라는 것을 직감으로 알아야 합니다. 이 표는 완전히 잘못된 것이죠. 그런데도 (조국 교수는) 이런 자료를 뭣도 모르고 가져다 쓴 것입니다.

그러면서 우리 사회가 이렇게 '비참한 사회'가 되고 있다고 공갈을 쳤을 겁니다. 이런 수치는 舊소련이 망할 때 정도는 되어야 나오는 수치입니다. 지금 북한의 김정은 통치하에서나 나올 만한 수치인 겁니다. 상위 20%를 뺀 80%사람들의 소득이 (이 표처럼) 줄어들면 폭동이 납니다.

북한에서도 이런 통계가 나오지 않습니다. 이런 표를 가지고 학생들에게 거짓말을 하는 것입니다. 도대체 요즘 서울대 들어가는 학생들의 수준은 이런 통계를 교수가 설명하면 통계가 잘못된 것을 물어보지도 않는 겁니까? 요즘 서울대 들어가는 학생들 실력 없다고 소문이 자자합니다. (중략) 도대체 우리사회에서 때로는 지성인을 자처하는 사람들 중에서 정말 어처구니없는 사람들이 한명 씩 나온다는 사실에 경악하지 않을 수 없습니다.

한마디로 이런 표를 보고 이게 무슨 말인지, 이게 옳은 표인지도 구분 못하는 '맹'인 겁니다. 합리적 인식과 분석능력이 없는 사람입니다. 이렇게 해가지고 교수를 한다는 게 이상합니다. (중략) 명색이 로스쿨(law school) 교수고, 얼굴로 따지자면 대통령이 될 것이라고 친구들이 농담도 한다는데…. (중략) 원래 좌익들이 이렇게 순진하거나 자기중심적인 사람들이 굉장히 많습니다. 물론 우익이라는 인간들 중에도 엉터리 인간들이 굉장히 많습니다만. (중략) 제가 존경하는 교수님들도 서울대에 많습니다. 같이 앉아서 얘기하고 있으면 정신이 번쩍 날 정도로 예민한 知性(지성)을 가진 분들도 많습니다. 그렇지만 이 분들은 열심히 논문 쓰고 가르치시지 밖으로 나와서 '내가 사회를 구원하겠다'면서 뛰어다니지 않습니다. 그래서 오늘 제 동영상의 제목은 '조국… 아! 나의 조국'으로 붙이고 싶습니다."

심판은 선수 편을 들어야 한다?

對談集 《안철수의 생각》은 안철수 씨가 복잡한 대한민국 사정에 얼마나 無知(무지)한가를 잘 보여준다. 정부의 기능을 제대로 이해하지 못하는 유치한 수준의 이야기가 많다.

창의, 실용, 현장중심의 경제정책으로
선진일류경제 구현

보도참고자료

보도일시	**2011. 4. 26(화) 배포시**		
배 포 일 시	2011. 4. 26(화)	담당부서	세제실 소득세제과
담당과장	조 규 범 과장 (2150-4150)	담 당 자	최우석 사무관(2150-4153)

제목 : 국세청 통계자료 인용 '소득격차' 확대 관련 언론보도 참고

<언론보도 내용>

□ 연합뉴스·조선일보·동아일보 등은 국세청의 통계자료를 인용하여 99년 이래 자영업자 상위 20%의 소득은 급증한 반면, 하위 20%의 소득은 급감*하고

* 자영업자의 상위 20% : (99) 5,800만원 → (09) 9,000만원
　　　　　　　하위 20% : (99) 306만원 → (09) 199만원

* 09년 상위 20%의 소득은 64.4조원으로 총소득 90.2조원의 71.4%에 달함

ㅇ 근로자도 09년 상위 20%의 급여액(131.2조원)이 총급여액(315.7조원)의 41.6%에 달하는 등 소득격차가 심화되었다고 보도

<기획재정부 입장>

① 국세청 통계자료는 전체 사업자나 근로자 중에서 **종합소득세 신고자 및 근로소득세 과세대상자**를 기준으로 집계한 것으로서

ㅇ 그간 과표양성화 등에 따라 기존에 세금을 납부하지 않던 **자영업자** 등이 신규로 과세대상자로 포함되는 과정에서 **상대적으로 낮은 소득자들이 1분위*에 편입됨에 따라 1분위의 소득이 낮아진 것처럼 오인**

* 1분위 : 전체 종합소득세 신고자 중 소득금액 하위 20%에 해당하는 자

※ 종합소득세신고자·과세자비율 : (99)134만명·36.6% → (09)357만명·52.6%
　　근로소득세 과세자인원·비율 : (05)610만명·51.3% → (09)854만명·59.7%

<99 · 09년 자영업자 과세자비율 및 분위별 분포>

99년	63.4% (과세미달자)	7.3% (1분위)	7.3% (2분위)	7.3% (3분위)	7.3% (4분위)	7.3% (5분위)
(누적비중)	100%	←36.6%	←29.2%	←21.9%	←14.6%	← 7.3%

09년	47.4% (과세미달자)	10.5% (1분위)	10.5% (2분위)	10.5% (3분위)	10.5% (4분위)	10.5% (5분위)
(누적비중)	100%	← 52.6%	← 42.0%	← 31.5%	← 21.0%	← 10.5%

☞ 즉, 99년도 1분위는 전체 소득자의 29.3~36.6%에 해당하는 자이며 09년도
1분위는 42.1~52.6%에 해당하는 자로서 99년과 09년의 1분위는 다른
계층의 소득자이므로 양자를 단순 비교하는 것은 곤란

② 10년도 가계소득 및 소득분배 추이

① 10년 기준, **모든 계층의 소득이 증가하였으며** 특히, **저소득층 소득이
고소득층 보다 더 높은 증가세** 시현

* 10년도 소득분위별 소득 증감률(%, 전년비) :
(1분위) 8.5, (2분위) 8.8, (3분위) 6.4, (4분위) 6.9, (5분위) 4.4

② 지니계수, 소득5분위배율 등 **소득분배 관련 지표는** 06년 전국단위
통계 작성이래 10년 들어 처음으로 개선되는 등 소득분배가 비교적
뚜렷하게 개선

	06	07	08	09	10
· 지니계수	0.306	0.312	0.314	0.314	0.310
· 소득5분위배율(배)	5.38	5.60	5.71	5.75	5.66
· 상대적빈곤율[1] (%)	14.3	14.8	15.2	15.3	14.9

1」 중위소득 50% 미만

③ **중산층 규모도 06년 이후 처음으로 증가세로 반전**하여 글로벌
위기 이전 수준 가까이 회복

* 중산층 비중 추이(%): (06) 64.6 → (07) 63.9 → (09) 63.1 → (10) 64.2

<우선 정부의 각 부처들이 자기가 맡은 바 본분에 충실해야 한다고
봅니다. 노동부 장관은 기본적으로 노동자들의 권익을 대변해야 하
는데 지금은 노동부가 기업의 이익을 대변하는 것 같아요>

대통령이 아니라 區의원 자격도 없는 사람이란 평이 절로 나오게 하
는 발언이다. 노동부는 노동자 편도, 기업 편도 들어선 안 된다. 법률과
상식과 國益(국익) 편에 서서 公共(공공)의 이익을 도모하여야 한다. 노동
부는 노동자 편을 들고 기획재정부는 기업 편을 드는 게 본분에 충실한
태도인가? 복잡한 利害(이해)관계가 상충하는 민주국가에서 정부는 불편
부당한 심판자 및 공평한 法집행자 역할에 충실해야 한다. 안철수 씨는
경기 중 축구 심판을 향하여 자기 팀을 편들지 않는다고 욕하는 엉터리
감독 같다.
　질문자도 한심하긴 마찬가지이다.
　<한진중공업, 유성기업 등에서 파업 등 노사대립이 있을 때 정부가
사용자 편에 서서 경찰을 동원한 강경진압으로 반발을 산 경우가 적지
않습니다>고 질문한 데 대하여 안철수는 이렇게 맞장구친다.

<정부는 중간에서 공평한 중재자 역할을 잘 해야 할 것 같습니다.
사실과 법적인 근거 하에서 판단하고 중재하는 심판 역할을 해야
합니다. 정부가 지나치게 기업 쪽에 기울어져…>

노동부 장관에겐 노동자 편을 들라 해놓고는 여기선 심판 역할을 주
문한다. 좋은 말만 골라서 하다가 보니 상호간에 모순이 생긴 것이다.
한진중공업 사태의 경우, 경찰 동원은 기업 편을 들기 위한 게 아니었

다. 불법행위를 저지른 노동자들을 제재하려는 정당한 공권력 행사였
다. 정부와 경찰을 보는 안철수 씨의 눈은 전형적인 좌편향 斜視(사시)
이다.

"천안함 폭침이 북한 소행임을 믿지만…"

1. 〈천안함 폭침은 북한의 소행이라고 믿는다. 그러나 정부를 신뢰
못해서 의문을 제기하는 사람들이 상당수 있다. 그 사람들을 탓하
기보다 왜 정부가 신뢰를 잃었는지 성찰하는 자세가 필요하다. 사
실 정부가 오히려 북한을 자극해서 그 억울한 장교들이 水葬(수장)
되는 결과를 낳지 않았나〉

2. 〈이명박 정부는 채찍만 써서 남북관계가 악화되었습니다. (중략)
저는 기본적으로 (천안함 관련) 정부의 발표를 믿습니다. 다만, 국민
에게 설명하는 과정이 제대로 관리되지 않아 문제가 커졌다고 생각
합니다. 국가 차원에서 '합리적 의문'을 풀어주려는 노력이 필요했
지만 이견을 무시하는 태도가 사태를 악화시켰다고 봅니다〉

1은 박원순 서울시장 후보가 2011년 10월 관훈클럽 토론회에서 한 발
언 요지이고 2는 안철수 씨가 《안철수의 생각》이란 對談集에서 한 발언
이다. 두 사람이 한 사람 같이 말한다. 종북좌익 진영에서 개발한 억지
논리를 공유하고 있기 때문일 것이다.

전 문화일보 논설실장 尹昶重(윤창중) 씨는 '사이비 좌파들이 조작설을
떠들어대다가 밀리니까 토 달고 나서는 것까지 똑같다'고 혹평하였다.

안철수 씨는, 천안함 폭침이 북한 소행임을 인정한 다음엔 북한정권에 공격의 화살을 돌려야 할 터인데 피해자인 대한민국 정부를 비방한다. 인간이 생각할 수 있는 모든 의문을 다 풀어준 정부에 대하여 '異見(이견)을 무시하였다'고 욕하는 안철수가 국군통수권자가 되면 北은 살판이 날 것이다. 全面(전면)남침을 해도 안철수 대통령은 그의 멘토인 박원순 시장에게 전화를 걸어 "이건 北을 자극한 국군이 책임 져야 되는 것 아닌가요"라고 묻거나, "북한소행이 아니라는 異見을 검증하기 전엔 반격하면 안 된다"고 할 것 아닌가?

'잔인한 자를 동정하는 자는 동정 받아야 할 사람들에게 잔인하다'는 탈무드의 말이 박원순, 안철수에게 적용될 것이다. 안철수 씨는 李明博 정부와 대기업은 잔인할 정도로 씹어대면서 학살집단의 수괴인 김일성-김정일-김정은에겐 아무런 감정 표현이 없다. 매사에 도덕성을 강조하는 사람이 남북관계를 말할 때는 기계적, 기능적으로 변한다. 인류 역사상 最惡(최악)의 범죄집단에 대한 正義感(정의감)의 실종이다. 이런 불균형은 교양의 바탕이 약한 人格(인격)의 자연스러운 표현일 것이다.

얻어맞기만 한 정부더러 채찍 들고 강경책 썼다고 비방

안철수 씨는 《안철수의 생각》이란 책에서 이렇게 주장하였다.

〈이명박 정부는 채찍만 써서 남북갈등이 심화됐습니다. 이명박 정부가 채찍 위주의 강경책, 기계적 상호주의를 고수한 것은… (중략) 북한의 붕괴를 전제로 한 봉쇄정책은 한반도의 긴장만 고조시키고 평화를 훼손한다고 생각해요〉

2008년 이후 북괴는 금강산 관광객 박왕자 씨를 사살하고, 임진강 홍수를 일으켜 피서객 6명을 죽이고, 천안함 폭침공격으로 46명, 연평도 포격으로 4명, 총 57명을 죽였다.

이렇게 얻어맞기만 한 대한민국이 강경책만 썼다고 생각하는 안철수 씨는 國籍(국적)이 어디인가? 이런 자가 국군통수권자가 되면 한반도에 평화가 오나, 전쟁이 오나?

그는 '對北퍼주기는 北의 핵개발을 도운 것이 아니다'라고 했다. 從北 정권 10년간 北에 갖다 바친 약 100억 달러어치의 금품이 군사력 증강에 쓰이지 않았다면 왜 북한주민들이 굶었나. 연간 3억 달러어치의 옥수수만 수입했어도 굶는 사람이 한 사람도 생기지 않았을 것이다.

그나마 李明博 대통령이 잘한 일은 북한정권에 뜯어 먹히지 않고 봉쇄정책을 편 점이다. 좌파정권의 對北지원은 거의가 북한정권과 군대를 강화시키는 데 쓰였고 주민들에겐 혜택이 돌아가지 않았었다. 李明博 정부가 北의 對南도발에 대한 응징으로 이 돈줄을 끊어버리니 정권의 통제력이 약해지고, 시장기능이 확대되었다. 북한의 시장 확대는 정권의 붕괴로 이어질 수 있는 가장 의미 있는 변화이다. 대한민국 정부가 북한주민들을 위해 가장 잘한 일은 북한정권에 대한 봉쇄였다. 이를 안철수는 비방하고 있다. 그가 누구 편에 서 있는지 잘 보여준다.

순진한 생각, '美中 사이에서 균형외교'

안철수 씨는 '순진한 사람'이지 '순수한 사람'은 아닌 듯하다. '순수한 (PURE)'은 淸濁(청탁)을 다 들이마시고도 영혼의 맑음을 유지할 수 있는 박정희 같은 사람에게 적용된다. '순진한(NAIVE)'은 뭘 몰라서 '순수하게' 보일 뿐이다. 그는 소통과 합의, '낙인 효과', 평화체제 구축, 균형 외교 등 주로 좌익진영에서 개발한 용어를 남용하는 경향이 있다. 예컨대 균형외교에 대한 이런 발언이다.

〈균형외교와 다자외교가 중요하다고 생각합니다. 특히 대미, 대중 외교의 적절한 균형이 필요하다고 생각해요. 한미동맹은 중요하기 때문에 서로를 위해 존속할 수 있는 관계를 만들어야 합니다. 다만 미국과 중국 사이에서 너무 한쪽으로 치우치지 않게 어느 정도는 균형을 잡도록 노력해야 한다고 생각합니다〉

'균형외교'란 말은 노무현 대통령이 처음 썼다가 國力(국력)이 뒷받침 되지 않아 웃음거리가 된 정책이다. 균형자 역할을 할 수 있는 나라는 核(핵)을 보유한 강대국 정도이다. 韓美(한미)동맹은 군사동맹이고 中北(중북)군사동맹 체제와 대치 중이다. 敵國(적국) 편인 나라[중국]와 동맹국[미국] 사이에서 균형외교를 한다? 미국이 서해로 航母戰團(항모전단)을 보내면 중국은 반발한다. 이때 한국이 美中 사이에서 어떻게 균형외교를 할 수 있나? 중국은 북한의 핵무장을 비호한다. 이런 중국과 核을 폐기시키겠다는 미국 사이에서 한국이 균형외교를 한다?

'순진한 사람'은 근사한 용어의 포로가 된다. 경제민주화, 균형외교를 논하면 자신이 고매한 사람이나 되는 걸로 착각한다. 미국의 라이스 국무장관이 교수 출신인 자신 앞에서 균형외교론을 강의한 노무현 당시 대통령을 비정상적 정신상태의 소유자로 평한 회고록[《최고의 명예(No Higher Honor · 美크라운 출판사)》]을 읽어볼 것을 권한다.

가난을 감추어주기 위하여 富者학생에게도
강제급식하자는 사람

미국의 쿨리지 대통령은 가장 하기 쉬운 일은 국민세금을 쓰는 것이라고 했다. 그 이유는 간단하였다. 주인이 없는 돈이기 때문에. 안철수 씨는 자신의 對談集에서 쿨리지의 名言(명언)을 實證(실증)한다.

〈학교급식의 경우 가난한 아이들에게만 무상급식을 하면 '얻어먹는 아이'라는 낙인을 찍을 수 있습니다. 이것은 경제적 효율을 따질 문제가 아니라, 자라나는 아이들의 인권과 정서라는 측면에서도 배려가 필요한 문제라는 점을 강조하고 싶어요. 선별적 복지를 하다가 보면 수혜 자격, 즉 가난을 입증하고 검증하는 과정에서 막대한 행정비용이 든다는 점도 감안할 필요가 있고요〉

누가 가난한 집인지, 누가 富者인지를 모르게 하기 위하여 무차별적으로 일종의 강제급식을 하자는 주장이다. 동급생이 가난한지 부자인지를 모르게 하기 위하여 부자 학생들은 먹기 싫은 밥도 강제로 먹어야 한다. 문제는 그런 데 드는 돈이 안철수 씨 것이 아니라 국민세금이란 점이다. 안철수 씨는 자기 돈을 이렇게 쓸 수 있을까? 한 반에서 1년간 생활하다가 보면 누가 가난하고 누가 부자인가는 학생들이 자연스럽게 알게 되어 있다. 누가 잘 생겼고 누가 못 생겼는가를 알게 되는 것과 같다.

못 생긴 학생의 열등감을 감추어주기 위하여 잘난 학생에겐 못 생기도록 성형수술을 해주어야 하나. 아니면 못 생긴 학생들을 몽땅 성형수

술하나? 가난을 입증하고 검증하는 데 돈이 든다고 불평인데, 그렇게 하지 않으면 더 많은 돈이 든다. 복지가 필요 없는 사람들에게도 강제 복지 혜택을 주면 정작 필요한 사람들에겐 돈을 쓸 수 없을 때가 온다. 가난한 아이를 감추어주려면, 공부 못하는 학생들도 감추어 주어야 한다. 그러려면 시험도 없애야 한다. 아니 교육 자체를 폐지해야 한다. 인간 세상 자체를 없애야 한다. 인간은 다르게 태어났고 다르게 산다. 이런 順理(순리)를 무시하고 똑같이 만들려면 더 큰 차별이 생긴다.

가난한 아이를 감싸준다고 강제적으로 획일급식을 하는 것은 정부가 '가난'을 수치로 여기도록 강요하는 것이다. 안철수 씨의 이 낙인론도 좌익진영에서 먼저 개발하여 써먹은 것이다. 安씨의 머리는 먼저 들어간 先入見(선입견)이 임자인 모양이다.

北歐 복지 모델은 왜 성공하였는가?

한반도의 좌익들은 이상하게도 스웨덴을 좋아한다. 김정일도 북한식 사회주의의 모델이 스웨덴이라고 이야기하여 웃음거리가 된 적이 있다. 안철수 씨도 對談集에서 스웨덴을 예로 들어 복지 확대를 주장한다. 스웨덴을 포함한 北歐(북구) 모델에 대한 이해가 필요하다.

1. 스칸디나비아 3국이라고 하면 스웨덴, 노르웨이, 덴마크만 들어간다. 핀란드가 빠진다. 노르딕 컨트리(Nordic Countries)라고 하면 3국 외에 핀란드, 아이슬란드, 그린란드, 파로에 섬이 들어간다.

2. 이들 나라를 北歐라고도 부른다. 인구는 스웨덴이 937만으로 가장 많다. 덴마크 550만, 핀란드 534만, 노르웨이 483만 명이다. 아이슬란

드는 약 32만 명, 그린란드는 5만6000명, 파로에는 4만9000명이다. 면적은 그린란드가 216만㎢로서 호주를 제외하면 세계에서 가장 큰 섬이다. 그린란드와 파로에는 덴마크 자치령이다.

3. 北歐 4개국의 인구는 모두 2500만 명 정도이다. 종교는 新敎(신교)가 84%이다. 거의 모두가 루터교이다. 가톨릭은 1.25%로서 이슬람(2.58%)보다 적다. 北歐는 1000년경부터 기독교를 받아들였고, 종교개혁 시대에 가장 먼저 루터교로 改宗(개종)하였다. 16세기 종교 전쟁 때 스웨덴은 프랑스의 도움을 받아 독일에서 改新敎(개신교) 세력을 지켜냈다. 北歐는 기독교인들 가운데 하느님의 존재를 믿지 않은 비율이 세계에서 가장 높다.

4. 유럽연합(EU)에 가입한 나라는 덴마크, 핀란드, 스웨덴이다. 유로를 쓰는 나라는 핀란드뿐이다. 북대서양조약기구(NATO)에 가입한 나라는 덴마크, 아이슬란드, 노르웨이이다. 덴마크, 스웨덴, 노르웨이는 王國(왕국), 핀란드와 아이슬란드는 공화국이다. 노르웨이가 독립국이 된 것은 1905년, 스웨덴은 1523년, 아이슬란드는 1944년, 덴마크는 10세기경부터, 핀란드는 1917년이다.

5. 北歐모델(Nordic Model)이란 말이 있다. 이 나라들이 개발하여 정착시킨 독특한 사회, 복지, 교육 제도를 말한다. 자본주의와 사회주의 혼합 형태이다. 개인의 기본권 존중, 평등, 여성의 취업 장려, 경제활동 인구의 最多化(최다화), 貧富(빈부)격차의 최소화, 강력한 사회보장-의료보험-의무교육 제도, 낮은 범죄율, 높은 생활수준, 많은 세금, 높은 고급 문서 해독률, 민주주의의 성숙, 법치주의의 확립, 높은 노조 가입률(80% 이상), 社民黨(사민당)의 장기집권, 公共부문의 지출이 많지만 생산성은 높다.

튼튼한 국민교양 위에 세운 생산성 있는 복지

6. 실업수당이 덴마크는 받던 임금의 90%, 스웨덴은 80%이다. 독일은 60%. 국민총생산 중의 세금은 스웨덴이 51%, 핀란드가 43%. 독일은 34%. 덴마크는 국내총생산의 7%, 스웨덴은 6.5%를 교육에 투자한다. 영국은 5.5%. 스웨덴 사람들의 80%는 매년 한 번 이상 직업훈련을 받는다. 유럽 평균의 두 배이다. 스웨덴과 핀란드는 국내총생산의 4%를 매년 연구개발 투자에 쓴다. 영국은 2% 이하. 덴마크는 風力(풍력)발전으로 電力(전력)의 25%를 댄다. 경제와 복지 분야의 규제는 立法(입법)으로 하지 않고 利害(이해) 당사자간의 합의로 한다. 유럽에서 기업하기 좋은 나라는 1위가 덴마크, 4위가 아이슬란드, 5위가 노르웨이, 6위가 핀란드, 7위가 스웨덴이다. 노조의 힘이 세어도 기업 자유도가 높다.

7. 北歐 나라들은 國旗(국기)에 옆으로 누운 십자가를 공통적으로 쓴다.

8. 1인당 資産(자산)보유액이 가장 많은 나라는 노르웨이이다. 행복도가 가장 높은 나라는 덴마크. 고급문서 해독률이 가장 높은 나라는 스웨덴, 2등은 덴마크, 3등은 노르웨이, 6등은 핀란드. 세계에서 삶의 질이 가장 높은 나라는 항상 노르웨이, 7등은 스웨덴, 12등은 핀란드, 16등은 덴마크. 국가경쟁력 순위는 덴마크가 5등, 스웨덴이 6등, 핀란드가 9등, 노르웨이가 11위. 공무원들의 청렴도는 덴마크가 세계 2위, 스웨덴이 4위, 핀란드가 6위, 노르웨이 11위. 남녀평등 지수는 1위가 아이슬란드, 2위 핀란드, 3위 노르웨이, 4위 스웨덴, 7위 덴마크. 민주주의 성숙도는 1위가 스웨덴, 2위 노르웨이, 3위 아이슬란드, 5위 덴마크, 6위 핀란드이다. 정치, 경제, 교육의 거의 모든 분야에서 北歐 4개국이 10位圈

(위권)에 든다.

9. 人間愛(인간애)를 실천한다. 對外(대외) 원조를 많이 하고, 入養兒(입양아)를 많이 받는다. 유엔 등 국제평화를 위한 활동에 적극 참여한다. 한국의 고아 2만 명 이상을 입양해간 나라가 스칸디나비아 3국이다.

10. 덴마크의 지혜: 덴마크의 노동시장 모델인 플렉시큐리티(Flexicurity · 유연 안정성)는 유연성(Flexibility)과 안정성(Security)의 합성어로서 고용의 유연성을 통하여 직업의 안정성을 도모한다는 뜻이다. 사회복지국가인 덴마크는 해고가 자유로운 나라이다. 反복지 정책처럼 들리겠지만 해고가 자유로운 덕택으로 再취업률도 높다. 유럽에서 가장 실업률이 낮다. 여기서 나온 단어가 플렉시큐리티이다.

납세율은 국민총생산(GDP)의 약 49%로서 세계에서 가장 높다. 남한의 반 정도 되는 國土(국토)에 약 540만 명이 산다. 겨울이 길다. 그럼에도 모든 조사에서 국민행복도가 세계 1등이다. 고용의 신축성과 공무원 사회의 투명성(세계에서 가장 덜 부패한 나라)이 만든 결과라고 한다.

11. 요약: 노르딕 모델이 성공할 수 있는 것은 복지정책이 교양 있는 국민들 위에 서 있기 때문이다. 국민교양이 튼튼하지 못한 나라에서 낭비적 복지정책을 쓰면 국민들은 의타심을 갖게 되고 自立(자립), 自助(자조)정신을 잃는다. 그 결과는 국민정신의 타락이고, 국가 재정의 파탄이다.

'백면서생' 안철수의 무식한 脫原電論

한국 지식인들의 한 단점은 "모른다", "그건 내 전공 분야가 아니다"

는 이야기를 하기 싫어한다는 점이다. 지식인은 森羅萬象(삼라만상)에 대하여 다 알아야 한다고 생각한다. 지식인을 자처하는 안철수 씨도 마찬가지이다. 그의 對談集《안철수의 생각》을 읽어보면 그는 너무 많은 분야에 대하여 너무 자신 있게 발언한다. 그의 전공은 정보기술 분야이다. 그런데 질문자가 안보, 原電(원전), 복지, 경제 등 非전공 분야에 관하여 질문해도 답변을 사양하지 않는다. 누가 나에게 "한국의 IT 산업이 어떤 방향으로 발전해야 할지 설명해주세요"라고 물었을 때 내가 아는 척하고 설명을 시작하면 이는 웃기는 일이 된다. 안철수 씨가 原電의 미래에 대하여 아는 체하는 것도 그런 수준일 것이다. 그런데 그는 자신 있게 설명한다. 질문자는 〈우리나라가 原電의 발전량 비중을 현재의 32%에서 2030년까지 59%로 높이겠다고 하는데 어떻게 생각하십니까〉라고 물었다.

안철수 씨는 일본에 가서 소프트뱅크 회장 손정의 씨를 만났는데 그가 '원자력 에너지는 안전하지 않다'고 강조하더라는 말로 시작한다. 원자력 발전 기술에 관한 한 한국은 일본의 선생이다. 2009년 한국 原電의 가동률은 93.4%로서 세계 1위였다. 일본보다는 가동률이 29.6% 포인트나 높았다. 가동률이 높다는 말은 안전성이 높다는 뜻이기도 하다. 2011년 3월11일 일본을 기습하였던 쓰나미가 덮쳐도 한국의 原電은 후쿠시마 原電 같은 사고를 일으키지 않는다는 게 전문가들의 일치된 견해이다.

안철수 씨는 왜 한국의 전문가를 만나서 물어보지 않고 原電 전문가도 아닌 일본인의 말을 옮기는가? 그는 또 영국잡지 〈이코노미스트〉가 커버스토리로 원자력 발전은 안전하지도 싸지도 않다는 사실이 입증되었다는 보도를 하였다고 설명한다. 그런 보도가 있었다고 해도 이는 사실이 아니다. 일본과 영국의 非전문적인 견해를 소개한 뒤 安씨는 비약한다. 자신의 논리는 소개하지 않은 채 "原電을 늘리지 말고 기존의 原電도 줄여나가려고 노력해야 한다"는 것이다. 그는 여기서 한 번 더 점프한다.

> 〈눈앞의 이익이라는 논리로만 따지다 보니 우리나라가 사람 목숨 값이 싼 나라가 됐는데요, 지금은 국민들의 생명을 담보로… (중략) 국가가 경제논리만으로 일방적으로 결정해서는 안 된다고 봅니다〉

뭘 모르는 사람이 잘하는 건 비방

한국인의 자랑거리인, 세계에서 가장 안전한 原電을 사람 목숨을 우습게 여기는 존재로 매도한 것이다. 한국이 사람 목숨 값이 싼 나라가 되었다? 수백만을 굶겨 죽인 북한정권의 인간말살엔 침묵하면서 '사람 목숨'을 至高(지고)의 가치로 존중하는 한국을 야만국가로 묘사한 이가 대통령을 꿈꾼다. '생명을 담보로' 하여 경제정책을 결정한다고? 도롱뇽을 살린다는 한 女僧(여승)의 억지 주장을 검증하기 위하여 兆(조) 단위의 國庫(국고)손실을 감수하면서까지 터널 공사를 연기하였던 나라이다.

그의 한국 原電에 대한 비방은 계속된다. 뭘 모르는 사람이 잘할 수 있는 건 총체적 비방뿐이다.

> 〈우리가 갖고 있는 기술에 대해서도 완벽하냐는 반론이 있고요, 설령 안전하다 하더라도 최선을 다해서 사고를 줄이는 문화가 아닙니다〉

환경론자들은 늘 '완벽성'을 요구한다. 인간이 하는 일에 완벽은 없다. 완벽하려고 노력할 뿐이다. 안철수 씨의 논법을 빌리면 비행기도, 자동차도 '완벽하게' 안전하지 못하므로 앞으로 차츰 줄여나가야 한다.

미국은 104基(기)의 원자력 발전소를 갖고 있는데 일곱 基를 더 지을 예정이다. 프랑스는 58基를 갖고 있는데 두 基를 더 지을 계획이다. 우리나라는 23기를 갖고 있고, 다섯 基를 짓고 있으며 네 基를 더 지을 계획이다. 원자력 발전량 비중은 석탄발전량의 40.3% 다음으로서 31.2%이다. 풍력이나 태양광 발전은 1%도 안 된다. 발전 單價(단가)도 原電이 가장 싸다.

原電 사고는 일본에서 난 것이지 한국에서 난 일이 아니다. 일본이 잘못 하여 저지른 사고를 기준으로 하거나 영국과 일본의 비전문가 의견을 받들어 최고의 안전도를 자랑하는 한국의 原電을 단계적으로 폐쇄시키자고 나서는 사람이 과연 과학도인가, 한국인인가?

實事求是(실사구시)는 주체성의 기준이다. 事實(사실)과 現實(현실)에 기초하여 是非(시비)를 가리는 자세가 자주적 행동인 것이다. 안철수 씨는 사실과 현실과 자신을 떠나서 외국인의 견해를 빌려 와 '脫(탈)원전 지지'라는 엄청난 결론을 내렸다. 이게 사대주의 아닌가?

원자력 발전소의 문을 닫은 후 일어날 일들

안철수 씨가 脫원전의 代案(대안)으로 내어놓는 것들도 原論(원론)을 벗어나지 못한다.

'에너지 효율화를 통하여 에너지 소비를 줄이고, 과도한 전력소비를 줄여나가는 노력을 하며, 자동차 운행을 줄이는 노력을 하고, 代替(대체)

에너지를 적극 개발한다'는 것이다. 이미 우리 정부가 하고 있는 것들이다. 이런 걸로 電力(전력) 31%의 공백을 메울 수 있나?

原電 문외한이 아는 척하면서 정책 대안을 내어놓으니 하나마나한 이야기가 된 것이다. 가장 큰 無識(무식)은 자신이 無識하다는 점을 모르는 無識이라고 한다.

한국 원자력 산업을 키우는 데 큰 공헌을 한 元老(원로) 전문가에게 의견을 물었다.

"3·11쓰나미 같은 게 한국을 덮쳐도 우리 原電은 안전합니다. 후쿠시마 原電 사고는 디젤 발전기를 지하에 설치, 쓰나미에 침수된 것이 가장 중요한 원인인데 우리는 한참 높은 안전 공간 안에 있어요. 여러 가지 점에서 우리는 일본 원전보다 훨씬 안전하게 되어 있습니다. 지진이 났을 때 맨 마지막에 타격을 입을 건물은 원자력 발전소입니다. 지진이 겁나서 原電 문을 닫겠다는 건 고층건물을 다 헐어버리자는 것보다도 더 무리한 폭언입니다.

한국은 세계에서 가장 뛰어난 안전기술을 갖고 있어요. 사소한 사고는 났지만 人命(인명)에 영향을 준 사고는 한 건도 없었습니다. 脫원전하면 무슨 일이 일어날까요?

1. 원자력 발전소 수출을 할 수 없게 됩니다. 지금 한국은 미국, 프랑스, 러시아와 더불어 세계 원자력 발전소 건설 시장에서 경쟁합니다. 국내에서 문을 닫는데 수출이 되겠습니까?

2. 전기값이 올라갑니다. 원자력 발전 덕분에 한국인들은 값싼 전기를 씁니다. 30년 전에 비하여 전기값이 15% 정도밖에 오르지 않았습니다. 原電을 풍력으로 대체한다는데 풍력은 발전단가가 (原電의) 세 배, 태양광 발전은 열 배예요. 전기값이 오르면 물가가 오르고 한국 경제의 국

제경쟁력이 약해집니다.

3. 독일이 脫원전한다고 그 나라를 따르자는 이들이 있는데, 독일의 가정용 전기료가 한국의 네 배입니다. 앞으로 더 오를 겁니다. 白面書生(백면서생)이 나라를 망칠까 두렵습니다.”

29세 청년 李承晚과 50代 안철수의 생각 수준

한국에 자유를 심어준 인물은 李承晚(이승만) 건국 대통령이다. 그가 구십 평생을 전부 쏟아 부어 구현하려고 했던 가치는 자유였다. 그는 개인의 자유를 꽃 피워야 경제적 번영이 가능하고 强兵(강병)을 가질 수 있어 국가의 자유, 즉 自主(자주)도 도모할 수 있다고 본 사람이다. 李대통령의 自主는 북한식 닫힌 自主(이건 자주도 아니지만)가 아니라 세계로 열린 自主였다. 1904년을 전후하여 옥중에서 쓴 책《독립정신》에서 李承晚은 '자유를 존중하는 것은 나라를 세우는 근본이다'라고 말했다.

위대한 자유투사 이승만은 자유에 대한 확신을 대한민국 건국정신으로 삼았다. 이것이 헌법에 들어갔고 李대통령의 정책에 깔렸다. 농지개혁을 통해 耕者有田(경자유전)의 자유를 소작농가에 선물했다. 戰時(전시)에도 언론을 검열하지 않았고 선거를 중단시키지 않았으며 국회를 해산하지 않았다. 민주교육을 통하여 자유의 가치를 아는 젊은이들을 육성했다.

'자유를 존중하는 것이 나라를 세우는 근본이다'라고 말했던 사상가가, 학자가 아니라 대통령이 되었다는 것은 대한민국의 축복이었다. 플라톤의 '哲人(철인)통치자'가 바로 李承晚이었다. 이승만이 심은 자유를 박정희가 가꾸었고, 그 열매를 우리가 따먹고 있다. 그러면서도 나무를 심은 사람, 우물을 판 사람의 고마움을 모른다.

　20세기 초에 29세의 청년 李承晚이 《독립정신》에서 제시한 자유의 정신(아래 글)과 108년 뒤 50代 교수 안철수라는 사람의 생각을 비교하면 어린아이와 현자의 차이를 느끼게 한다. 智慧(지혜)라는 것은 IT로 얻을 수 있는 게 아닌 모양이다.

〈부디 깊이 생각하고, 고집부리지 말고, 모든 사람들이 힘껏 일하고 공부하여 성공할 수 있도록 자유의 길을 열어놓아야 한다. 그렇게 하면 사람들에게 스스로 활력이 생기고, 관습이 빠르게 변하여 나라 전체에 활력이 생겨서 몇 십 년 후에 부유하고 강력한 나라가 될 것이다. 그러므로 자유를 존중하는 것은 나라를 세우는 근본이다〉 (이승만의 《독립정신》에서)

〈약육강식, 승자독식의 시장만능주의가 활개치는 가운데 자본의 이익을 극대화하는 방향으로 경제가 흘러가다가 보니 대기업으로의 경제력 집중이 심해지고 중소기업에서 좋은 일자리들이 새롭게 창출되거나 창업이 일어날 수 있는 기회는 점점 줄어들었죠. 그러다 보니 소득불균형이 심해지면서 중산층과 서민층의 실질소득이 줄거나 정체되고 부족한 수입을 빚으로 메우는 경우가 늘어난 것이죠〉 (對談集 《안철수의 생각》에서)

　建國(건국) 대통령 李承晚은 망명시절이던 1923년 하와이에서 〈태평양 잡지〉를 발행하였는데 공산주의를 비판하는 글을 실었다. 1917년 레닌의 러시아 공산혁명 이후 숫세계 정치인 지식인들이 이를 찬양할 당시, 이승만은 공산주의를 예리하게 비판하였다. '공산당의 當不當(당부

당)'이라는 제목이 말해주듯이 자유평등주의자 이승만은 공산주의를 무
조건 반대한 것이 아니고 '합당한 것과 부당한 것', '옳고 그른 것'을 가
려내고 간결하면서 정확하게 지적한다.

　그는 공산주의의 〈資本家(자본가)를 없이하자 함〉을 이렇게 비판하
였다.

> 〈모든 부자의 돈을 합하여다가 공동히 나누어 가지고 살게 하면 富
> 者의 양반 노릇하는 폐단은 막히려니와, 財政家(재정가)들의 경쟁이
> 없어지면 상업과 공업이 발달되기 어려우니, 사람의 지혜가 막히고
> 모든 기기미묘한 기계와 연장이 다 스스로 폐기되어, 지금에 利用
> (이용) 厚生(후생)하는 모든 물건이 다 진보되지 못하며, 물질적 開明
> (개명)이 중지될지라. 자본을 철폐하기는 어려우리니, 새 법률로 제
> 정하야 노동과 평등 세력을 가지게 하는 것이 나을 터이며…〉

　공산당식으로 자본가를 없애면 경쟁이 사라져 기업이 발달하지 못한
다. 그렇게 되면 商工業(상공업)발전의 길이 막히고, 사람의 지혜도 써먹
을 데가 없어지며, 기계와 도구와 상품을 제대로 만들 수 없어 물질적
풍요를 이룰 수가 없다. 자본가를 없애지 말고 노동세력에 자본가와 평
등한 권리를 보장하는 게 더 낫다는 것이다. 공산당식 선동을 거부하는
사려 깊은 논리가 쉬운 말로 표현되었다.

韓國語의 위기에 대한 생각이 없는 《안철수의 생각》

　《안철수의 생각》은 '김영사'라는 출판사에서 나왔다. 이 책엔 漢字(한

자)가 한 자도 없다. 英語(영어) 알파벳은 자주 나온다. 이런 표기법이 출판사와 안철수 씨의 원칙으로 보인다. 韓國語(한국어)는 70%의 漢字語와 30%의 한글 표기 가능 固有語(고유어)로 구성된다. 漢字語를 한글로 표기하면 의미가 사라져 암호가 되어버린다. '안철수'와 '김영사'는 本名(본명)이 아니고 발음부호일 뿐이고 소리이다. 한자로 表記(표기)되어야 의미가 있는 낱말이 된다.

일부 沒知覺(몰지각)한 이들이, 한자를 外國(외국)문자로 간주하여 韓國語에서 추방함으로써 우리말은 상당부분이 암호화·소리화되었다. 정상적인 언어로서 기능하지 못한다. 한자는 우리말을 표기하는 두 가지 문자 중 하나이므로 國字(국자)이다. 국자인 한자를 외국문자로 취급하여 내몰아버리고 그 자리에 영어를 모셔왔다. 이는 영어事大(사대)주의이다. 이 책엔 '맥락(context)'이라 적혀 있다. '脈絡(맥락)'으로 적으면 의미가 확실하고, 영어의 도움을 받을 필요가 없다.

안철수 씨는 '교육개혁'을 논하는 章(장)에서 漢字 말살에 의한 한국어의 위기를 언급하지 않았다. 語文(어문)정책은 모든 정책 가운데 으뜸이어야 한다. 母國語(모국어)는 祖國(조국)이고 민족이다. '漢字 말살에 의한 한국어의 반신불수化'가 얼마나 큰 문제인지를 안철수 씨나 김영사는 조금도 인식하지 못하는 듯하다. 정상적인 國語 사용 없이는 국민교양을 쌓기 어렵다. 국민교양의 바탕이 약하면 민주주의도, 경제발전도, 복지국가도, 一流(일류)국가도 어렵다.

한국어는 핵심적인 단어만 한자로 표기해도 훨씬 이해가 쉽고 정확해진다. 이 책에 나오는 '소통부재'와 '개발만능주의'는 '소통不在'와 '개발萬能주의', '신재생에너지 시대'는 '新再生에너지 시대'로, '공교육'은 '公教育'으로, '선행학습'은 '先行학습', '농어촌전형'은 '농어촌銓衡'으로, '맥락'은 '脈絡(맥락)'으로, '문과'는 '文科'로, '이과'는 '理科'로, '선순환'은 '善循環'으로, '지상파'는 '地上波'로, '원전'은 '原電'으로, '인성교육'은 '人性교육'으로, '부자'는 '富者'로, '가계부채'는 '家計부채'로, '다문화사회'는 '多文化사회'로 표기해야 맞다.

<제가 꿈꾸고, 만들고자 하는 대한민국은 東西(동서), 南北(남북), 貧富(빈부), 勞使(노사), 男女(남녀), 老少(노소), 모두가 손잡고…>

그나마 金文洙(김문수) 지사의 大選출마 선언문(위)은 漢字－한글혼용이다. 韓國語를 제대로 쓴 유일한 후보인가?

서울시 선관위, 안철수를 '입후보예정자'로 규정!

서울특별시 선거관리위원회는 지난 7월25일 국민행동본부 徐貞甲(서정갑) 본부장 앞으로 공문을 보냈다. "2012.7.25. 국민행동본부 명의로 제18대 대통령선거의 입후보 예정자 안철수의 성명을 나타내어 그를 반대하는 내용으로 〈조선일보〉 A31면 하단에 신문광고한 건과 관련하여 '공직선거법' 위반 혐의 조사 · 확인"을 위하여 7월27일 금요일 오후 2시까지 선관위 지도과 사무실로 나오라는 통보였다. 이에 국민행동본부는 즉각 반박 성명을 냈다. 이런 대목이 있다.

<안철수가 '제18대 대통령선거의 입후보 예정자'란 말은 선관위의 자의적 해석이다. 안철수 씨는 출마를 선언한 적이 없다. 출마 여부를 고민하고 있다고 말하고 있을 뿐이다. 선관위가 그를 '입후보 예

정자'라고 해석한다면 왜 SBS가 지난 23일 '힐링캠프'에 그를 출연시켜 선전과 홍보의 기회를 제공해준 것을 사전에 막지 않았나? 보도에 따르면 안철수 씨는 이 프로 등의 영향으로 지지율이 急騰(급등)하였다고 한다〉

이 성명에 대하여 서울시 선관위는 7월27일 '국민행동본부의 보도 자료에 대한 해명' 자료를 냈다. 이 자료는 국민행동본부의 上記(상기) 반박에 대해 이렇게 설명했다.

〈'후보자가 되고자 하는 자'에 해당하는 與否(여부)는 당사자의 주관적인 의사에만 좌우되는 것이 아니고, 그 신분 · 접촉대상 · 언행 등에 비추어 선거에 입후보할 의사를 가진 것을 객관적으로 인식할 수 있는 여부와 같이 후보자 의사를 인정할 수 있는 객관적 징표에 의하여 결정되는 것(헌법재판소 판례, 2007헌바29 · 86병합)으로서, 안철수 원장이 각종 언론보도 및 大選(대선) 여론조사 등에서 제18대 대통령 선거의 대선주자로 인식되고 있는 점 등을 볼 때 입후보 예정자에 해당되며…(하략)〉

서울시 선관위의 이 해석은 중대한 의미를 지닌다. 선관위가 출마선언을 하지 않은 안철수 씨를 선거법이 규정하는 '후보자가 되고자 하는 자', 즉 '제18대 대통령 선거 입후보 예정자'로 본다고 공식적 입장을 밝혔기 때문이다. 선관위가 안철수 씨를 '입후보 예정자'로 본다면 자동적으로 安씨의 최근 활동은 '사전선거운동'이 아닌가 하는 의문을 불러일으킨다.

중앙선관위의 홍보 자료인 '사전선거운동에 대한 공직선거법 안내'에는 입후보 예정자, 즉 '후보자가 되고자 하는 자'에 대한 개념규정을 이렇게 했다.

〈'후보자가 되고자 하는 자'란 표현은 행위유형과 관련하여 입후보 의사를 밝힌 자 등으로 한정하여 규정할 경우 그에 해당하지 않는 자가 사전선거운동을 하게 될 경우에 처벌할 수 없게 되어 더욱 불평등한 규정이 되는 등 입법기술상 다른 구체적 표현방법을 찾을 수 없는 불가피한 규정이다(헌법재판소 2002.4.25. 선고 2001헌마26 결정, 2004.5.14. 선고 2004헌나1 결정)〉

즉 입후보 의사를 밝히지도 않고 사전선거운동을 함으로써 일종의 '부정출발'의 혜택을 보려는 자를 단속하기 위해 '후보자가 되고자 하는 자'라는 포괄적 표현을 하였다는 것이다. 중앙선거관리위원회 안내 자료는 '사전선거운동'에 대한 개념도 이렇게 定義(정의)하였다.

▲ 기간의 제한 없이 선거운동을 무한정 허용할 경우에는 후보자간의 지나친 경쟁이 선거관리의 곤란으로 이어져 부정행위의 발생을 막기 어렵게 된다. 또한 후보자간의 무리한 경쟁의 장기화는 경비와 노력이 지나치게 들어 사회경제적으로 많은 손실을 가져올 뿐만 아니라 후보자간의 경제력 차이에 따른 불공평이 생기게 되고 아울러 막대한 선거비용을 마련할 수 없는 젊고 유능한 신참 후보자의 입후보의 기회를 빼앗는 결과를 가져올 수 있다. (중략) 이러한 상황 아래 위와 같은 폐해를 방지하고 공정한 선거를 실현하기 위하여

선거운동의 기간에 일정한 제한을 두는 것이다.

▲ '사전선거운동'이라 함은 특정의 선거에 있어서 선거운동기간 전에 특정한 후보자의 당선을 목적으로 투표를 얻거나 얻게 하기 위하여 필요하고 유리한 모든 행위, 또는 반대로 특정한 후보자의 낙선을 목적으로 필요하고 불리한 모든 행위 중 선거인을 상대로 당선 또는 낙선을 도모하기 위하여 하는 것이라는 목적의사가 객관적으로 인정될 수 있는 능동적 · 계획적 행위를 말하며, 일상적 · 의례적 · 사교적인 행위는 여기에서 제외되고, 일상적 · 의례적 · 사교적인 행위인지 여부는 그 행위자와 상대방의 사회적 지위, 그들 사이의 관계, 행위의 동기, 방법, 내용과 태양 등 제반 사정을 종합하여 사회통념에 비추어 판단하여야 한다.(대법원 1996.4.12. 선고 96도135 판결)

▲ 누구든지 사전선거운동을 하였다면 그 행위의 종료와 동시에 죄는 성립되고 그 후의 입후보 여부와는 관련이 없다. 따라서 사전선거운동을 하다가 적발된 사람은 후에 후보등록을 하지 않는다 할지라도 사전선거운동을 한 죄로 처벌받게 된다. 입후보 의사를 가진 자가 입후보의 신청 전에 선거운동을 한 때에는 그 후 입후보 의사를 단념하거나 후보자등록을 하지 않았다 하더라도 사전선거운동으로 처벌받는 데에는 아무런 영향이 없다고 할 것이다.(대법원 2007.7.26. 선고 2007도2625 판결)

중앙선관위는 '사전선거운동'의 몇 가지 사례를 摘示(적시)했다.

▲ 입후보예정자인 국회의원이 의정보고회에 참석한 선거구민에게

인터넷을 통한 목소리 녹음 자동통화서비스의 방법으로 감사의 인사를 하는 것은 의례적인 범위를 벗어나 자신을 선전하는 행위가 될 것이므로 '공직선거법' 제254조의 규정에 위반됨.

▲ 선거와 관련이 없더라도 국회의원이 저술한 기행문 책자를 후보자가 되려는 저자의 선거구에 직접 출장 판매하는 행위.(중앙선거관리위원회 질의회답 1967.5.30)

▲ 선거운동기간전에 여러 사람이 모인 집회에서 입후보예정자를 소개하고 그에 대한 적극적인 지지와 지원을 당부하였다면, 이는 그 집회의 본래 목적이 무엇이냐에 상관없이 사전선거운동에 해당.(대구고등법원 1992.10.24. 선고 92노533 판결)

▲ '공직선거법' 상 허용된 선거사무소ㆍ선거연락소와 별도로 사무실을 마련하여 사무기기를 비치하고 선거운동원 등을 채용하여 선거운동대책을 수립하는 등의 행위는 특정 후보자의 당선 등을 도모하는 목적의지가 뚜렷하여 이를 단순히 선거운동을 위한 준비행위라거나 정당인으로서의 통상적인 정당 활동이라고 할 수 없음.(대법원 1999.4.9. 선고 98도1432 판결)

▲ 입후보예정자가 선거구민에게 식사대접을 하는 자리에 참석하여 인사를 나누고, 식사와 음주를 함께 하면서 지역현안에 대해 관심을 표명하고, 앞으로 노력하겠다는 취지의 공약을 언급한 경우에는 선거법에 위반됨.(대법원 2005.9.9. 선고 2005도2014 판결)

▲ 후보예정자인 국회의원이 특별한 현안도 없이 일련의 계획 하에 입후보예정지역의 아파트단지 등을 순회하면서 계속적ㆍ반복적으로 청소년층(중ㆍ고등학생과 대학생)과 학부모를 대상으로 대화모임을 개최하는 행위.(중앙선거관리위원회 질의회답 2001.6.23.)

☞ 국회의원이 의정활동에 필요한 자료수집 또는 현안문제와 관련
된 의견수렴의 목적범위 안에서 일회성으로 선거구민과의 대화
를 위한 모임을 개최하는 것은 무방함.

▲ 선거를 앞두고 후보자가 되고자 하는 자가 해당 지역민의 숙원
사업인 학교 설립에 관하여 기자회견을 하면서 다수의 선거구민을
기자회견장에 모이게 하거나 지지·선전하는 등 선거운동에 이르
는 행위.(중앙선거관리위원회 질의회답 2000.3.22.)

'부정출발=사전선거운동 혐의'는 왜 조사 않나?

2011년 가을 이후 안철수 씨가 공개적으로 한 활동은 정치적 의도가
강하다. 2011년 서울시장 선거에서 박원순 후보 공개지지, 특히 투표 직
전 '지지 편지'를 박 후보에게 전달한 행위, 朴후보 당선 후 다시 지지 논
평, 2012년 초 빌 게이츠를 만나고 와서 안철수 재단 설립, 정치 참여
여부에 대하여 계속 애매한 태도를 견지하고 여론조사에서 자신의 이름
을 빼달라는 의사 표시가 없음, 공개 강연회 계속, 자신의 정책을 선전
하기 위한 책 출판, 공중파 방송에 출연, 선거 관련 발언 등등. 그의 上
記 행동은 자신의 지지율을 높이기 위한 '능동적·계획적'인 '사전선거
운동'이란 의심을 사기에 충분하다. 이런 행위를 다른 '입후보예정자'가
했다면 검찰과 선관위가 가만 두지 않았을 것이다. 공정선거의 핵심은
경쟁자들이 동일한 출발선에서 출발하도록 사전선거운동을 막는 것인
데, 언론·선관위·검찰은 안철수의 '부정출발'을 방치해왔다는 주장이
나오고 있다(〈조선일보〉 김창균 논설위원의 칼럼 등).

安씨는 對談集(대담집) 《안철수의 생각》에서도 정치적 의도를 숨기지

않아 이 책이 정치적 목적으로 이용되고 있음을 스스로 확인해주었다.

　　〈총선이 예상치 않게 야권의 패배로 귀결되면서 나에 대한 정치적
　　기대가 다시 커지는 것을 느꼈을 때… (중략) 무겁게 고민하지 않을
　　수 없었다〉

　　〈여러분들께서 꼼꼼히 읽어주시고 허심탄회하게 조언과 비판을 해
　　주신다면 앞으로 나아갈 길을 결정하는 데 큰 도움이 될 것으로 믿
　　는다〉

　　그는 이 책을 일종의 정책 공약집으로 낸 셈이다. 이 책을 낸 직후
SBS에 출연한 것은 2중의 사전선거운동이라고 봐야 할 것이다. 서울시
선관위가 안철수 씨를 '대통령 입후보예정자'라고 규정했다면 이 사실을
安氏와 유권자들에게 알렸어야 했다. 安氏와 유권자들이 선거법을 위반
하지 않도록 안내했어야 옳다.
　　서울시 선관위는 국민행동본부가 통상적으로 내는 신문광고에서, 安
氏가 대담집에서 드러낸 對北觀(대북관)과 法治(법치)의식을 비판하자 기
습적으로 이는 '입후보예정자에 대한 반대' 행위라고 주장, 조사에 착수
한 것이다. 선거법이 '입후보예정자'라는 범주를 정한 이유는 선거에 출
마할 사람이 출마 의사를 밝히지 않고 음성적으로 벌이는 사전선거운동
을 처벌하기 위함이지, 그런 사람을 '유권자의 비판'으로부터 보호하여
그의 사전선거운동을 도와주려는 것이 아니다.
　　서울시 선관위는 안철수 씨에 대한 국민들의 정당한 비판은 '입후보
예정자에 대한 반대'라고 규정, 못하게 하고 사전선거운동의 의심이 가

는 안철수 씨의 정치활동에 대하여는 아무런 制裁(제재)를 하지 않는다. 선관위는 특정한 입후보예정자를 돕기 위하여 유권자의 權益(권익)과 국민의 '표현의 자유'를 불법적으로 침해하고 있다는 비판을 면하기 어려울 것이다. 선관위가 부정출발자 단속용으로 만들어진 '입후보예정자'라는 칼을 부정출발 혐의자가 아니라 유권자를 향해 휘두른다면 안철수와 선관위의 관계를 의심할 수밖에 없다.

서울시 선관위는 2010년 지방선거 때는 '천안함 폭침을 부정하는 친북세력'에 대한 비판 광고를 특정한 정당을 반대하는 것이라고 억지 해석을 내려 광고를 낸 애국단체에 경고조치를 내린 적도 있다. 특정한 정당의 이름을 擧名(거명)도 하지 않았는데 선관위가 나서서 親北(친북)세력은 ○○당을 지칭한 것이라고 단정, 비호에 나선 것은 선관위가 좌경적 이념단체가 아닌가 하는 의심을 自招(자초)한 것이었다. 특히 선관위 직원 노조가 從北(종북)성향의 민노총에 가입하려다가 여론의 비판을 받아 포기하였던 적도 있어* 국민행동본부와 같은 대한민국 헌법 수호 세력에 대한 편파적 조사와 안철수 씨에 대한 편파적 비호가 예사롭게 보이지 않는 것이다.

---

*2009년 선거관리위원회 전체 공무원 2649명의 67.4%인 1786명이 민주공무원노동조합(민공노) 조합원이고, 이는 선관위 6급 이하 일반직 공무원 1803명 중 99%에 해당하는 것으로 국정감사에서 드러났다. 그해 9월22일 조합원 총투표 결과 민공노가 민노총에 가입하기로 결정함에 따라 선관위 직원들이 從北성향 민주노동당의 가장 중요한 지지 조직인 민노총의 영향 아래에 들어갈 뻔했었다.

CHAPTER

정규재 TV:
생각 없는 '안철수 생각'

"어디서 얘기는 들었고, 좋은 말은 하는데 그것이 어떻게 연결되는지가 전혀 없다."

"어떤 대통령이 되려고 이러는 건가?"

(2012년 7월20일, 27일字 동영상 녹취록)

鄭奎載(정규재)
〈한국경제신문〉 논설실장

2

정규재 TV:
생각 없는 '안철수 생각'

대학교 1학년 정도의 思考力

오늘은 이 책 《안철수의 생각》을 가지고 이야기해보겠다. 이 책은 말하자면 '내가 대통령이 되면 이렇게 하겠다'는 '안철수의 大選(대선) 공약집'이다. 세명대 저널리즘스쿨대학원의 교수로 있는, 기자 출신의 제정임 씨가 질문을 하면 안철수 씨가 대답을 하는 형식으로 되어 있다. 안철수는 소위 대선후보 1, 2, 3위를 다투는 유력한 후보이다. 이 유력한 후보가 공들여 쓴 공약집, 《안철수의 생각》을 읽고 評(평)한다는 것은 (안철수) 본인에게는 미안한 일이다. 심심한 유감의 뜻을 표한다.

안철수가 이런 이야기를 했다. '이런저런 얘기를 하는 사람들을 보면 분노를 느낀다'고 표현을 했다. 《안철수의 생각》을 읽어보면) 이런 정도의 수준을 가지고 대통령에 출마하고 국민들, 어린 친구들의 지지를 상당 부분 받는다는 사실 자체에 당혹감을 느낀다. 안철수는 나 같은 사람들의 주장에 '분노를 느낀다'고 주장할지 모르지만, 나는 이 책을 보면서 기가 찬다는 느낌을 받았다.

말하자면 대학교 1학년 정도의 사고력이다. 전에 조국 교수에 대해 말한 것과 비슷한데, 이 책이 주장하는 요지는 '우리 모두 열심히 잘하면 좋은 국가가 된다'는 것이다. 국가가 '잘'하면 된다, 소통을 '잘'하고, 국민들에게 '잘' 다가가면 되고 전부 그런 식이다. 세상이 실제로 어떻게 구성되고 누가 어떻게 치열하게 살아가야 하는지에 대한 고민이 전혀 없는 장밋빛 꿈이다.

조국 교수도 강의할 때 보면 '나는 이런 사람이야'라는 편이 많은데 이 책도 마찬가지로 1장은 '나는 이런 사람이야'라는 내용이다. 이 章(장)의 마지막에는 '열심히 식스팩 만드는 중이에요'라고 되어 있다. '유머감각이 있다'고 생각하게 만드는 내용인데…. 그래서 앞부분은 생략한다.

2장은 '어떤 현실주의자의 꿈'으로, 복지에서부터 이야기를 시작하고 있다. 복지를 이야기하는 사람들이 대게 "복지는 '재정 건전성'과 함께 생각해야 한다"고 말한다. 그런데 안철수 교수는 처음부터 선언하기를 "지금 우리나라의 복지 지출 수준이 OECD 평균의 절반도 안 되는 형편에서 조금 늘리자는 얘기를 두고 '재정 위기'를 운운하는 것은 부적절하다고 생각해요"라고 한다. 왜 갑자기 '재정 건전성'이 '재정 위기'로 됐는지 모르겠다.

하나하나 다 분해를 할 수는 없고, 우선 눈에 띄는 부분에 줄을 쳐 보았다.

〈현재 우리나라는 국공립 의료시설의 비중이 전체의 10% 남짓에

그칠 정도로 의료의 공공성이 떨어지는 상황인데 여기서 의료를 민
영화, 영리화하는 것은 결코 바람직하지 않다고 생각합니다〉

의료 공공성은 우리나라가 세계 최고이다. 단순히 국공립 의료시설의
비중이 10% 남짓 밖에 안 된다고 해서 공공성이 떨어지는 게 아니다.
사실상 전 국민의 의료가 커버(cover)되는, 세계 최고 수준의 공공성을
가진 게 우리나라의 국·공립 의료시설이다.

〈국가도 건강보험재정을 늘리고, 각 가정도 형편에 맞게 약간씩 건
강보험료를 더 내는 등 현실적인 방안을 마련해서 건강보험의 보장
성을 선진국 수준으로 높여야 한다고 생각합니다〉

어디서 이런 생각을 가져왔는지 모르겠지만, 안철수 씨는 엄청나게
많은 자영업자들이 다락같은 건강보험료 때문에 불만이 꼭대기에 차있
다는 사실을 잘 모르는 것 같다. '각 가정도 형편에 맞게 약간씩 건강보
험료를 더 낸다' 말은 정말 아름다운데 이 말이 무슨 말인지 잘 모르는
것 같다. '국가도 건강보험 재정을 늘리자'고 하지만 지금 건강보험 재정
적자가 엄청나다. 이 상태로 건강보험이 유지가 되느냐 안 되느냐를 두
고 말이 많고 의료개혁, 약값 인하, 醫藥(의약)분업 등 엄청난 분쟁을 하
고 있다. 거기에 대한 설명이 전혀 없다. 본인이야 알지 모르지만, 알면
이런 식으로 표현하기 어렵다.

〈국민연금이 많은 재원을 갖고 있는데 국민의 소중한 자산을 가지
고 미래가 불안정한 오피스빌딩을 매입하기보다 국가보증하에서

안정적이고 공공성이 높은 공공임대주택 건설에 투자할 수 있게 하
는 것도 좋은 방법이 되지 않을까요?〉

나의 노후, 국민의 노후가 달려있는 財源(재원)을 가지고 장난치나?
오피스빌딩의 매입은 국민연금 재원을 유지하고 인플레이션으로 까먹
지 않고 그나마 이익을 내기 위한 처절한 노력이다. 공공성이 높은 공공
임대주택 건설에 투자하면 이자가 나오나? 나중에 국민들 노후에 연금
은 무슨 돈으로 주나? 이런 걸 써놓으면 젊은이들은 무슨 말인지 잘 모
른다. '아, 국민연금이 지금 미래가 불안정한 오피스텔에 투자하고 있는
모양이구나.' 공공성 하면 굉장히 좋은 말처럼 들리니까 어린 학생들은
'아 그런가보구나' 그렇게 생각할지 모른다. 좀 알면서 읽어보면 '제정신
이야?' 이런 말이 나오게 된다.

'스웨덴 복지'의 虛와 實

〈스웨덴에 대해서는 "부자라서 복지를 하는 것이 아니라 복지를 해
서 부자가 되었다"는 평가가 있더군요. (중략) 가난할 때부터 차근차
근 복지안전망을 늘려왔기에 부자가 될 수 있었고, 지속 성장이 가
능했다는 얘기죠. 탄탄한 복지안전망이 지금 스웨덴의 산업 경쟁력
의 토대가 되었다고 할 수 있어요〉

누가 그러던가? 그리스나 스페인, 이탈리아에 가서 복지를 통해 부자
가 되었는지 물어보라. 스웨덴 산업에 대해 좀 아나? 우리나라 좌빨 중
에 일부가 이런 얘기를 한다. 스웨덴이 부자나라가 된 것은 1870년부터

1970년까지 거의 100년 동안 매년 평균 2.5% 가까이 성장했다. 그런 나라는 지구상에 존재하지 않는다. 스웨덴의 노벨이 다이너마이트를 발명해서 전세계의 돈을 다 끌어 모았다. 또 1, 2차 세계대전 때 중립이었던 스웨덴은 전쟁 중 엄청난 전쟁 물자를 생산해냈고, 戰後(전후)에는 복구 시설을 댔다. 스웨덴에는 철광, 삼림, 구리 등 자원도 어마어마하게 많다. 지금도 스웨덴 전체 수출 중 30%가 넘는 것이 露天(노천)에서 나오는 철광석이다.

스웨덴은 이런 것으로 복지를 하고 있다. 대한민국이 자원이 풍부한 나라인가? 우리나라 露天 어디에 철광석이 있나? 우리나라가 나무를 베어 판매하나? 복지로 잘 살게 되었다는 것은 귀신 씨나락 까먹는 소리이다. 스웨덴이 지금 산업 경쟁력이 있는 나라인가? 스웨덴에는 지금 대재벌이라고 할 게 몇 개 남아 있지 않다. 전 세계에서 경제력 집중이 가장 높은 나라가 스웨덴이다. 스웨덴은 결코 좋은 나라가 아니다. 복지에 미친 사람들은 스웨덴이 복지를 많이 하니까 좋은 나라로 볼지도 모르지만, 그 복지는 '산업 경쟁력'이 아닌 철광, 삼림 등 자원의 수출로 하는 것이다. '스웨덴의 복지가 산업경쟁력의 토대가 되었다'? 뭘 알고 얘기를 하라.

스웨덴에는 '連帶(연대) 임금'이라는 게 있다. 連帶 임금은 '생산성 임금'의 반대말이다. 생산성 임금은 자기가 거둔 성과만큼 임금을 받는 것이다. 그런데 連帶 임금은 내가 시민인 한, 노동자인 한은 그 산업 전체의 평균 급여를 받는 것이다. 내가 다니는 회사가 생산성이 조금 떨어지더라도 같은 업종이면, 예를 들어 자동차 업종이면 현대자동차에 근무하나 다른 1차, 2차, 3차 업체에 근무하나 같은 임금을 받는 것이다.

스웨덴의 連帶 임금이 처음에는 산업 경쟁력이 있는 것처럼 보였다. 그런데 어떻게 됐나? 근로자의 생산성이 높은 회사는 실제로 줄 수 있는 임금보다 싸게 주고, 생산성이 낮은 회사는 자기가 줄 수 있는 임금보다 높게 줘야 한다. 결국 시간이 지나면 생산성이 낮은 중소기업들이 다 망하게 된다. 중소기업이 자기가 줘야 할 임금보다 많이 주고 대기업은 자기들이 줘야 할 임금보다 적게 주기 때문에 결국 대기업은 돈이 남고 중소기업은 모자라게 된다. 그래서 중소기업이 다 망하는 것이다.

소위 '상위 20대 재벌의 경제력 집중도'가, 한국이 전체 산업의 50% 가까이 되고 미국이 25%라면 스웨덴은 연대 임금 때문에 80%가 됐다. 이런 스웨덴의 산업 경쟁력이라니, 무식한 좌빨들이 마음대로 지껄여놓은 것을 안철수는 대학교 1학년 학생처럼 따라하고 있는 것이다.

<조세부담률도 우리나라는 GDP의 20% 남짓인데, OECD 평균은 26%, 사회보험 등을 합한 국민부담률은 우리나라가 25%, OECD 평균이 35% 정도더군요>

스웨덴의 조세부담률은 약 40%정도로 굉장히 높다. 스웨덴은 부가가치세가 25%이다. 소득세도 구간이 세 단계로 되어 있다. 우리는 소득세가 굉장히 복잡한 累進(누진)구조로 되어 있다. 우리와 스웨덴은 다르다. '청춘콘서트' 같은 데 가면 어린 아이들이 안철수 교수한테 막 열광하는데 거기서 이런 이야기를, 알지도 못하면서 마음대로 하는 거다. 스웨덴 복지와 경제에 대해 다음에 강의를 할 테니, 安교수도 시간 있으면 '정규재 TV'에서 공부 좀 했으면 좋겠다.

지금은 재벌이 특혜보다 규제를 더 당해

〈재벌기업에 경제력이 집중되면서, 중소기업, 자영업자, 노동자, 농민 등 상대적 약자들이 희망을 갖기 힘든 구조가 되었기 때문이라고 할 수 있습니다〉

〈경제 양극화의 정점에 재벌의 경제력 집중 문제가 있으니 재벌개혁을 통해 대기업의 특혜를 폐지하고 중소기업을 중점 육성하는 경제구조로 전환해야 합니다. 재벌개혁이 잘돼도 외국자본이 다 집어삼킬 가능성이 있으니 투기자본으로부터의 방화벽도 구축해야 하고요〉

이건 요즘 경제민주화로 '재벌 원죄론'을 하도 떠들어대니 자기도 이렇게 얘기를 하고 있는 것이다. '특혜를 폐지하고'라니? 나는 재벌기업에 어떤 특혜가 있는지 전혀 들은 바가 없다. 재벌기업이 특혜를 통해 성장했다고 주장하는 일부 이야기가 있기는 하다. 그것은 어떤 재벌에게 배타적인 특혜를 준 것은 아니고, 과거 경제 성장과정에서 누구라도 열심히 일하는 자에게 특혜를 주었다. 그래서 어떤 재벌들은 성장해 나가면서 정부로부터 많은 인센티브를 받았다. 그것을 '재벌이 결과적으로 특혜를 받게 되었다'고 주장하는 것은 어느 정도 이유가 있을 수 있다고 본다. 그러나 지금 재벌들이 특혜를 받고 있다? 어떤 특혜인가?

지금 우리나라 재벌은 다른 나라에는 없는 엄청난 규제를 받고 있다. 예를 들면 논란이 되고 있는 순환출자금지, 대기업 집단을 지정해서 별도로 규제하는 것, 지금은 적용이 배제되었지만 다시 재개하자고 하는 출자규제가 있다. 이런 나라는 우리나라 밖에 없다.

국회에서 홍○○이라는 국회의원이 '삼성전자는 실효세율이 10%밖에 안 되고 중소기업은 13~16%로 더 낸다'는 취지의 이야기를 했다. 그래서 마치 稅法(세법)이 잘못 되서 삼성전자가 특혜를 받는 것처럼 말하는 걸 보고 기절할 뻔 했다. 대기업·중소기업 다 稅制(세제)혜택을 받는다. 고용, 투자를 많이 하거나 연구개발을 많이 하면 국가에서 해야 할 일을 줄여주므로 세금 지원을 받는다. 투자를 하면 회사를 만들게 되고, 회사를 만들면 고용이 발생한다. 국가에서 고용을 직접 만들 여력이 없는데 기업이 투자해서 고용을 해주니 정부가 각종 지원을 해주는 것이다.

창업 중소기업에 4년간 소득세·법인세 50%감면 해준다. 대기업에는 이런 것이 없다. 농특세·비과세·등록면허세 면제도 중소기업에 주는 혜택이다. 취득세 면제·재산세 50% 면제, 모든 중소기업에 대해 사업용 자산에 투자할 때 3%를 공제, 생산성 향상 시설투자의 세액공제는 중소기업은 7%, 대기업은 3%이다. 新성장 동력연구개발 공제율도 당해 연도 발행 주식을 중소기업은 30%, 대기업은 20% 밖에 안 해준다. 중소기업이 다 우대를 받는다. 특허권을 취득하는 기술취득비용은 대기업에 3%를 해주다 지금은 없어졌고, 중소기업은 여전히 7%를 해준다. 실효세율은 2010년 신고 기준으로 16.6%다. (편집자 注: 기획재정부 통계에 따르면 법인세 실효세율은 2010년 신고 기준 평균 16.6%로 대기업 17.7%, 중소기업 13.3%이다) '중소기업을 중점 육성하는 기업구조로 전환해야 한다'? 중소기업 집중 육성은 박정희 대통령 때부터 하던 이야기이다.

'재벌개혁이 잘되면 외국자본이 집어삼킬 가능성이 있으니 투기자본

으로부터의 방화벽도 구축해야 한다'고 그러는데, 이건 안철수 교수한
테 물어봐야겠다. 외국 자본이 다 집어삼킬 염려가 있다고 말하는 재벌
개혁은 혹시 재벌 오너들의 의결권을 박탈해 주인 없는 회사를 만들겠
다는 생각인가? 국내 재벌 오너들을 들어내면 외국 자본이 그걸 먹는
다. 그러니까 외국 자본이 못 먹도록 해야 한다. 다시 말해, '국내 대재
벌 주인들을 다 쫓아내고 외국 자본도 못 들어오게 하고 공기업화 하거
나 주인 없는 회사로 만들겠다는 표현이냐'고 묻고 싶다.

재벌로부터 받은 피해는 분명히 밝혀야

재벌의 횡포가 있다고 했는데, 이건 외국 기업이 더 심하다. 우리나라
현대자동차 산하 부품업체들은 전 세계에 부품을 납품하고 있다. 상황
이 정말 좋아졌다. 그런데 안철수 씨는 지금 어떤 얘기를 하고 있는 건
지 모르겠다. 제 교수가 '(재벌의 횡포를) 실제로 경험한 거냐'고 물으니까
이렇게 말한다.

〈제가 직접 피해를 당하진 않았지만 제가 많이 목격하고 주위 사
람들로부터도 자주 들었습니다. 저는 제 밥그릇과 연결된 얘기, 제
밥그릇을 지키기 위한 얘기는 잘 하지 않습니다. 저 자신의 이해타
산과 무관할 때, 혹은 제가 손해를 볼 수도 있는 상황에서 발언합
니다〉

참 훌륭한 분이다. 그래서 '아까 손해도 봤다고 했는데 어떤 불이익
을 받았느냐'고 다시 제정임 씨가 묻자 安교수는 "꽤 있었죠. (웃음) 여기

서 굳이 그런 걸 다 말할 필요는 없을 것 같아요"라고 답변했다. 여기서 安교수가 말하는 용법을 알 수 있다. 安교수 자신이 손해를 봤다면 한두 군데 이야기를 해야 하지 않나? 安교수는 대기업을 '삼성동물원', 'LG동물원'이라며 욕을 한 적 있다. 그래서 삼성이 조사를 해 본 적이 있는 듯하다. '안철수 씨가 어떻게 해서 삼성하고 거래를 하다 피해를 당한 경우가 있었나'하고 말이다. 물론 조사가 정확했는지에 대해서는 모르겠다. 나중에 對質審問(대질심문)이라도 시켜야 할지도 모른다. 삼성 측의 얘기는 삼성SDI와 안철수연구소가 한 건인가 거래가 있었다고 한다. 아무 문제가 없었다는 것이다.

그런데 安교수는 "꽤 있었죠. 여기서 굳이 그런 걸 다 말할 필요는 없을 것 같아요"라고 했다. 여기서 말하진 않지만 피해를 봤다는 거다. 그러고는 "다만 제가 받은 불이익의 문제도 한 조직에서 리더의 철학이 잘못됐을 때 조직 하부에서 지레짐작, 또는 과잉충성으로 문제를 증폭시킨 현상 중의 하나라고 이해합니다"라고 얘기하며 도망쳤다. '내가 피해는 봤는데 그 회사 책임은 아니고 그 회사의 졸병이 보스의 철학을 약간 잘못 이해해서 과잉 충성했거나 지레짐작해서 내게 뭔가 손해를 입힌 것이다. 그 회사 자체가 잘못한 것은 아니다'라며 도망간 것이다. 재미있는 語法(어법)이다.

安교수는 대담집에서 재벌개혁을 계속해서 이야기하고 있다.

〈내부거래 및 편법상속에 대해서는 단호히 대처해나가야 겠지요〉

안철수 교수의 책을 읽으면 이 분의 머리가 좌빨들이 앵무새처럼 되뇌는 것들이 프로그램화되어 있다는 것을 알 수 있다. 그래서 편법상속

문제와 관련해 이것이 왜 문제인지에 대해서는, 아무리 읽어봐도 본질적 고뇌는 보이지 않는다. 그냥 시중에 통용되는, 아주 진부하고 프로그램화되어 있는 주장뿐이다. 마치 싸구려 논술학원 가면 아이들에게 논술 모범답안을 외우게 하는 것과 같다. 여러 가지 사회주제에 대해 프로그램화 되어 있는 것들이 머릿속에 잘 입력되어 있다. 安교수는 상속과 내부거래 문제에 대해 비난은 하면서도 내부거래가 왜 문제가 되고, 또 내부거래의 실상이 어떤 것인지에 대한 論辯(논변)은 찾을 수 없다. 이와 함께 상속이 도덕·철학적 문제에 있어 어떻게 해서 정당화되는지 또는 그것이 일생을 거친 평생의 노력을 처벌하는 것이기 때문에 인간의 저축동기를 처벌하고 근검절약 정신을 처벌하는 것으로, 正義(정의)로운 동시에 不正義(부정의)롭다는 論辯, 말하자면 상속문제와 관련된 보다 진지한 論辯은 전혀 찾을 수 없다.

재벌에 대해서는 極左

安교수의 대담집을 가만히 읽어보면 (적어도 표현은) 이념적으로 중간에서 왼쪽, 아주 極左(극좌)는 아닌 것 같다. 그러나 재벌에 대해서는 아주 極左이다. 뭔가 프로그램화된 모범답안이 머릿속에 있고, 그에 따른 결론을 가지고 있는 듯하다. 왜 그런지에 대한 思考(사고)는 없고 결론만 있다.

〈우리나라 상황에서는 산업자본이 은행을 지배하게 놔두면 더 많은 부작용이 생길 수 있습니다〉

아마 金産(금산)분리 문제를 이렇게 들은 모양인데, 우리나라는 산업

자본이 은행을 지배할 수 없도록 되어 있다. 금융지주회사, 보험회사조차도 은행을 가질 수 없도록 되어 있다. 그런데 安교수는 이 같은 사실을 거꾸로 얘기하고 있다. 어디에서 이런 정보들이 입력됐는지 참 궁금하다.

전경련(전국경제인연합회)을 비판하는 대목도 나온다. '전경련을 해체해야 한다는 목소리도 나오고 있습니다. 어떻게 생각하세요?'라는 질문에 안철수 교수는 이렇게 답변했다.

〈미국 유학시절에 실리콘밸리의 대표적인 글로벌 기업 CEO들이 모여서 회의를 한다는 소식을 듣고 무슨 얘기들을 하나 궁금해서 다음 날 지역신문을 찾아 읽은 적이 있어요. 흥미로웠던 점은 CEO들이 자신들을 위해 정부에 뭔가 해달라고 요구한 게 없었다는 겁니다. 대신 교통량이 증가하면서 도로가 정체되는 일이 많은데 이에 대한 해결책은 무엇인지, 경쟁력 유지를 위한 인재 영입을 위해서 이민비자 제도가 어떻게 개선되는 것이 좋은 지, 의료비용 때문에 지역의 장기적 경쟁력이 떨어지고 있는데 기업들이 어떤 대안을 마련하면 좋은지 등 지역사회에 보탬이 될 수 있는 내용이 주류였어요〉

말하자면 미국기업들이 전부 천사들이라는 주장이다. 도대체가 영어로 쓰면 천사가 되고, 한국어로 쓰면 민원이 된다는 것인가? 미국 사람들이 하면 천사들의 기부행위처럼 보이고 한국 사람들이 하면 악당처럼 보인다는 얘기인가? 미국 CEO들의 발언이 지역사회와 무슨 상관이 있다는 것인가? 모두 기업민원이다. 전경련이 하는 일과 똑같다. 산업인력 문제와 관련해 중국이민을 얼마나 받아들일 것인가, 동남아 이민을 얼마나 받을 것인가 등의 문제를 전경련이 매번 회의를 한다.

'안철수연구소' 주가 폭등 때 뭘 했나?

'머니게임' 얘기도 나오는데 안철수 교수는 안철수연구소의 주식 폭등과 폭락 문제에 대해 아무 얘기도 하지 않았다. 안철수연구소는 로컬(local)기업이다. 수출이 거의 없다. 《안철수의 생각》을 읽어보면 이런 대목이 있다.

〈안철수연구소에서 정부에 제품을 판매할 때 외국산 수입 백신과 가격을 맞추라는 요구 때문에 힘들었던 경우가 있어요. 그렇게 되면 턱없이 가격이 낮아져 수익성이 떨어지게 되는데 제품의 질이나 향후 관리시스템 같은 것은 고려하지도 않고 단가 인하만 요구하죠〉

자신이 만드는 제품의 질은 좋고, 외제는 안 좋다? 자신은 비싸게 받아야 하고 다른 경쟁자는 싸게 받아야 한다는 것인가? 정부에 외국제품 싸게 못 팔게 요구했다는 것인데, 자기 장사는 정당하고 남의 장사는 싸게 하면 안 된다는 것이다. 참 이상한 사람이다.

안철수연구소는 사실 그렇게 영업이익률이 높은 회사가 아니다. 그런데 안철수연구소의 주가가 대폭등했다. 실력에 비해 주가가 다락같이 올랐다. 안철수의 대선출마론이 나올 때마다 주가가 올라갔다. 한국 사람들 웃긴다. 안철수 교수가 대통령이 되면 안철수연구소가 갑자기 좋아질 것이라고 생각하는데, 좋아지면 오히려 부조리가 되는 것이다. 주식시장에서 테마주라고 해서 투기꾼들이 안철수연구소의 주가를 올리는 것이다. 그러나 安교수는 '사실 우리 회사 주가는 너무 오르고 있다. 투기꾼들이 만들어 올리는 머니게임이다'이라는 경고를 한 번도 내놓은 적이 없다. 그러더니 주가가 다락같이 오르자 주식을 팔아 안철수재단을 만들었다. 그러면서 머니게임하는 사람들을 비판한다. 주식투자전문가 '시골의사 박경철' 씨에게 주식투자에 관한 어드바이스를 얼마나 받았는지는 모르겠지만, 사기꾼들이 안철수연구소의 주식을 올릴 때 安교수 본인도 말이 안 된다고 생각했을 것이다. 그런데 소액주주들에게 절대 저 주식에 가담하지 말라는 얘기를 한 번도 안 했다. 정상적인 회사 —대주주라면 이런 말을 했어야 한다. 그러다 마지막 피크(peak)에서 주식을 팔아 안철수재단을 만들겠다고 발표해 천사가 됐다. 이런 경우를 어떻게 해야 하나?

제정임 교수가 "원장님은 '통합과 소통의 리더십'을 강조하셨는데요, 이런 원칙에 걸맞게 각료들을 기용하려면 어떻게 해야할까요?"라고 물었다. 답이 뭔 줄 아는가?

〈유능한 인재는 정파와 관련 없이 기용하는 문화가 필요합니다. (중략) 이런 점들을 극복하기 위해서는 인재추천위원회 같은 시스템을 만들어 상시적으로 폭넓은 추천을 받고, 검정위원회를 통해 이 인재들을 검증한 뒤, 적재적소에 기용하는 방법을 생각할 수 있습니다〉

지금도 이렇게 하고 있다. 安교수는 지금 정부가 어떻게 돌아가고 있는지에 대해 모르고 있는 것이다.

좋은 말만 다 모아 떠들고 있을 뿐

일자리 문제에 관해 제정임 교수가 "학교 문을 나서자마자 실업자가 되는 청년실업의 문제도 심각합니다. 어떤 대안이 있을까요"라고 묻자 安교수는 우리나라 실업률이 어떻고 걱정을 해준다. 그리고 내놓은 대안이 이거다.

〈제도적으로 정년을 연장, 임금 피크제*와 결합한 일자리 나누기를 통해 청년고용을 늘리고, 중견기업 육성을 통해 질 좋은 일자리를 많이 창출할 수 있도록 하고 새로운 창업도 활성화할 필요가 있습니다〉

孔子(공자) 말씀이다. 정년을 연장하면 청년고용이 늘어난다고 생각하나? 정년연장, 임금 피크, 일자리 나누기라는 말은 알고 있는데, 이게 어떤 관계인지에 대해서는 전혀 모르고 있다. 어떻게 하면 된다는 말은 없다. 그냥 좋은 말만 다 모아 떠들고 있을 뿐이다. 제도적으로 정년을 연장하고 임금 피크제를 하면 나와 같은 사람은 기업체에서 안 물러난

---

*임금 피크제(salary peak): 일정 연령이 된 근로자의 임금을 삭감하는 대신 정년까지 고용을 보장하는 제도를 말한다. 미국·유럽·일본 등 일부 국가에서 공무원과 일반 기업체 직원들을 대상으로 선택적으로 적용하고 있으며, 한국에서는 2001년부터 금융기관을 중심으로 이와 유사한 제도를 도입해 운용하고 있다. 그러나 각 기업의 특성을 무시한 채 일률적으로 임금 피크제를 적용할 경우 임금수준을 하락시키는 편법으로 작용할 수 있으며, 공기업의 경우 노령자 구제수단의 일환으로 악용될 수도 있다는 것이 단점으로 지적되고 있다.

다. 정년이 늘어난 만큼 적정연령에서 임금 피크제를 통해 임금을 낮춰가면서 계속 일을 하게 된다.

그런데 安교수는 이를 통해 청년 고용을 늘리겠다고 주장하고 있다. 청년일자리가 늘어나려면 기존의 사람들이 나가야 들어갈 수 있는 것 아닌가? 安교수는 뭔가 얘기는 들었는데 아무렇게나 얘기하고 있는 것이다.

安교수는 "낙후된 복지를 조금 확충하자는 정도의 얘기를 갖고도 포퓰리즘 운운하는 사람들을 보면 정말 화가 난다"고 했는데, 나 같은 사람은 그의 대담집을 보고 있노라면 분노가 아니라 기가 막힌다. 이런 수준으로 젊은이들 사이에서 인기가 있다? 젊은이들이 安교수를 대통령 후보로 생각하고 있다? 젊은이들이야 그렇게 생각할 수 있다. 그러나 스스로가 자신의 수준을 알아야 한다.

대담집에는 新재생에너지 얘기도 나온다. 참으로 판에 박힌 이야기이다. 이명박 정부가 新재생에너지 정책 세워놨다가 미국에서 셰일가스(Shale gas)*가 나오는 바람에 난장판이 되어 버렸다. 태양광 업체 다 망했다. 풍력 거의 거덜 났다. 전 세계적으로 新재생에너지가 완전히 맛이 가고 있다.

---

*셰일가스: 탄화수소가 풍부한 셰일층(근원암)에서 개발, 생산하는 천연가스를 말한다. 전통적인 가스전과는 다른 암반층으로부터 채취하기 때문에 비전통 천연가스로 불린다. 셰일이란 우리말로 頁岩(혈암)이라고 하며, 입자 크기가 작은, 진흙이 뭉쳐져서 형성된 퇴적암의 일종으로 셰일가스는 이 혈암에서 추출되는 가스를 말하는 것이다. 예전에는 기술·경제적 이유로 등한시되었지만 최근 수평정시추와 수압파쇄법 등 기술적 혁신으로 활발한 개발과 생산이 진행되는 등 각광을 받고 있다

자기들 하자는 대로 다 해야 '소통'인가?

안철수 교수는 2008년 발생한 광우병 소동에 대해 "정부가 잘 설명하지 않아서 소통에 문제가 있었다"고 이야기한다. MBC가 어떻게 방송국에서 사기 쳤는지에 대해서는 한마디도 하지 않았다. 자기도 의사 출신이면서 광우병 소동 자체에 대한 언급은 전혀 없다. 그저 정부가 소통을 잘못해서 생긴 것이라고 본다. 광우병 소동은 이명박 대통령의 당선을 좌빨들이 못 받아들인 것이다. 그래서 정권초기에 이명박 정부를 무력화시키기 위해 있지도 않은 동영상을 조작하고, 국민들을 세뇌시켜 사건을 만들어낸 것이다.

제주해군기지 문제도 광우병 소동과 마찬가지로 생각하고 있다. 소통이 없었다고 한다. 왜 소통이 없었나? 제주해군기지 건설문제는 헌법재판소 판결까지 간 문제이다. 자신들의 주장을 안 들어주면 소통이 없다는 것인가? 그렇다면 자기들 하자는 대로 다 해야 소통인가?

대통령 후보가 될 사람이 용산4구역 철거민 방화사건을 '용산참사'라고 규정했다. 이 사건은 '참사'가 아니다. 용산4구역은 세입자들까지 보상이 정상적으로 다 끝난 지역이었다. 그런데 용산재개발 현장의 세입자라는 것을 이유로 토지를 갖고 있지도 않으면서 거액보상을 노렸던 사람들이 있었다. 마지막에 가서는 오히려 투쟁을 위해 장사하러 이 지역으로 들어간 사람들도 있었다. 여기에 전철연(전국철거민연합)이라고 하는 전문 시위꾼들이 가담해서 무차별 폭력 시위를 한 것이다. 그래서 당시 김석기 경찰청장이 강력 진압을 했다. 그 과정에서 경찰관을 포함해 여러 사람이 죽었다. 정말 아쉬운 사건이었지만 왜 그렇게 됐나? 폭력 시위를 벌이던 폭도들이 길거리를 지나가던 버스와 택시를 향해 화염병을 던졌기 때문이다. 이 정도 되면 미국이나 다른 나라에서는 조준사살 해 버린다. 테러범이지 않나? 일반시민들이 타고 가는 버스와 택시를 향해 화염병을 던지는 세력에게 유럽 같으면 어떻게 했겠나? 맞은 편 건물에 경찰들이 올라가 조준을 했을 것이다. 경찰이 죽었다는 측면에선 '참사'다. 그런데 안철수 교수는 그것도 정부가 소통을 잘못해서라고 한다.

천안함 사건에 대해서도 설명이 없기는 마찬가지이다. "천안함에 대한 정부발표를 믿기는 하지만…" 하면서 또다시 소통타령을 하고 있다. 천안함을 안 믿겠다는 사람들이 소통과 자료가 없어 못 믿는다는 말인가? 從北주의자들이기 때문에 안 믿으려고 하는 것이다. 천안함 사건과 관련해 북한의 책임을 묻는 말이 단 한 줄도 없다. 개성공단, 금강산 관광 재개하라고 써놓고서 금강산 관광에 대한 북한이 사과를 해야 된다든지(편집자 注: 2008년 7월11일 발생한 박왕자 씨 살해 사건에 대한 사과를 말함) 북한의 책임에 대해서는 단 한 마디도 언급하지 않았다.

능력 밖의 문제들-경제 · 외교 · 안보

도대체 어떤 대통령이 되려고 이러나? 대한민국 대통령이 되겠다는 사람이 중국을 어떻게 보아야 한다는 질문-답변이 하나도 없다. 미국에 대해 우리가 어떤 스탠스를 취해야 한다는 설명도 전혀 없다. 왜냐? 이런 문제들은 안철수 교수의 능력 밖의 문제이기 때문이다. '세계경제위기가 지금 어떤 국면으로 진행되고, 우리 경제史에서 볼 때 세계경제위기가 우리에게 어떤 중대 시련을 어떤 측면에서 갖고 올 것이다'에 대한 숙려와 고통, 고뇌가 한 자도 들어있지 않다. 왜? 그것도 안철수 교수의 능력 밖이다.

안철수 교수의 주장에는 일관된 논리가 없다. 그는 자신의 주장에 모순이 있다는 것을 이해하지 못하고 있다. 어떤 정치-경제적 문제가 어떻게 복잡한 문제인가에 대한 복잡성에 대한 인식이 없다. 민감한 문제에 대해서는 모조리 정부가 소통을 잘못해서 그렇다며 떠넘긴다. 외교-국방 문제에 대한 비전 자체가 전혀 없다. 대한민국이 어떤 국가가 되어야 한다는 역사적 인식 자체가 '빵'이다. 역사라는 개념이 없는 듯하다. 단지 복잡한 문제에 대해 좌익적 모법 답안을 설명하고 있을 뿐이다. 중국문제, 미국문제, 일본문제에 대한 설명이 없다. 북한정권에 대한 정체성이 전혀 없다. 그저 감상적주의적 해법, '소통을 잘하고 설득을 잘하면 된다'는 식이다.

소통과 설득은 非법치적 사고이다. 소통과 설득이란 단어를 함부로 사용해서는 안 된다. 현실에서는 경찰이 총을 쏴서 범인을 잡아야 하고, 재산권을 둘러싼 개인들 간의 치열한 訟事(송사)가 벌어지고, 기업들은 목숨을 걸고 기업경영을 한다. 무슨 소통과 조화 이런 문제가 아니라 냉정한 法治(법치)가 적용될 때가 훨씬 많다. 국가의 실수든 개인 운명의 문제든 가난이 생기고, 對外문제로 국가의 명운이, 민족의 운명이 경각에 달리는 때도 있다. 그 때도 소통과 조화 타령을 할 것인가? 그저 대학생 수준의 감상주의적 해법을 가지고 달려들 것인가? 안철수 교수에게 너무 어려운 것을 주문하는 것인지도 모르겠다. 국가경영은 애들 장난이 아니다. 《안철수의 생각》에는 '우리가 원하는 대한민국의 미래지도'라는 부제가 붙어 있는데, 마음이 착잡하다.

'역사적 소명이 있다'는 착각

안철수라는 사람을 언론에서 (이런 표현이 좀 죄송하나) "너 잘났다"라며 띄우고 하니까 본인도 메시아나 영웅이 되지 않으면 안 되는 상황으로 몰렸다. 자기가 역사적인 소명을 가지고 있는 것 같은 착각을 하게 된다. 또 주변에 아첨꾼들이 많이 몰리게 되고 띄워주니까 우쭐하게 되는 거다. '아, 나에게 진짜 소명이 있는 것 아닌가?'하는 느낌을 갖게 되고, 자신이 나서서 뭔가 정치를 해야 할 것 같은 압력을 받게 되는 것이다.

특히 기성세대 중 안철수를 좋아하는 사람들의 논리는 이렇다. 안철수 교수 주변에 몰려드는 사람들을 보면 기존의 정치권에서 잘 받아주지 않던, 정치권의 진입에 실패한 경우가 있다. 일부 사람들이 분명 그런 경향이 있다. 약간 아웃사이더들이 모인 느낌이다. 아웃사이더냐 인사이더냐에 비중을 두고 있지는 않다. 나 같은 경우에도 정치권하고 담 쌓고 사니까.

스스로가 '역사적 소명을 해야 되는, 어떤 거스를 수 없는 운명의 힘을 가지고 있는 것이 아닌가' 하고 느끼다 보면 점차 자신의 과거에 대해서도 필시 그럴 수밖에 없었던 필연적 이유가 있었던 것처럼 재해석하기 시작하고, 과장되게 이야기하기 시작하고, 본인은 그것을 진실인 것으로 믿는다.

군대 이야기가 그렇다. 그 당시 무슨 바이러스가 돌아 그 바이러스를 잡기 위해 밤새 백신을 만들고 부랴부랴 입대했는데, 자신의 군 입대를 가족에게도 말하지 않고 왔다는 것을 뒤늦게 깨달았다는 것을 '무릎팍도사'에서 이야기했던 것 같다. 그래서 젊은 사람들이 열광한 거다. '우리 시대에 보기 드문 聖人(성인)이 나타나셨다', '위인전에서 보던 위인이 나타나셨다' 이렇게 흥분했는데, 그 부인 이야기는 전혀 달랐었다. "남편인 안철수가 군에 입대하는 날 기차역까지 배웅을 가서 열차를 태워 보내고 돌아오는데 자신의 맘이 너무 섭섭하더라"라는 이야기를 했다.

어떻게 된 것인가?

거짓말이다. 차라리 거짓말이었으면 좋겠다. 만일 안철수라고 하는 캐릭터가, 바이러스를 잡기 위해서 밤새 투쟁하다가 시간에 쫓겨 허겁지겁 군대에 들어가고 뒤늦게 자신이 집에 이야기도 안 하고 왔었다는 정도의 인간 같으면, 무서운 인간이다. 자기 가족을 그렇게 헌신짝처럼 여기고, 자기 가족과 아내를 자신의 공적인 임무를 위해서 모조리 무참하게 만들어 버릴 수 있을 정도의 몰입형, 극단적인 표현으로 또라이다.

부인의 말 한마디로 부정된 초월적 聖人의 과장된 신화

안철수는 자신을 상식파라고 하는데 전혀 상식적이지 않다. 아주 초월적이고, 성인이고, 거의 과장된 위인의 신화 같은 이야기를 천연덕스럽게 했다. 그런데 자신의 부인의 말 한마디로 깨끗하게 부정 돼버렸다. 차라리 거짓말이라면 안철수도 사람이라 거짓말을 했다고 하겠지만, 만일 거짓말이 아니고 안철수 본인은 아직도 그렇게 믿고 있다면, 이것은 이중의 또라이다. 있지도 않은 일을 있다고 만들어 내서 거짓말을 하다 보니, 그 거짓말이 진짜인 것처럼 이미 사실로 誤認(오인)하는 단계에 이른 것이다. 그것이 정신질환적이다. 차라리 군대 가는 날짜를 잊어버렸다고 하면 이해가 되지만, 그렇지 않다고 하면 정말 위험한 사람이다.

일설에 의하면 당시에 유행했다던 바이러스는 안철수연구소의 발표를 보면 몇 년 뒤의 일이라고 한다. 당시엔 그런 바이러스가 있지도 않았다는 것이다. 몇 가지 벽돌이 잘못 재구성 되어서 완전히 엉뚱한 일이 진짜처럼 된 것이다. 예를 들어 친구랑 약속이 있는데 집에 이야기를 안 하고 나왔다고 하는 사실 하나, 군대를 갔었다는 사실 하나, 그리고 2년 있다가 생겼다고 하는 바이러스, 어떤 날 밤새워 열심히 일했던 기억, 이런 기억의 단편들이 정실질환적으로 재구성 되어서 사실을 착각하고 있을 수도 있다. 무엇인지 모르겠다.

내가 안철수 교수를 '짧은 생각이다', '생각이 없다'고 비판하고 난 후 각 기자 언론들이 공식적으로 안철수 교수의 논리에 대해서 비판하고 검증하게 됐다. 박근혜 대표에 대해서는 '아, 박근혜 마저…'라는 주제로 동영상을 한 달 정도 전에 미리 하나 만들어서 올려놓은 것이 있다. 나는 원칙은 확실하지만 당파성, 예를 들어 우리 편이니까 용서해주고 적군이니까 무참히 까는 것을 아주 싫어한다. 그런 당파성에 몰입해 있는 사람은 아니다. 여러분도 다 알다시피 나는 기본적으로 시장자유주의자이다. 시장자유유주의자들이 그런 데 대해 엄격하다. 자유주의적 정신을 가진 사람은 지연, 혈연, 학연, '우리가 남이가' 하는 그런 종류의 것, 또 누구를 숭배하고 숭배 받는 것은 시장원리에 맞지 않기 때문에 아주 싫어한다. 그리고 시장주의자들은 대부분 개인주의자들인데, 이것은 이기주의와는 전혀 다르다. 개인의 자존과 자립을 강조한다는 뜻이다.

《안철수의 생각》을 분석한 이유

누가 요새 '힐링캠프'가 유행인데 정규재 TV 안에 '킬링캠프'를 하나 따로 만들자는 제안을 했다. 킬링캠프의 느낌이 너무 좋지 않아서 하지 않았다. 킬링캠프라고 하니 캄보디아의 킬링필드가 생각났다. 정부가 너무 강해지고, 혁명적이 되고, 만민평등과 평등주의, 분배우선주의, 복지주의, 이런 식의 사회주의적인 슬로건이 극단적으로 내걸리면 그 사회는 반드시 전체주의적 분위기로 흘러간다. 도덕주의적 깃발이 서게 되고 캄보디아 같은 나라가 된다. 캄보디아나, 문화혁명이나, 나치즘이나, 스탈리니즘을 보면 집단살육(genocide), 인종을 청소하려고 달려드는 듯한 집단살육현상이 나타난다.

우리 사회에 넘치는 분노, 목표 없는 적개심, 누군가를 향해 그저 시비를 걸고 싶고, 익명성을 이용해 딴지를 걸고 공격해 보고 싶은 원초적 폭력성향이 있다. 우리 모두가 알게 모르게 그런 사회분위기에 젖어 있는 것이다. 도덕주의적 깃발을 들면 굉장히 위험해진다. 킬링필드가 왜 그렇게 잔인했는가 하면 어린아이들이 어른들을 죽였기 때문이다. 중학생, 초등생이 자기 동네 이웃을 죽인 것이다. 크메르루즈(편집자 注: 1975~1979년까지 캄보디아를 통치하고 대량 학살을 자행한 급진 공산주의 혁명 단체)가 '어린아이들, 너희들만이 영원히 순백하다'고 부추기며 동원했다.

영혼이 순백하고, 이타적이고, 헌신적이고, 성인의 반열에 오를 사람이고, 위인전기에 오를만한 사람들은 현실정치에 관여하면 안 된다. 그런 캐릭터나 군중의 열망(aspiration)이 위험한 反이성적, 비합리적, 원초적 본능들이 관철되는 이런 사회분위기를 만들기 때문이다. 그것이 걱정이 돼서 안철수 교수가 책을 냈을 때 분석을 해보였던 것이다. '생각 없는 안철수' 이야기는 여기까지 하겠다.

CHAPTER

3

尹昶重:
국민을 卒로 보는 안철수

단 한 줄이라도, '아! 이렇게도 생각할 수 있구나'하고
知的(지적) 자극이나 지적 열등감을 주지 못하는 《안철수의 생각》.
아! 이런 인물이 대통령이 되겠다고 나서니 마니 하는 수준의
대한민국이구나 하는 장탄식이 절로 새어 나온다.

尹昶重(윤창중)

前 〈문화일보〉 논설실장. 現 '윤창중 칼럼세상' 대표(http://blog.naver.com/cjyoon1305)

尹昶重:
국민을 卒로 보는 안철수

안철수의 '어린 아이 생각'

젖비린내 난다. 뭐가 됐든 대단한 '무엇'이 안철수의 머릿속에 내장돼 있기 때문에 열광하겠지, 한편에선 긴장했는데. 이건 젖비린내 나는 20대 운동권의 유치찬란한 사유체계 그대로 아닌가.

무슨 대단한 역작이라도 나오는 양 요란하게 주목 끌며 출간한 《안철수의 생각》-매사 보수우파 정권이나 새누리당이 하면 무조건 반대하고 트집 잡아야 개념 있게 사는 걸로 착각하는 사이비 좌파들, 강남좌파들의 전형을 옆에서 보는 것 같다.

천안함 폭침에 대해선 "정부 발표는 기본적으로 믿지만 이견을 무시하는 태도가 사태 악화시켰고…" 사이비 좌파들이 조작설 떠들어대다가 밀리니까 토 달고 나서는 것까지 똑같다.

李明博 정권을 비난하고 북한을 편들어야 의식 있는 지식인이라고 착각하는 것도 어쩌면 그렇게 똑같은지. 안철수는 현 정부의 對北정책에 대해 "채찍 위주의 강경책, 기계적 상호주의를 고수한 것은 북한이 곧 무너질 것이라는 붕괴 시나리오에 따른 것으로 보이는데 그런 시나리오는 설득력이 없다"고 했다.

이명박 정권이 채찍을 들었어? 북한이 금강산 관광 간 주부 박왕자 씨 뒤에서 쏴 죽이고, 천안함 폭침하고, 연평도 포격 도발했는데도 이명박 정권은 무엇 했는지 모르고 하는 소리?

기가 막힌다. 배웠다는 사람이 어떻게 이렇게까지. 유족들이 들으면 통곡할 것. 북한 문제에 대해 안철수에게 과외수업 했다는 종북 對北유화론자들－말이 對北유화론자들이지 사실은 교수라는 가면 쓰고 평양에서 보낸 '서울 특파원'하고 있는 좌파학자들의 억지를 어쩌면 그렇게 빨리 외워 앵무새처럼 되뇌고 있는지.

"북한은 남한이 돈을 주지 않았어도 핵개발을 했을 것이라는 분석이 많다", "김대중 노무현이 對北 퍼주기를 안했어도 북한은 제 돈으로 핵개발 했을 것"이라는 얘기! "금강산 관광을 재개하고 남북 경제협력 모델을 확대해야 한다"고 주장했다. 난 이 대목에서 인내의 한계력이 무너져 속에서 울렁울렁 구역질이 났다. 이 얼치기의 웃기는 말장난에!

한미자유무역협정(FTA)에 대해선? 들어볼 필요도 없다. '재재협상'해야 한다? 안철수의 답변은 대부분 민주당 주장의 짜깁기이거나, 이를 지원하고 있는 좌파 신문들의 社說(사설)들을 달달 외워서 말하는 것으로 들린다.

제주해군기지에 대해선? "꼭 필요한가. 꼭 강정마을이어야 했으며 주민들에 대한 설득이 충분했는가 하는 관점에서 논의해야 한다."

그럼, 노무현 정권 때 주구장천 토론한 건 뭐인가?

단 한 줄이라도, '아! 이렇게도 생각할 수 있구나'하고 知的(지적) 자극이나 지적 열등감을 주지 못하는 《안철수의 생각》. 아! 이런 인물이 대통령이 되겠다고 나서니 마니 하는 수준의 대한민국이구나 하는 장탄식이 절로 새어 나온다.

이 시대를 살아가는 한 사람으로서 저런 수준에 대해 글 쓰며 하루하루 지내야 하는 게 너무너무 치욕적이고, 내가 아는 외국의 기라성 같은 한국정치 전문가들이 혹시 이 책이라도 볼까 내 얼굴이 화끈거린다.

사이비 좌파! 이런 삐뚤어진 이념적 체계도 문제이지만 더 근본적으로 심각한 건 안철수는 인문사회과학에 대한 이념적 무장이 전혀 돼있지 않은 사유체계를 갖고 있는 점! 대학교수 입네하는 사람들, 이곳저곳 돌아다니며 사람들 많이 만나고 꽤나 생각 많이 해 자신은 세상 꿰뚫어 보고 있다고 자부깨나 하지만 실제로 말 시켜 보면 좌파 신문이나 좌파 서적 몇 권 읽고 흥분하는 운동권 학생 수준보다 하나도 나을 게 없음을 발견했을 때, 확 욕해주고 싶으나 참는 심정! 웃기고 있네 하는.

안철수는 한마디로 함량미달! 그가 아무리 야권 후보 중 지지도 1위라고는 하지만, 이번에 대통령이 되기엔 함량미달임을 고백한 것. 이런 실력이기 때문에 대선 출마 선언을 늦춰 검증 받지 않고 날로 대권 잡으려하는구나! 자신의 '리얼'에 대해 너무 모르는 인간이 많으니, 소크라테스가 '너 자신을 알라'는 격언을 자신의 철학적 기반으로 삼은 지 2500년이나 흘렀는데도 이 말이 지구상에서 영원히 회자되는 것.

나는 지난주 안철수에게 이번에 출마하지 말고 앞으로 5년 간 '차차기 준비하라고 권고하는 칼럼을 썼는데, 그의 책을 보니 5년이 아니라 10년을 더 준비해도 국가관에 대한 인식을 바로잡기 어렵고, 인문사회과학에 대해 이론적으로 무장하는 것도 힘들다는 결론에 이르고야 말았다. 안철수의 생각이 이 정도밖에 안 되는 어린 아이 수준이구나 하는 탄식 속에서. (2012년 7월20일, '윤창중 칼럼세상')

'안빨'에게 묻는다

안철수를 비판만하면 어느 언론 매체든 찾아내 살쾡이처럼 달려들어 물어 뜯어버리는 안철수 팬들의 저돌적이고 광포한 행태들! 대한민국에서 몇몇 특정 종교단체를 제외하고 현재 가장 맹신적 집단? 안철수가 등장한 이후 생긴 그의 팬들.

그래서 안철수를 지지하지 않고 있는 사람들 사이에선 생각이 전혀 다른 사람들이라는 의미에서 '안빨', '안빠'라는 약칭으로 불린다. 10년 전 노무현을 지지하지 않으면 세상 뭣도 모르고 사는 것처럼 노골적으로 멸시하고 삿대질하며 가르치려했던 '노빠', '노사모'를 어쩜 그대로 닮아버렸다.

물론 씨도 먹히지 않을 소리라고 알고 있지만, '안빨'들 중에도 이성과 교양이 있는 사람들이 존재할 것으로 확신하고 지금이라도 몇 가지 묻고 싶다.

안철수에 관해 도대체 '뭘' 알고 있기에 대한민국의 대통령이 돼야 한다는 결론을 이미 내리고 그 반대 사람들에게 인격살인까지 휘두르고 있느냐고. 대한민국에서 대통령까지 동네북이 되는 마당에 유독 안철수만 예외로 비판받아선 안 되는 聖域(성역)이 돼야 하느냐고.

뭘 알고 있느냐? 현재까지 안철수에 관해 가장 잘 알고 있는 사람은 안철수 본인, 가끔 언론에 나오시는 안철수 부친, 아마 두 명 뿐! 안철수 부인도 안철수가 어디에 있는지 몰라 인터넷 뒤져 알아본다는 것 아닌가. 도대체 대한민국 국민이 안철수에 관해 뭘 알고 있기에 그를 세계 경제대국 10위권의 대한민국 대통령으로 뽑아줘야 한다는 말인가!

50살, 부산출신, 서울대 교수, 컴퓨터 백신 무료로 나눠주고, 연구소 만들어 성공하고, 기부재단 만들고, 그 다음엔? 뭘 꿸 수 있다는 말인가?

백신 무료로 나눠준 것? 인정하지 못하는 바는 아니지만, 백신 나눠 줬다고 대통령으로 뽑아줘? 기부재단 만들었다고? 그렇게 칠 것 같으면 대한민국 정도의 국가 규모에서 안철수 정도의 인물은 차고 넘친다. 차고 넘쳐! 안철수를 지지하는 사람들은 제발 수준 좀 높였으면 한다.

《안철수의 생각》을 읽어보니 어땠다고? 많은 걸 알게 됐다고? 그런 대답하는 당신은 정말 거짓말꾼! 《안철수의 생각》을 읽어보면 자신의 생각을 숨김없이 말하는 것 같지만 사실은 '은폐'하고, 번지르르하게 포장하는 기술! 정말 프로급임을 거듭 확인한다.

자신의 생각을 교묘하게 감추면서 추상적으로 돌려 말함으로써 餘白(여백)의 美가 있고 인간적으로 소통하는 것처럼 착각하게 표현하는 기술이 타고났기 때문에, 그가 TV 예능프로인 강호동의 '무릎팍도사'에 출연한 게 맞아떨어져 인기가 급상승한 것!

'무릎팍도사'에 출연해 실제 방영된 것도 사실은 십 수 시간 녹화한 내용을 줄이고 늘리고, 음향효과 집어넣고 자막 넣어, 주무르고 주무른 고도의 편집 결과! 안철수의 實體(실체)가 아니라 '가공의 안철수'인 것! TV란 생방송도 가공할 수 있는데, 녹화·편집이란 가공의 예술인 것!

이걸 보고 안철수 지지가 폭발하기 시작했다는 건 대한민국의 수준을 압축적으로 편집해 보여주는 것! 세계 어느 민주주의 국가 같은 국가에서 국민과 언론들이 예능프로에 나와 인기 좀 끌게 된 인물 갖고 대선 후보 반열에 올리는가! 정밀 치욕적으로 부끄러운 수준!

안철수는 '무릎팍도사'에 출연해 재미 본 것 再湯(재탕)해 보려고 오늘 저녁 SBS 연예프로 '힐링캠프'에 또 출연한다지만, 그것도 몇 시간 촬영한 걸 편집해 만든 것!

급하게 《안철수의 생각》을 깜짝 쇼하듯 출간해 비상한 관심을 모으는데 성공. 이어, 모든 언론의 인터뷰 요청을 거절하더니만 전격적으로 '힐링캠프'와 사전 녹화. SBS 편집진이 안철수 인기 떨어지게 프로 편집해 방영한다고? 하여튼 안철수는 홍보의 귀재!

거기에서 안철수의 국가관, 국가운영 비전…. 도대체 뭘 검증할 수 있다는 말인가? 오늘밤 안철수가 어떻게 마음씨 좋은 사람처럼 나와 '허허허~'연기하며 개념 없이 사는 사람들 녹일지 미리 눈에 선하다.

이렇게 말하면, 그럼? 문재인과 박근혜가 '힐링캠프'에 출연한 건 왜 시비 걸지 않느냐고 할 것인데, 대통령 예비 후보들이 정식 토론프로나 인터뷰 프로도 아닌 연예프로에 나가 웃고 까불어 지지도 높여보겠다는 건 대한민국 정치의 경박함, 수준 얕음을 그대로 보여주는 것!

'검증'이 철저히 이뤄지지 않은 인물이 대통령이 되면 설령 대통령이 된다 해도 그건 개인의 불행이고 대한민국의 불행이 되고야 만다.

아무리 정당정치에 대한 혐오가 깊다 해서 홧김에 대통령이 될 사람까지 홈쇼핑에서 인기 좀 있다고 눌러대듯이 '충동구매'의 리스트에 올리고, 그의 광신도가 되어 성역으로 감싸드는 것, 정말 유치한 수준이다.

그토록 넌더리 치게 했던 '노빠', '노사모'에 이어 10년 만에 또 '안빠'이 존재한다는 건 민주주의란 역시 오랜 세월이 흘러야 공고화할 수 있음을 대한민국이 보여주는 것! 서글픈 현실이다. 어린 아이 입에서 풀풀

나는 젖비린내 수준의 유치찬란한 대한민국 정치 수준이!(2012년 7월23일,
'윤창중 칼럼세상')

안철수, 대통령'감'부터 안 된다

국가 최고지도자로서 고독한 결단을 내리는데 긴요한 '통찰력의 얕음(shallowness)'과 '허허허~' 헛웃음 이어가는 부드러운 탈 뒤편에 자신의 속내를 끝까지 위장하는 '인격의 다중성(multiplicity)'. 어젯밤 SBS 오락 프로 '힐링캠프'에 출연한 안철수의 '연기'를 주목하면서 내 머릿속을 관통했던 두 가지 키워드였다.

안철수는 말했다. "우리 사회가 낭떠러지로 떨어졌다." 대한민국이 이미 망해간다? 그래서, 어떻게 하겠다는 건데? 아무리 찧고 까불어대는 예능프로라 해도 그런 거창한 소릴 입에 올리려면 그렇게 볼 수밖에 없는 논리적 근거와 해법을 말해야하지 않는가!

이게 예능프로인지 모르고 분위기에 맞지 않게 거창한 얘기를 한 게 아니다. 지능적으로 말초신경 자극해 개념 없는 사람들 열광하게 만들기 위한 것. 그래 역시 안철수야! 은근히 대한민국에 열 받게 만드는 어법과 용어를 선택하는 데엔 高手(고수)!

취업, 장래 문제로 머리가 경련 일으키고 있는 대학생들 찾아가 대한민국에 속 부글부글 끓어 확 넘치게 만들고, 자신은 시치미 뚝 떼고 '국민 멘토'가 돼 급기야 대선후보로까지!

강호동의 '무릎팍도사' 같은 연예프로에 나가 툭툭 몇 마디 자극적인 용어 던져 인기 폭발하게 유도하는 데엔 정말 고수.

이게 '인기 연예인'이지 어떻게 일국의 대선후보? 이번에도 그걸 노려

후다닥 책 만들어 '사재기 돌풍' 일으키고 더 불 지르기 위해 시청률에 목말라하는 연예프로에 출연. 정말 신비주의적 홍보 기법에 관한 한 인기 연예인 뺨치고 남을 국내 최정상이다.

이 정도 수준을 갖고 대한민국 대통령을 노린다? 참으로 한심한 대한민국의 수준. 한 50대 독자가 이 프로를 본 뒤 실망을 참지 못해 보내온 문자, "나이 50에 사회적·경제적으로 성공한 사람이면 누구나 할 수 있는 얘기뿐이더라. 안철수 정도 말할 수 있는 수준의 사람은 내 주변에도 차고 넘치고, 대한민국에도 수없이 많다. 이런 惑世誣民(혹세무민)을 모르고 젊은이들이 영웅으로 착시하고 있으니…"

또한 안철수는 성품 자체부터 국가와 국민을 이끌어 가는 데 요구되는, 명쾌한 철학을 내재한 지도자형이 아님을 다시 확인하게 했다. 태평양 앞바다에 도착하고서도 여전히 그물로 고기 잡을지, 낚시로 잡아야 할지 계속 간만 보는 전형적인 다중적 인격체!–이번 프로에서도 대선 출마 여부에 대해선 또 선문답!

과연 대선 출마 여부에 대해 언급할지, 그 장면 하나를 지켜보기 위해 그토록 잠이 쏟아지는 걸 참으며 기다렸는데도! 뭐? 여전히 고민 중이라고? "내가 잘 할 수 있는지 감당할 수 있는지 고민하고 있다"고? 정말 국민을 卒(졸)로 보고 있다.

"조만간 내리겠다"고? 대선이 5개월도 남지 않았는데도? 이런 소리? 아직도 조만간 내리겠다고 피해나가면 도대체 언제? 계속 애간장 태우게 만들어 가급적 검증 기간을 단축시키려는 잔꾀! 타의 추종을 불허하는 지독한 음흉스러움!

언론에 덮어씌우는 것도 기성 정치인보다 덜하지 않다. "나는 숨은 의도를 갖고 말한 적이 없는데 언론에서 숨은 의도를 상상하는 것"이라고? 2009년 6월 '무릎팍도사'에 출연해 인기 뜬지 3년1개월 동안 도대체 자신의 속내를 말한 게 뭐가 있다고 언론이 숨은 의도를 상상하고 있다는 것인지.

안철수, 그는 대통령'감'부터 안 되는 인물이다! 그는 포탄이 쏟아지는 위기 속에서 고독하고도 단호한 결단을 내리지 못하고 계속 간만 보고 있는 '통찰력의 얄음', 그리고 국가 최고지도자로서 국민 앞에서 자신의 속내를 끝까지 감추려하는 기회주의적 '인격의 다중성'−그가 대통령이 되면 어떤 型(형)의 지도자가 될지 뻔하다. 이 두 가지 결격 사유만으로도 그는 차기 대통령을 맡기에는 역부족이고 함량미달이다.

그가 조만간 내린다는 '결단'은 출마 포기! 대학교수로의 복귀!가 돼야 한다! 그게 '개인 안철수'와 '국가 대한민국'이 불행해지지 않는 길이다.

그러나 만약 그가 출마 선언을 하고 나오면 대한민국을 이끌어가고 있는 '국가 중심세력'은 결코 좌시하지 말고 궐기해야 한다.

20대 좌파운동권의 젖비린내 나는 사유체계에서 맴도는 안철수와 그에게 맹목적으로 환호하는 안철수 아류 세력과 일대 會戰(회전)을 벌여야 한다. 대한민국을 지켜야 한다.(2012년 7월24일, '윤창중 칼럼세상')

CHAPTER
4

柳根一:
민주당과 協業 관계

민주당이 야권연대로 左쪽 '집토끼'들을 굳히고,
안철수가 《안철수의 생각》으로 이른바 '중도'라는 이름의 '산토끼'들을 끌어들여
막판에 그 둘을 하나로 합치는 협력 관계.

柳根一(류근일)

언론인. 前 〈조선일보〉 주필. 인터넷 블로그 '류근일의 탐미주의 클럽' 운영(cafe.daum.net/aestheticismclub)

柳根一:
민주당과 協業 관계

《안철수의 생각》 감상법

안철수가 《안철수의 생각》을 책으로 냈다. 한마디로 민주당 정책과 흡사하다는 평이다. '左도 아니고 右도 아니다', '이X도 아니고 저X도 아니다', '이 黨도 아니고 저 黨도 아니다'라고 했지만 이X보다는 저X에 더 가까운 생각이 《안철수의 생각》이란 이야기다. 정말 그렇다면 안철수는 한국 정치지형 상에서 바라보자면 '좌파에 조금은 더 가까운 중도'라 해야 할 것인가?

주관적인 시각과 객관적인 시각이 있을 수 있다. 안철수의 주관적 시각에서는 그는 左도 아니고 右도 아니라고 자임할 수도 있다. 그러나 객관적인 시각에서는 그는 정책면에서 새누리당 쪽보다는 민주당 쪽으로 조금(?) 더 기운 사람이란 평이다. 그렇다면, 새누리당을 右 쪽에 두고 민주당을 左 쪽에 둘 경우 그는 左 쪽으로 '어느 정도인지는' 더 기운 사람이라는 평이 가능하다.

결국 안철수는 대선 직전에 민주당 제1走者(주자)와 어떤 방식으로든 단일화를 할 개연성이 더 높아졌다. 이것은 2011년 서울시장 선거 때의 박원순-안철수 단일화 패턴을 연상시키는 대목이다. 12월 대선 때는 혹시 민주당 사람 아닌 그가 단일화의 과실을 따먹을지도 모를 일이긴 하지만.

민주당과 안철수는 결국 서로 協業(협업) 관계에 있다고 할 수 있다. 민주당이 야권연대(실은 좌파연대)로 左쪽 '집토끼'들을 굳히고, 안철수가 《안철수의 생각》으로 이른바 '중도'라는 이름의 '산토끼'들을 끌어들여 막판에 그 둘을 하나로 합치는 협력관계.

안철수는 이쯤 됐으면 자신의 간판을 이젠 正名論(정명론)에 따라 정확하게 定義(정의)해야 한다. 알쏭달쏭한 "이것도 저것도 아니다"를 지양하고, 차라리 "나는 광의의 反우파 연합전선 내부의 右 쪽 날개다"라고 자임하는 편이 더 맞지 않을지? 이게 여전히 불명확한 명칭이라면 이런 이름은 어떨까? "나는 反박근혜 연합전선의 '산토끼' 담당이다."

"박근혜 씨, 그런 재주 있나요?"

세상에는 '중도'라는 용어를 너무 남발하는 경향이 있다. 안철수 주변에 몰려드는 일정 규모의 표는 물론 엄연히 있는 실체다. 그러나 그들은 '중도'라기보다는 '꿰이지 않은 유권자들(unaligned voters)', 나를 매혹시킬 정치인은 한 X도 없다는 유권자들, 그래서 협잡꾼들이 우글대는 진부한 기성정치보다는 인기인의 자극적이고 풍자적인 팝케스트가 훨씬 더 가슴에 와 닿는다는 유권자들이다. 이건 중도가 아니라 폴리테이너(politainer · 정치 탤런트)에 더 끌리는 '직업정치 혐오증'이라 해야 할 것이다.

이들은 물론 "너는 뭐냐?"고 여론조사가 물으면 곧잘 "나는 중도다"라고 입버릇처럼 답한다. 그게 어쩐지 좋은 말 같이 들리고, 그렇게 답하는 게 안전빵일 것 같아서 그러는 것이다. 대중연예 팬 같은 그들 群衆(군중)이 그 무슨 중도라는 심오한 철학적 용어를 제대로 알아서 그렇게 답하는 게 아니다. 그들은 '중도=어중간' 정도로 대충 때려잡으면서 그런 자신들을 안철수라는 탤런트를 통해 표출하고 있는 것뿐이다.

그러나 선거판에서 중요한 것은 이들 군중이 막판에 결국 누구를 택하느냐가 박빙 결승전의 최종 勝者(승자)를 가린다는 점이다. 이들은 '좌파연대+안철수' 쪽으로 가는 패와, 박근혜 쪽으로 가는 패로 갈릴 것이다. 그러나 아주 몇 표만이라도 前者(전자) 쪽으로 가는 숫자가 더 많으면 박근혜는 진다. 이래서 박근혜는 긴장해야 할 판이다. 안철수 바람은 박근혜에게 결코 유리하지 않다.

그렇다면? 승패의 관건은 이들에게 팍팍 먹힐 선전선동이다. 그들은 선동에 약하다. 그들은 감성적이다. 그들은 재미를 추구한다. 그들은 다분히 삐딱하다. 이 삐딱한 정서를 박근혜가 과연 어떻게 다만 얼마라도 끌어 올 수 있을지? 박근혜 씨, 그런 재주 있나요?(2012년 7월20일, 류근일 前

〈조선일보〉 주필)

CHAPTER
5

李東馥:
공허하고 위험한
'평화체제 정착론'

6 · 15선언 이후 남북대화는 북한 당국과 남한의 從北세력 사이의 '만남의 광장'으로 전락, 북한 독재정권을 延命시키는 '젖소 목장'으로 남한을 이용하면서 한국 사회를 내부로부터 離間(이간)시키고 분열시키는 북한판 통일전선의 전략 무대로 惡用(악용)되어 왔다.

李東馥(이동복)

前 15대 국회의원. 남북고위급회담 대표 · 대변인. 現 북한민주화포럼 대표

李東馥:
공허하고 위험한 '평화체제 정착론'

썰렁한 느낌

　　18대 대선의 潛龍(잠룡)으로 일컬어지는 안철수 교수가 서둘러 낸 저서 《안철수의 생각》 가운데 등장하는 對北(대북)정책에 관한 대목과 이에 대한 류우익 통일부장관의 논평 발언이 필자의 관심을 자극한다. 언론에 인용된 두 사람의 語錄(어록)이 필자에게는 모두 썰렁하기만 하다. 안 교수 저서의 문제 대목은 "남북이 대화의 공간을 마련하고 평화체제를 정착시켜야 북한이 핵에 의존할 명분을 제거할 수 있다"고 되어 있는 모양이다. 필자는 아직 安교수의 저서를 읽을 기회를 갖지 못했다. 그래서 불가피하게 언론에 보도된 것을 가지고 이 문제를 따질 수밖에 없다. 언론에 보도된 이 대목은 7월25일 국회 외교통상위원회 회의석상에서 새누리당의 김영우 의원이 인용한 것이다.

류우익 장관, 안철수 北核 해법 "북한 주장과 동일"

柳佑益(류우익) 통일부 장관은 안철수 서울대 융합과학기술대학원장이 對談集(대담집)에서 북한의 對南(대남)전략인 한반도 비핵화, 평화체제 등을 언급한 데 대해 "북한의 주장과 같다"는 평가를 내렸다.

〈연합뉴스〉 등 복수의 언론보도에 따르면 柳 장관은 2012년 7월25일 외교통상통일위원회 전체회의에 출석, 金榮宇(김영우) 새누리당 의원이 安氏의 실명을 거론하지 않은 채 "요즘 회자되는 책을 보면 북한의 핵무기 해결 방안으로 이렇게 언급하고 있다"면서 安 원장의 견해를 소개했다.

安 원장은 대담집《안철수의 생각》에서 북핵 문제와 관련, "한반도 비핵화는 우리에게 양보할 수 없는 목표", "남북이 대화공간을 마련하고 평화체제를 정착시켜야 북한이 핵에 의존할 명분을 제거할 수 있다고 생각한다"고 밝혔다.

이와 관련, 金 의원은 "이를 다시 말하면 先(선) 평화체제 구축, 後(후) 핵개발 폐기로 요약되는데 장관은 어떻게 생각하느냐"고 물었다.

柳 장관은 "북한이 기왕에 주장해 오던 내용으로 알고 있다"고 말한 뒤, "저자가 어떤 생각으로 썼는지 알 수 없으나 북한이 지금 핵을 개발하고 장거리 미사일 실험을 하고 있는 상황에서 평화협정 논의를 한다는 것은 시기상조라고 생각한다"고 답변했다.

金 의원이 '북한은 남한이 돈을 주지 않아도 핵개발을 했을 것이라는 분석이 많다'는 책 속의 또 다른 대목을 인용하자, 柳 장관은 "지난 20년간 대화·협상·보상·도발 등의 과정을 여러 차례 반복했지만 북한이 일관되게 추진한 것은 핵개발과 장거리 미사일 개발"이라고 했다.

김형석 통일부 대변인은 "柳 장관이 安 원장의 책을 읽은 적이 없고 安 원장의 책 내용인 것을 알고 말한 것은 아니다"라며 "평화체제와 비핵화의 先後(선후) 관계에 대한 질문이 있어 정부의 입장을 설명한 것이고 북한이 그런 주장을 하고 있다는 사실만 얘기한 것이지 특정인의 견해에 대해 언급·평가한 것은 아니다"라고 밝혔다.

보도에 의하면, 이 인용된 대목에 대한 류우익 장관의 논평은 "그것은 북한이 기왕에 주장해 오던 것과 같은 내용"이라는 것이었다고 한다. 여기에 첨가해서 류 장관은 "북한이 지금 핵을 개발하고 장거리 미사일 실험을 하고 있는 상황에서 평화협정 논의를 한다는 것은 시기상조"라고 말한 것으로 보도되었다. 그러나, 필자가 보기에는 安교수 저서의 문제된 대목이나 이에 대한 류 장관의 논평은 양쪽 모두 문제가 있는 발언이다.

우선, 安교수 저서의 문제 대목을 보자. 무엇보다도 安교수의 견해에 담겨 있는 결정적 誤謬(오류)는 그의 語法(어법)이 "남북이 대화의 공간을 마련"하고 "평화체제를 정착"시켜서 "북한이 핵에 의존할 명분을 제거"하는 행위의 책임이 마치 대한민국에게 있는 것처럼 말하는 것으로 들린다는 것이다. 그러한 일들이 이루어지지 않은 것이 대한민국 때문이라는 뉘앙스를 풍기는 화법을 동원하고 있는 것이다. 그러나, 그것이 사실이라면, 그 같은 安교수의 견해는 사실로부터 빗나가도 한참 빗나간 것이다. 어째서 그런지 살펴보기로 하자.

남북대화 중단, 이명박 정부탓?

첫째로, "남북이 대화 공간을 마련"하는 문제를 보자. 지금 북한과 국내의 '從北左翼' 세력은 입을 모아서 마치 대한민국의 李明博(이명박) 정부의 강경한 對北(대북) 자세 때문에 남북대화가 중단되고 또 재개되지 않는 것처럼 주장하고 있다. 그것은 사실이 아니다. 남북대화가 중단된 이유는 대화가 진행되는 동안 북측이 대화의 일방으로서는 결코 해서는 안 되는 禁忌(금기)를 계속해서 범했기 때문이었다. 북한은 금강산에서 관광객을 射殺(사살)하고 서해에서 우리 해군 함정을 魚雷(어뢰)로 격침시키는가 하면 우리 측 섬에 대해 白晝(백주) 대낮에 무차별 포격을 감행하는 만행을 저질렀을 뿐 아니라 걸핏하면 핵과 미사일 카드를 휘두르면서 상대방을 위협, 공갈하는 행위를 끊임없이 반복해 온 것은 모두가 아는 사실이다.

이 같은 도발행위에 대하여 남측이 북측의 시인·사과와 함께 재발방지 대책을 요구하면서 이에 대하여 북측이 성의 있는 조치가 있을 때까지 일시적으로 대화 재개를 거부하고 있는 것이 오늘의 실정이다. "대화 공간 마련"의 책임은 당연히 북측에 있는 것이다. 더구나, 그 동안 2000년의 소위 '6·15 남북공동선언'에 근거하여 진행되었던 남북대화는 결코 정상적인 '대화 공간' 기능을 수행하는 것이 아니었다. 왜냐하면, 그 동안, 특히 '6·15 남북공동선언' 이후의 남북대화는 남북한 '주류 사회' 사이의 대화가 아니라 북한의 당국과 남한의 '從北' 세력 사이의 '만남의 광장'이 되어 진정한 의미에서 남북화해에 기여하는 것이 아니라 북한 독재정권을 연명시키는 '젖소 목장'으로 남한을 이용하면서 대한민국 사회를 내부로부터 이간시키고 분열시키는 북한판 통일전선 전략의 무대로 惡用(악용)되어 왔기 때문이다.

올바른 의미의 '대화 공간'은 남한이 '甲(갑)'의 입장에 서서 대화를 주도하고 북한이 '乙(을)'의 입장을 수용하여 남한의 주도를 받아들일 때라야 생산적이고 건설적인 대화가 가능하다는 사실에 대한 인식이 중요하다. 오늘날 남북관계의 엄연한 현실은 대한민국이 '無'로부터 '有'를 창출하여 지금은 자유와 번영을 謳歌(구가)하는 세계 10위권의 선진형 경제대국으로 성장한 '성공 사례'인 반면 당초 남한보다 훨씬 유리한 경제 여건을 가지고 출발한 북한은 지금에 와서는, 북한 땅 전체가 '정치범수용소'로 변질되고, 사실상 破産(파산)하여 自生(자생) 능력을 상실한 채 숫 세계 200여 개 나라 중 바닥을 기는 가운데 수백만 동포를 굶어 죽게 만든 '실패 사례'의 대표적 경우가 되어 있다.

안철수의 '평화체제 정착론'은 비현실적 虛構(허구)

그렇기 때문에 남북대화를 남한의 방식으로 남한이 주도하면 성공할 확률이 있지만 북한의 방식으로 북한이 주도하면 十中八九(십중팔구) 실패할 수밖에 없다는 사실을 그 동안의 남북관계의 과정이 보여주고 있다. 이럼에도 불구하고, 북한이 이른바 '통일전선' 전략의 차원에서 정치적 목적을 앞세워 남북대화를 주도하는 것을 고집하는 한, 남북 간에 진정한 의미의 '대화 공간'은 형성될 수 없다는 것이 自明(자명)하다.

둘째로, 안 교수가 거론하는 '평화체제 정착론'은 하나의 비현실적인 虛構(허구)일 뿐이다. 사실을 말한다며, 남북 간에는 이미 '평화체제'에 관한 합의가 이루어져 있다는 것을 외면해서는 안 된다. 1992년 2월19일자로 발효되어 있는 '남북 사이의 화해와 불가침 및 교류협력에 관한 합의서'(약칭 남북기본합의서)가 그것이다. 이 합의서를 읽어본 사람이라면 누구나 이 합의서가 명칭상으로는 그렇게 되어 있지 않지만 실제로는 '평화협정'이 갖추어야 할 모든 내용을 완비하고 있다는 사실을 발견하게 되어 있다. 심지어, 이 합의서에는 '평화협정'의 가장 중요한 요소인 쌍방 간 경계선에 관해서도, 비록 '평화협정'이 공식적으로 성립될 때까지의 '과도적 조치'이기는 하지만, 서해상의 '북방 한계선'을 포함하여 명시적인 합의를 담아낸 바 있는 것이다.

그럼에도 불구하고, 유감스럽게도, 이 '남북기본합의서'가 남북 간 '평

화체제'의 章典(장전)으로 기능하지 못하고 있다. 북한이 최고인민회의
의 승인을 거쳐 당시의 최고지도자 金日成(김일성)이 직접 '批准(비준)'하
여 남한과 공동으로 발효시킨 이 합의서가 발효되기 무섭게 일방적으로
이를 백지화시키고 실천·이행을 거부하고 있기 때문이다. 북한이 무엇
때문에 그렇게 했는지를 정확하게 이해하는 것이 필요하다.

　1971년부터 '대화'가 시작된 이래 남북 간에는 몇 건의 주요 문서에 대
한 합의가 이루어졌다. 1972년의 '7·4 남북공동성명', 1992년의 '남북
기본합의서' 그리고 2000년의 '6·15 남북공동선언'이 그것들이다. 그
런데 1992년의 '남북기본합의서'를 제외한 나머지 합의 문서를 생산하
는 과정에서 남측은 매우 중요한 '금기'를 범하는 잘못을 저질렀었다. 남
북 간의 주요 爭點(쟁점)에 대하여 '원칙적 합의'를 용납하여 합의문건에
담아 놓는 잘못을 범한 것이다. 이들 '원칙적 합의'들은 필연적으로 이행
단계에서 남북 간에 '해석의 차이'를 불러 일으켰고 그 결과 대부분의 합
의사항들의 실천·이행이 불가능해지는 矛盾(모순)에 직면하게 되었다.
이에 반하여, 필자가 주도했던 '남북기본합의서' 합의 과정에서는, 그 같
은 '해석의 차이'를 초래할 수 있는 '원칙적 합의'가 철두철미 배제되었
다. 이 때문에, 북측은 '남북기본합의서'에 대해서는 그 내용의 특정 표
현에 대한 '해석' 싸움을 벌이는 것을 포기하고 합의서 전체의 이행을 거
부하는 쪽을 선택한 것이다.

'평화체제=평화협정'이라는 착각

　'남북기본합의서'의 이행을 통째로 거부한 뒤 북한이 들고 나온 것이
'평화체제' 논란이다. 1994년 북한이 처음에 들고 나온 것은 '조선반도

평화보장 체계'였다. 사람들에 따라서는 북한이 말하는 '평화보장 체계'가 곧 통상적인 의미의 '평화협정'인 것으로 착각하는 경우가 있다. 사실은 그것이 아니었다. 북한이 들고 나온 '조선반도 평화보장 체계'는 미국에 대해 "북한에 대한 일체의 적대적 정책과 행동을 중지하라"고 요구하는 것을 핵심 내용으로 삼는 것이었다. 그것이 구체적으로는 무엇을 하라는 것이냐에 관해서는 북한이 분명하게 밝힌 것이 없다. 특히 간헐적으로 계속된 미-북 대화에서 북한이 조각조각 말한 것을 종합하면 북한의 요구에는 매우 복잡한 내용이 담겨 있었다. 이 때 등장한 것이 "북한의 '핵개발'은 미국의 '對北 핵 위협'에 대한 自衛措置(자위조치)"라는 억지 논리였다. 이에 따라 북한은 북한의 '핵 포기'의 전제 조건으로 "미국의 對北 핵 위협 제거"를 내세우고 소위 '말 對 말', '행동 對 행동'이라는 북한식 단계론을 들고 나왔다.

북한이 주장한 '조선반도 평화보장 체계'는 ①주한미군 철수(또는 북한에 대한 '우호적' 내지 '비적대적' 존재로의 성격 전환) ②한미 상호방위조약 파기 ③한미 연합사령부 해체 ④한미 합동군사훈련 중지 ⑤작전계획 5027 및 ⑥한국전쟁 휴전협정의 폐기와 美北 평화협정 체결 등의 요구를 망라한 것으로 요컨대 韓美 안보동맹의 白紙化(백지화)를 요구하는 것이었다. 생전(生前)의 김일성은 이를 가리켜 '갓끈 전술'이라고 일컬었다고 생전의 黃長燁(황장엽) 씨가 증언했었다. "'한미 안보동맹'이라는 '갓끈'을 잘라서 미국이라는 '갓'을 한국이라는 '머리통'으로부터 벗겨버리면 한국이라는 '머리통'은 스스로 枯死(고사)하게 된다"는 것이었다.

북한은 스스로도 이 같은 요구가 지나치다는 것을 인식하지 않을 수 없게 되자 이를 '조선반도 평화보장 조치'라는 명칭의 '과도적' 조치로 바꾸어 들고 나왔다. "우선, 군사정전위원회를 해체하고 판문점에 미군과 북한군 대표부를 설치하여 휴전협정 가운데 살려야 할 부분을 관리하게 하자"는 것이었다. 이 같은 '평화보장 조치'는 '평화보장 체계'를 대체하는 것이 아니라 '평화보장 체계' 문제를 논의할 때까지의 '과도적' 조치라는 것이었고 여기서도 대한민국은 배제대상이다.

2004년 북핵 문제 해결을 위한 베이징 '6자회담'이 시작된 뒤 북한은 문제의 '평화보장 체계' 요구를 핵문제와 연계시키고 있다. 북한의 핵 개발 문제와 문제의 '평화보장 체계' 요구를 단계화 하여 상호 연계시키는 회담 전략을 驅使(구사)하고 있는 것이다. 물론, 문제의 '평화보장 체계' 요구가 북한의 요구 조건의 전부인 것도 아니다. 북한은 여기에 對北 경제지원(식량 및 에너지 등)도 포함시키고 있다. 북한이 미국에 대해 '輕水加壓型(경수가압형) 원자로(LWR)' 제공을 요구하는 것은 소위 에너지 제공 요구의 一環(일환)이다.

안철수 교수는 對北정책과 관련하여 '평화체제 정착' 문제를 거론하려면, 이 문제에 관한 북한 측의 입장을 정확하게 이해하고 이에 대하여 어떻게 대응할 것인지에 관한 그의 腹案(복안)을 먼저 마련해야 한다. 문제는 그가 말하는 소위 '평화체제 정착' 문제가 진지하게 거론되려면 위에서 열거한 이 문제에 관한 북한 측의 입장에 어떻게 대처할 것인지에 관한 그의 복안이 있어야 한다는 것이다. 도대체 그는 이 문제에 관한 북한 측의 입장을 수용할 것인가, 아니며 거부할 것인가, 또는 이 문제를 가지고 북한과 협상하겠다는 것인가?

안철수, 남북관계 실상에 無識 · 無知 · 무책임

1991년 북한의 핵문제가 국제적으로 이슈화 된 후, 그보다도 특히

2004년 베이징 6자회담이 시작된 뒤 오늘에 이르기까지 北核 문제의 논의 과정은 북한이 말하는 '평화보장 체계' 문제가 실질적으로 협상의 대상이 될 수 없다는 것을 증언해 주고 있다. 북한은 이 문제에 관하여 대한민국은 물론 미국이 도저히 수용할 수 없는 요구조건을 내놓고 이의 수용을 강요해 왔다. 북한은 이 같은 요구와 北核 문제를 서로 묶어 놓음으로써 핵문제 해결을 천연시키면서 시간을 버는 북한 특유의 협상 수법을 고수하고 있다. 더구나, 북한은 한반도의 평화와 전쟁의 문제는 직접 당사자인 남북한 간의 문제임에도 불구하고 "대한민국은 미국의 식민지"라는 터무니없는 주장 아래 이 문제에 관한 남북 간 논의를 거부 하는가 하면 사실상의 '평화협정'으로서의 모든 내용을 구비한 '남북기 본합의서'가 이미 합의되어 발효되었음에도 불구하고 일방적으로 이의 이행을 거부하고 있는 것이 현실이다.

이 같은 상황에서 安교수가 그의 저서에서 '평화체제 정착'이 이루어 지지 않는 책임이 마치 대한민국 쪽에 있는 것처럼 서술하고 있는 것은 그가 남북관계의 실상에 관하여 전적으로 無識(무식) · 無知(무지)하거나 아니면 무책임하다는 것을 보여주는 것이 아닐 수 없다.

문제는, 작금의 남북관계의 상황에서는, "대화 공간을 마련"하는 일 도, "평화체제를 정착"시키는 일도 그 책임은 대한민국의 몫이 아니라 북한의 몫이라는 분명한 사실을 安교수가 전혀 인식하지 못하거나 또 는 인식하는 것을 거부하고 있는 데 있다. 뿐만 아니라, 지금의 상황은 그가 말하는 대로 대한민국이 "대화 공간을 마련"하고 "평화체제를 정 착"시키는 조치를 취하는 전혀 현실성이 없는 상황이 전개되더라도, 북 한이 그것을 代價(대가)로 하여 핵개발을 포기하리라는 보장이 없음을 보여주고 있다. 북한은, 오히려 賊反荷杖(적반하장)으로, 미국을 상대로

"'對北 핵 위협'을 제거하고 對北 적대시 정책을 중단할 것"을 완고하게 요구하고 있다.

전문성 결여된 대한민국의 對北정책

이 같이 저서에 써진 安교수의 엉터리 입장에 대한 류우익 통일부장관의 논평도 사실은 너무나 썰렁하다. 安교수의 주장에 대해 "그것은 북한의 입장"이라면서 그렇기 때문에 그 주장에 반대하는 것처럼 발언한 것은 지나친 東問西答(동문서답)이다. "북한의 주장과 같은 것이기 때문"이라고 할 것이 아니라 "내용이 이렇고 저렇고 해서 부당하기 때문"에 "찬성할 수 없다"라고 말해야 옳은 것이 아닌가 싶다. 柳 장관은 "북한이 핵을 개발하고 장거리 미사일 실험을 하고 있는 상황"을 이유로 "평화협정을 논의하는 것은 시기상조"라고 말한 것으로 인용되었다. 논리적으로 보더라도 安교수의 저서 내용에 대해 올바르게 논평을 하려 했다면 안 교수가 언급한 "평화체제 정착"이 무엇을 뜻하는 것인지를 먼저 물어서 그 의미를 정확하게 파악한 뒤 그 내용의 부당성을 지적하는 것이 되었어야 마땅하다. 安교수의 대담에 나오는 '평화체제'가 곧 '평화협정'을 의미하는 것인지의 여부 자체가 분명치 않기 때문이다.

결론적으로, 우리를 걱정스럽게 하는 사실은, 비단 정치권뿐 아니라 정부까지도 지금의 대한민국은 특히 국가안보와 직결되어 있는 對北정책에 관하여 너무도 전문성이 결여되어 있다는 것이다. 그 또 하나의 예가 통일 문제에 관하여 소위 '중립화 통일론'을 들고 나온 민주통합당 손학규 예비후보의 경우다. '중립화 통일론'은 이미 1950년대 중반 미국의 마이크 맨스필드 상원의원(당시)이 들고 나와서 한 동안 세상을 떠들썩

하게 했지만 결국 현실성이 없는 무책임한 談論(담론)으로 결론이 나서 사라진 논의였다. '중립화'의 대전제는 주변 국가의 합의인데 북한의 핵과 미사일 문제조차 해결해 내지 못하는 한반도 주변 국제환경 속에서 통일된 한반도의 '중립화'가 과연 현실성이 있다는 것이 손학규의 생각이라면 그의 정체는 한낱 夢遊病(몽유병) 환자에 불과하지 않을 수 없다. 오늘이 6·25전쟁 휴전 59주년을 맞이하는 해다. 걱정스럽다.(2012년 7월 27일, 이동복 前 남북조절위원회 대변인)

CHAPTER
6

金成昱:
좌파 대학생 수준

安씨는 북한주민 2400만을 노예처럼, 벌레처럼 짓밟아온 김일성 가문이

남한국민까지 죽이고 있다는 엄중한 현실을 외면한다.

불안하기 짝이 없는 김정은 정권을 가리켜

'북한 붕괴 시나리오는 설득력이 없다'는 주장엔 失笑(실소)를 금할 수 없다.

金成昱(김성욱)

한국자유연합 대표

金成昱:
좌파 대학생 수준

善惡 기준이 없어

안철수가 입을 열었다! 유력한 大權(대권)후보이면서도 국가의 주요 현안에 철저히 침묵해 온 그가 책을 통해 정치적 의견을 표현한 것. 언론에 보도된 安씨의 신간 《안철수의 생각》은 한마디로 '幼稚(유치)'하고 '無識(무식)'하고 '偽善的(위선적)'이었다. 포털사이트에 댓글 다는 좌파 대학생 수준의 인식이다. 눈에 띄는 대목은 북한·통일 분야. 安씨는 "정의로운 복지국가의 전제는 평화 체제 구축"이라며 "금강산 관광, 개성관광 등이 다시 시작돼야 하며 개성공단과 같은 협력 모델을 점진적으로 확대해 가야 한다"고 강조했다.

그는 "이명박 정부가 기계적 상호주의를 고수한 것은 북한 붕괴 시나리오에 따른 것으로 보이는데 그런 시나리오는 설득력이 없다"며 "단기적으로는 중단됐던 남북대화와 경제 협력을 재개할 필요가 있다”고 말했다. 핵문제와 관련해서는 “한반도 비핵화는 우리에게 양보할 수 없는 목표”라며 “북한 핵은 지금까지처럼 6자회담을 통해 국제적인 해결책을 모색하되 남북 간 경제협력을 통해 접촉 창구를 넓힐 수 있어야 한다”고 했다.

언론에 보도된 바에 따르면, 북한 인권에 대한 언급은 나오지 않는다.

전체적으로 安씨의 對北인식은 북한주민이 아닌 북한정권의 편에 서 있다. 북한의 변화를 전제로 한 對北지원을 “기계적 상호주의”라며 비판한 뒤 금강산 관광, 개성관광, 경제협력 등 이름으로 조건 없는 對北지원을 주장한다. 북한에 대한 조건 없는 지원, 북한체제·북한정권 지원을 외치는 것이다.

그의 對北인식은 善惡(선악)에 대한 기준이 없다. 금강산 관광, 개성관광이 중단되고 대북지원이 줄어든 이유는 북한의 끝없는 도발 탓이다. 2008년 7월 금강산 관광객 박왕자 씨, 2009년 9월 임진강 관광객 6명 살해에 이어 2010년 3월 천안함 폭침 당시는 한국군인 46명이 순국했고 금양호 선원들, 한주호 준위 등 60명이 목숨을 잃었다. 같은 해 11월 연평도 포격까지 합친다면 북한은 64명의 국민을 살해했다.

安씨는 북한주민 2400만을 노예처럼, 벌레처럼 짓밟아온 김일성 가문이 남한국민까지 죽이고 있다는 엄중한 현실을 외면한다. 그리곤 2006년 10월 북한 핵무장의 시간적 여유와 재정적 자금을 마련해 준 6자회담 재개, 소위 남북경제협력을 재개하라고 왕왕댄다. 불안하기 짝이 없는 김정은 정권을 가리켜 “북한 붕괴 시나리오는 설득력이 없다”는 주장엔 失笑(실소)를 금할 수 없다. 安씨는 삼류 점쟁이라도 된다는 말인가? 이런 인물에게 대한민국 군통수권을 맡기는 미래를 생각하면 끔찍

하다. 등골이 오싹해진다.

'제주해군기지 건설'이 참극?

安씨는 제주해군기지에 대해서도 一喝(일갈)했다. '참극'이라는 표현을 썼다. "소통 부재와 개발만능주의가 빚어낸 참극이었던 강정마을 사건과 용산참사는 거주민들을 고려하지 않고 개발논리만을 밀어붙인 것이 원인"이라는 것이다.

제주해군기지는 강정항에 해군 機動戰團(기동전단)을 수용하기 위해 기지(민·군 복합형 관광미항)를 건설하는 사업이다. 동북아 정세는 노무현 前 대통령이 처음 사업을 추진할 때보다 더욱 긴박하다. 일본은 핵무기를 보유할 정치적·법적 정비 작업에 나서며 인접국 분쟁에 개입할 길을 내고 있고, 중국은 서해에서 동·남중국해에 이르기까지 制海權(제해권) 확보를 위해 핵 추진 항공모함 戰團(전단)을 건설한다.

한국경제는 교역과 무역에 절대 의존한다. 안전한 해상 수송로 확보를 위한 해군기지는 절박한 생존의 문제다. 대륙붕 경계 劃定(획정)을 놓고 중국·일본과 이해가 충돌할 위험이 상존하는 상황이니 해군기지 건설은 더 이상 미룰 수도 없다. 대법원 역시 최근 제주도 주민 438명이 국방부 장관을 상대로 강정 해군기지 사업 계획 승인을 무효로 해달라고 제기한 소송에서 "해군이 강정 해군기지 건설을 진행한 절차는 적법하다"며 국방부에 승소 판결을 내렸다. 제주 해군기지 건설 현장에선 온갖 反韓·反美·左翼세력들이 지역민을 선동하여 반대를 부르짖을 뿐이다. 조국을 향한 저주와 조롱의 굿판이다. 안철수는 이 왜곡된 흐름에 힘을 실어주며 "소통 부재와 개발만능주의"로 몰아갔다. 대법원마저 우습게 여기는 無知(무지)와 오만의 극치다.

安씨는 소위 소통과 합의를 강조했다. 그는 "선진국들의 경험을 보면 복지국가는 정치·사회 세력 간 대립이 아니라 소통과 합의가 이뤄져야만 가능하다는 교훈을 얻을 수 있다"며 "보수, 진보 이야기를 많이 하지만 두 진영은 적이 아니라 상호보완적"이라고 말했다.

이어 "우리 사회는 상식과 비상식의 대립이 보수와 진보의 건전한 협력을 막고 있다"며 "누가 봐도 절실한 복지 확충, 경제 민주화 같은 과제에 대해서도 좌파의 딱지를 붙이며 색깔 공세를 펴는 비상식적 세력이 건전한 보수와 진보의 소통을 방해한다"고 강조했다.

할 말을 잃는다! 위선의 극치. 냄새가 독하다. 보수, 진보 상호보완의 덕담을 꺼낸 뒤 소위 '색깔공세'를 펴는 이들을 '비상식적 세력'으로 비난하는 안철수 특유의 말투다. 진실은 이렇다.

한국의 보수·우파랄 것도 없는 건전한 시민들이 제기하는 걱정을 '색깔공세'라고 모는 세력은 이석기·김재연 같은 從北주의다. 700만 동족을 학살한 집단을 편드는 주사파들이 권력의 총대를 메는 현실을 염려한다. 평소 "빨갱이가 어디 있냐"던 安씨는 《안철수의 생각》에서 아예 자유를 짓밟는 세력에 대한 건전한 비판을 '비상식적 세력'의 '색깔공세'로 몰아갔다.

12월 안철수 대통령 당선이 현실이 된다면, 조국의 자유는 벼랑 끝으로 몰려갈 것이다. 검증된 적 없는 천박한 국가관·안보관·對北觀은 다른 좌파 후보들의 당선보다 더 끔찍한 미래를 보여준다. 한국인은 쉽게 속는다. 그러나 과연 5000만 국민이 이런 인물을 자신을 지켜줄 지도자로 선출할 것인가? 記者의 예측은 이렇다. 《안철수의 생각》, 이것으로 그는 아웃(OUT)이다. (2012년 7월20일, 김성욱 한국자유연합 대표)

CHAPTER

朴承用 외:
僞善의 심리구조

"유복한 의사 집안 출신이라 혜택을 더 받았고 겁이 많아 대학시절
데모를 못 했다는 뒤늦은 콤플렉스로 그에게는
연예인 김제동 · 김여진 씨가 '멘토'로서 커 보이는 것이다."

(최보식)

朴承用 외:
僞善의 심리구조

재벌 2·3세 주축 모임에서 활동

대기업에 대한 적대감을 공개적으로 표명해온 안철수 씨는 과
거 대기업과 벤처기업의 조인트 커뮤니티로 알려진 '브이소사이어티
(V–Society)'에서 회원으로 활동했었다.

'브이소사이어티'는 SK그룹 최태원 회장 주도로 2000년 9월 설립된
재벌 2·3세와 벤처기업 창업인 들의 친목 동호회로 2006년 崔회장이
모임에서 탈퇴하면서 해체됐다.

문제의 커뮤니티는 다른 재벌 모임과 달리 주식회사 형식으로 운영됐
다. 모임이 가장 왕성했던 2003년에는 재벌 2·3세 주주들만 17명에 달
했고, 벤처업계 CEO 출신으로는 安씨를 포함해 19명이 주주로 활동했다.

브이소사이어티의 주요 회원으로는 SK그룹 최태원 회장, 정몽규

현대산업개발 회장, 신동빈 롯데 부회장, 이웅열 코오롱 회장, 정용진 신세계 부사장, 이홍순 前 삼보컴퓨터 대표이사, 김준 경방그룹 부사장 등 재벌 오너들과 함께 안철수 안철수연구소이사회 의장, 이재웅 다음커뮤니케이션 사장, 변대규 휴맥스 사장 등 벤처 기업인들이 참여했었다.

이 같은 '재벌 2·3세'와 '신흥 벤처 재벌'들의 '끼리끼리' 모임은 최태원 회장이 분식회계 등의 혐의로 검찰에 구속됐을 때 그 모습을 드러냈다. '브이소사이어티' 회원 중 일부는 2003년 3월 최태원 회장이 검찰에 1조 5000억 원대의 분식회계 혐의로 구속되자 탄원서를 제출했다.

당시 회원들은 탄원서에서 SK그룹이 정보통신진흥 등에 기여한 공을 인정해달라면서 선처를 호소했다(註: 2012년 9월15일자 〈조선닷컴〉 보도에 따르면 안철수 씨는 당시 탄원서 서명인에 포함되어 있지 않은 것으로 밝혀졌다). 崔회장은 2008년 대법원에서 징역 3년, 집행유예 5년이 확정된 뒤 8·15 특별사면을 받았다.

이 사건은 재벌 총수에 대한 솜방망이 처벌의 대표적인 사례로 지금까지 회자되고 있다. 安씨는 그러나 2011년 9월 〈오마이뉴스〉 '10만인 클럽' 강연(제목: 경제사범에 대한 안철수의 생각)에서 한 여성이 新자유주의에 대한 견해를 묻자 "제도를 악용하는 사람들은 거의 죽여 놔야 한다"고 했었다.

아래는 당시 강연에서 安씨의 발언을 요약한 것이다.

〈실제 시장에서 플레이어들을 감시하는 사람들이 (시장의 플레이어들을) 기본적으로 못 당한다. 감시기능들을 자꾸 강화해야 하는데도 불구하고 전문성도 떨어지고 사람숫자도 적고 여러 가지 이유로 감시가 불가능해진다. 그래서 도입되는 방법이 '일벌백계'이다. 영어 표현으로는 punitive damage로 '징벌적 보상'이라고 한다.

사기꾼이 왜 사기를 치는가? 두 가지로 판단한다. 하나는 내가 잡힐 확률이 얼마인가이다. 그리고 (또 한 가지는) 한 번 잡히면 얼마나 손해 보는지를 본다. 그래서 곱한 금액이 자기가 버는 금액보다 적으면 범죄를 저지른다. 금융사범이 많은 이유가 한 번 해먹고 어디 숨겨놓고 刑(형) 살고 나오면 평생 먹고 살기 때문이다. (그러나 금융사범들이) 걸릴 확률이 적다. 그래서 범죄자들이 많아진다. 현대사회에서는 법률제도를 바꿔야 한다. 감시도 강화해야 하지만 '징벌적 보상' 같은 것으로 해서… (중략) 어쩌다 한번 잡히면 반 죽여 놔야 한다. 지금과 같은 사회에서는 누굴 사기 쳐서 재산을 박탈하는 금융사범이 살인보다 더 나쁜 일일 수도 있다. 그러면 그런 사람 왜 사형 못 시키나? 혁신적인 발상으로 제도를 바꿔야 부작용을 줄일 수 있다. (중략) 제도를 악용하는 사람들은 거의 죽여 놔야 한다〉

2003년 단체로 '에로영화' 관람

'브이소사이어티' 회원들은 2003년 6월23일 당시 영화제작사 '기획시대' 대표였던 유인택 씨가 제작한 에로영화 〈맛있는 섹스, 그리고 사랑〉을 회원들과 단체 관람했었다.

〈맛있는 섹스, 그리고 사랑〉은 성인 영화계의 거장(?)으로 평가받고 있는 봉만대(2008년 3월31일 '진보신당을 지지하는 영화인 지지선언' 참여자) 감독이 만든 영화로 개봉당시 파격적인 노출과 정사장면으로 인해 논란이 됐던 작품이다.

일례로 2003년 6월13일자 〈디지털타임스〉 보도에 따르면 이 영화는 "밝을 때 남자 거 처음 봐", "네 거 조갯살같이 생겼다" 등 노골적 대사와 함께 버스 안에서의 오럴(oral)섹스, 애널(anal)섹스 등의 장면이 수록되어 정보통신부로부터 경고조치를 받았다고 한다.

安씨와 함께 당시 영화 시사회를 관람했던 '브이소사이어티' 회원은 조동만(故이병철 삼성그룹 회장의 장녀 이인희 씨의 차남) 한솔아이글로브 회장을 비롯, 최두환 네오웨이브 대표, 이홍선 두루넷 부회장, 김원 삼양사 사장, 권도균 KMPS 사장, 김준 경방그룹 전무 등 10여 명이다.(직책은 2003년 당시 기준, 2003년 7월1일자 〈한국일보〉 26면 보도 인용)

安씨는 대담집 《안철수의 생각》을 비롯한 도서와 강연 그리고 방송 등을 통해 사회적 약자를 배려하고 보호해 주는 기업인 이미지를 만들었다.

그러나 安씨가 재벌 2·3세 임원들이 주축이 되어 만들어진 '브이소사이어티' 회원이었다는 사실만으로도 그의 이미지는 정치적 목적을 위해 가공된 것에 지나지 않는다고 볼 수 있다.

안철수는 대한민국 어떤 기업인보다도 親재벌 성향의 인물이었다.

정부 비판하면서 정부 일 해

安씨는 2008년 광우병 사태 등 左派(좌파) 진영이 주도한 不法(불법)난동에 대해서는 침묵하고, 이명박 대통령과 오세훈 시장 등 下山(하산)하는 권력에 대해서는 매우 비판적인 모습을 보였다.

安씨는 2011년 9월4일 인터넷 매체 〈오마이뉴스〉와의 인터뷰에서 한나라당에 대한 응징을 주장하며 "역사의 물결을 거스르는 현재의 집권

2009년 3월23일 청와대에서 열린 제4차 미래기획위원회 회의에 참석한 이명박 대통령과 안철수 원장의 모습(사진출처: 청와대 홈페이지)

세력"이라는 표현을 썼다. 安씨는 당시 이명박 대통령 직속 미래기획위원회 위원으로 활동 중이었다.

익명을 요구한 미래기획위원회 관계자는 2011년 12월9일 〈조갑제닷컴〉과의 전화통화에서 '安교수가 위원회에서 정식으로 사퇴했느냐'는 질문에 "安교수 측으로부터 공식적인 사퇴 의사를 전달 받은 적이 없다"고 밝혔다.

미래기획위원회는 이명박 정부의 국가 정책을 기획하는 위원회로 대통령령 제20652호에 의해 2008년 5월14일 설치됐다. 위원회는 위원장(곽승준 고려대 교수) 1명을 포함, 기획재정부 장관, 대통령실 국정기획 담당 수석비서관, 그리고 대통령이 위촉한 30명 이내의 각 분야 전문가들로 구성되어 있었다. 安씨는 서울대 교수로 재직 중인 강헌중, 노정혜, 강대희, 김성근 씨 등 5명과 함께 '신성장동력분과' 위원이었다. 安씨는 미래기획위원회 위원 이외에 대통령 직속 국가정보화전략위원회 위원, 청와대와 국무총리실이 공동으로 만든 신성장동력평가위원회 등에도 참여해 왔다.

대통령 직속 위원회는 대통령의 가치 및 세계관에 동조하지 않으면 참여가 불가능한 조직이다. 安씨가 집권세력을 비판하려면 대통령 직속의 각종 위원회에서 나온 후에 했어야 한다.

崔普植 기자: "단지, 나이브한 사람"

崔普植(최보식) 〈조선일보〉 선임기자는 2011년 9월16일字 〈조선일보〉에 안철수 서울대 융합과학기술대학원장을 분석한 칼럼 '안철수에 대한 지극히 개인적인 의문'을 게재했다.

최보식 기자는 "'안철수 현상'만 요란할 뿐 안철수 개인에 대한 분석은 별로 없었다"며 10년 前 안철수 원장과 가진 인터뷰를 想起(상기)했다. 崔기자는 "그는 너무 심하게 예의 바르고 너무 과도하게 겸손하다. 늘 양보하고 늘 순응한다"면서 그를 만날 때마다 僞善(위선) 여부를 탐색했다고 말했다.

崔기자는 남에게 폐 끼치기 싫어하고 非사교적이었던 安원장이 청춘콘서트 등에 나서는 모습에서 "세월 앞에 변하지 않는 것은 거의 없음을 느끼게 한다"고 썼다.

그는 安원장이 윤여준 前 환경부 장관과 선을 긋고 김제동·김여진 씨가 자신의 멘토라고 말한 것에 "놀랐다"면서 "남에게 싫은 소리를 못 한다는, 누구에게도 폐를 끼쳐서는 안 된다는 그가 자신을 도와준 사람을 한 방에 날려버렸다"고 지적했다.

"그(안철수 원장)가 '나도 역사의식이 있는 사람이다. 역사의 물결을 거스르는 현재의 집권세력은 응징을 당하고 대가를 치러야 한다. 그래야 역사가 발전한다'는 말했을 때도 놀랐다"고도 피력했다. 崔기자는 "그의 단호한 언어구사도 낯설었지만, 무엇보다 사고의 깊이와 축적된 독서, 交遊(교유)관계가 이 정도인가에 더 놀랐다"고 덧붙였다.

그는 안철수 원장이 김제동·김여진 씨를 멘토로 꼽은 이유를 다음과 같이 분석했다.

> 〈유복한 의사 집안 출신이라 혜택을 더 받았고 겁이 많아 대학시절 데모를 못 했다'는 뒤늦은 콤플렉스로 그에게는 연예인 김제동·김 여진 씨가 '멘토'로서 커 보이는 것이다〉

최보식 기자는 '정치쇼를 한다', '각본이 있다', '좌파 본색을 드러냈다'는 등 우파 진영의 安원장을 향한 비판에 대해 "그는 쇼를 하는 사람은 아니고 좌파도 아니고 단지 물들기 쉬운 나이브(naive)한 사람일 뿐"이라고 평가했다. 崔기자는 "(安원장이) 이미 정치 맛을 본 이상 언젠가는 나올 수밖에 없다"면서 그의 대선출마 가능성을 점치기도 했다. 이어 "나도 안철수 씨가 선거에 나왔으면 한다"며 그 이유가 "그의 실체에 대한 직업적인 궁금증 때문"이라고 덧붙였다.

최승노: "그가 이룬 게 과연 무엇인가?"

최승노 자유기업원(現 자유경제원) 대외협력실장(경제학 박사)은 〈EBN산업뉴스〉에 기고한 칼럼에서 "안철수를 영웅시하는 것은 오히려 우리 사회에 독이 될 수 있다"며 안철수 열풍이 존경을 넘어 우상화로 변질되는 것은 아닌지 고민해봐야 한다고 피력했다.

최 박사는 안철수 씨에 대해 "성공한 기업인의 상징이 될 수 없다"고 비판했다. "벤처기업가로 안철수연구소를 차렸지만, 10년 만에 기업가의 길을 포기하고 교육자로 변신했다"며 '안철수연구소에는 철수가 없다'는 비아냥거림도 있다고 소개했다.

그는 "안철수연구소는 여전히 안방기업으로 명맥을 유지할 뿐, 세계적 기업으로 도약하지 못하고 있다"며 안철수 씨가 자신의 벤처경험을 대단한 벼슬이라도 되는 양 착각해서는 곤란하다고 말했다. 수많은 벤처기업들이 어려운 환경을 극복하며 치열하게 경쟁해 글로벌 기업으로 성장했고, 지금 우리 사회를 이끄는 대기업들도 과거 황무지에서 갖은 어려움을 이겨내고 세계적 기업으로 성장한 勝者(승자)들이라는 이유에서다.

안철수 씨는 2011년 3월22일 서울시 중구 프레스센터에서 열린 관훈클럽 초청 포럼에서 대기업의 불공정거래 관행을 비판하며 다음과 같이 말했다.

〈신생업체는 삼성이나 LG, SK 등 대기업에 납품하기 위해 불공정 독점 계약을 울며 겨자 먹기로 맺게 되는데 그 순간 삼성동물원, LG동물원, SK동물원에 갇히게 된다. (중략) 결국 R&D 투자 등을 하지 못한 채 동물원에서 죽어야만 빠져나갈 수 있게 된다〉

최 박사는 "안철수는 벤처시절에 납품 협상을 하면서 힘들어 했고, 학자의 길로 방향을 바꾸었다고 한다"며 "납품 과정에서 대기업에 품은 악감정을 아직도 갖고 있는 듯하다"고 전했다. 그런 과정은 기업가라면 누구나 이겨내야 하고, 지금도 모든 기업가들이 극복하고 있는 일이라는 것이다.

그는 안철수의 '대기업 동물원론'은 '틀렸다'고 지적했다.

> 〈그가 말하는 대기업 동물원은 틀렸다. 대기업과 협력관계를 갖고 있는 기업들은 오히려 대기업과 함께 성장한 기업들이다. 다른 중소기업이 부러워하는 대상이다. 중소기업을 가두고 枯死(고사)시키는 것이 아니라 중소기업에 해외로 함께 나가서 경쟁할 수 있도록 도와주고, 매출이 늘어나 대기업으로 성장할 수 있도록 경쟁력을 높여준 것이다〉

최 박사는 "안철수를 영웅시하는 것은 오히려 우리 사회에 毒(독)이 될 수 있다"고 전했다. 외부 탓을 하고, 성공한 대기업을 비하하는 것이 지속된다면 기업인들의 창업정신, 도전정신, 희생과 헌신, 사업보국의 에너지는 점차 약화될 것이라는 지적이다.

덧붙여 그는 "안철수는 국민의 세금으로 연구비를 지원받는 교육공직자의 신분"이라고 지적하며 "'땀을 흘려 연구실적을 내는 게 본업'인데 정치 강의와 행사에 몰려다니며 시간을 낭비하고 있어 걱정스럽다. (중략) 공직자로서 정치와 선거에 개입하는 것은 상식적으로 봐도 문제가 있다"고 비판했다.

朴承用: "'죄의식'에 사로잡힌 지식인은 필요 없다"

러시아의 19세기 後半(후반)은 '민중'이 사회적 문제의 핵심이었고 사회분위기를 주도하는 시기였다. 農奴(농노)제도는 1861년에 폐지되었지만 소수의 귀족 및 지식인 계급과 교육받지 못하고 가난에 찌든 대다수의 소작농 계급으로 兩分(양분)된 사회는 사실상 그대로 존속하고 있었다. 일반 대중으로부터 고립되어 好衣好食(호의호식)하며 살아가던 귀족과 지식인들은 죄의식에 사로잡혀 '민중'을 러시아적 신앙의 진정한 소유자로서 혹은 루소의 '고귀한 야만인'으로 理想化(이상화)시켰다. 이들은 민중을 교육시키고 현대화하는 운동에 헌신적으로 참여하거나 동정적이었다.

1880년대 이후로 줄곧 이러한 사회적·경제적 불균형은 혁명적 반응을 일으켰고 세월이 감에 따라 급진 左傾的(좌경적) 사회운동으로 성장하여 20세기 初의 볼셰비키 혁명(공산주의 혁명)을 초래하였다.

톨스토이 같은 당대 최고의 지식인도 죄의식에 사로잡혀 소작인 계급과 자신을 同一視(동일시)하려는 마음에서 농민의 옷을 입고 농민들의 풀베기에 참여하고 상속받은 토지를 농민에게 나누어 주었다. 그는 당시 한창이던 지식인들이 주도한 '민중 속으로'(브나로드) 운동에 참여하고 농민교육용 初級讀本(초급독본)을 집필하기도 하였다.

오늘날 한국에도 러시아의 귀족·지식인처럼 일부 부유층·지식인들 중에는 '죄의식에 사로잡혀'(한국의 좌파들에게 죄의식이 있는지는 확실치 않지만) 민중을 우상화하는 좌파들이 상당한 세력을 형성하고 있다. 소위 강남 좌파들이 대표적이다.

이들은 세계 최빈국에서 先進富國(선진부국)으로 진입한 대한민국에서 가장 많은 혜택을 받고 온갖 富와 명예를 향유하지만 국가의 정통성을 否定(부정)하고 대한민국을 '태어나서는 안 되는 국가'로 보는 '自虐史觀(자학사관)'을 가진 경우가 많다.

左派의 바람잡이

한국 최고 대학의 학부를 졸업하고 한국 최고 대학의 대학원장에 企業(기업) 사장까지 지낸 안철수는 이런 左派들의 '바람잡이' 역할을 자청하고 말았다. 19세기 러시아 공산혁명을 先導(선도)한 "죄의식에 사로잡힌" 러시아 인텔리겐치아(注: 지식층)와 同類(동류)가 된 셈이다.

공산주의는 전투적인 광신자들의 독선적이고 독재적인 사상으로서, 모든 것을 약속하고도 실현하는 것은 거의 없고 無數(무수)한 목숨을 앗아가는 비현실적이며 악마적 이상주의이다. 공산주의의 악마성은 인간의 두 가지 욕망[正義(정의)를 추구하는 고상한 욕망과 복수에 대한 비열한 욕망]을 자극한다는 것이다. 그로 인해 빚어진 참상을 우리는 북한과 중국의 예에서 볼 수 있었다.

그러나 이상향에 도달하는 혁명적 지름길이라는 공산주의는 마약처럼 사람들을 흥분시키고 도취시켜 무자비하고 敎條的(교조적)인 사람들을 끌어 들였으며 이들은 마르크스의 유토피아 사상을 실천에 옮기는 과정에서 1억 이상의 무고한 인민을 학살하고 최악의 인권유린과 절대빈곤이라는 지옥을 만들어 냈다.

오늘날의 한국은 대다수의 국민이 절대빈곤에서 허덕이던 19세기의 러시아가 아니다. 한국은 노동자 · 농민도 자동차를 굴리고 비만이 두려워 '가능한 한 적게 먹으려고 몸부림치는' 나라이다. 그래서 한국은 '죄의식에 사로잡힌' 지식인이 필요 없다. 5000년 만에 처음으로 富者나라가 된 한국은 다시 보릿고개로 돌아가기를 원하지 않는다. 사실이 이러한데 '죄의식에 사로잡힌' 안철수가 굳이 정치판에 등장해야 할 이유는 무엇일까? 〈前 교장〉

변희재: '편지 정치'의 황당함

안철수 씨는 서울시장 투표 전날인 2011년 10월25일 오전, 박원순 서울시장 후보 캠프를 방문해 응원 편지를 전달했다. 그런데 그 편지 내용이 이상하다. 예시로 든 미국의 흑인인권 운동 사례도 선거 참여와 전혀 맥락이 다르고, 박원순 후보에 대한 지지 논리도 차원이 맞지 않는다.

1955년 미국 몽고메리市의 로자 파크스라는 한 흑인여성이 黑白(흑백)인종분리法이 적용된 버스에 앉아 있다가 버스 기사로부터 자리에서 일어나라는 지시를 받는다. 그러나 그대로 버티어 결국 법적 처벌을 받았다. 이 행동은 흑인민권운동에 불을 질러, 결국 몽고메리市는 대법원의 판결에 따라 인종차별법을 폐지했다. 안철수 원장은 그 짧은 편지의 절반을 로자 파크스 사례를 소개하는 데 할애했다.

이 사안은 현대 민주주의에서의 선거 참여와는 아무런 관계가 없다. 현실에 존재하지만 시대에 맞지 않는 법에 대해, 이를 지키지 않으면서 개정하는 비타협적 투쟁 노선에 가깝다. 바로 박원순 씨가 2000년 총선 당시 낙선운동을 했을 때의 자세라는 것이다. 물론 로자 파크스는 일개 흑인 시민일 뿐이지만, 당시 박원순 후보는 좌파시민단체의 권력자였기 때문에 불법 투쟁에 대한 책임은 전혀 다르다. 또한 낙선운동에 대한 선거법이 개정되지 않은 것을 보면, 박원순 후보의 불법투쟁은 보편타당한 노선도 아니다.

로자 파크스는 몽고메리市 시장이 되지는 않았으나, 박원순 씨는 불과 7년 만에 서울시장 후보로 나섰다. 향후 서울시민 누군가 법을 어기며 투쟁에 나서면, 박원순 씨는 서울시장으로서 이를 어떻게 제어할 수 있겠는가. 그 점에서 안철수 씨가 예로 든 로자 파크스 사례는 합법적

제도 내에서의 참여인 선거와는 맥락이 맞지 않은 것이다. 더 이상한 것은 안철수 씨의 다음 말이다.

〈이번 시장선거는 부자 대 서민, 노인 대 젊은이, 강남과 강북의 대결이 아니고, 보수 대 진보의 대립은 더더욱 아니어야 한다고 생각합니다. 저는 이번 선거만은 이념과 정파의 벽을 넘어 누가 대립이 아닌 화합을 이끌어낼 수 있는지, 누구의 말이 진실한지, 또 누가 '과거가 아닌 미래를 말하고 있는지'를 묻는 선거여야 한다고 생각합니다〉

야권단일 후보야말로 하나의 政派(정파)를 타파하고 응징하기 위해, 노선과 정책의 차이도 모두 무시하고 하나로 뭉치자는 갈등 조장형 정략이다. 이는 한나라당과 이명박 정부를 타도해야 할 하나의 악으로 전제하는 선거 전술이다.

이 때문에 야권단일후보는 반드시 유권자의 절반 이상을 敵(적)으로 돌릴 수밖에 없다. 안철수 씨가 자랑하는 트위터 공간에 한번 들어가 보라. 같은 대한민국 국민들이 쓸 수 없는 전투적 언어들이 난무한다. 박원순 씨는 야권단일후보의 지위를 노리는 순간부터, 이미 이 전투판에 발을 담그고, 승리를 위해 이런 국민적 갈등을 조장할 수밖에 없었다.

이념과 정파를 넘어 화합을 이끌어낼 후보가 대체 누구인가? 야권단일 후보와 한나라당 후보가 선거로 승부를 겨루는 순간 화합은 불가능한데, 안철수 씨가 딴청 피우듯 유권자들에게 이상한 주문을 하고 있다는 것이다.

화합의 측면에서는 利害(이해)관계 상 오히려 나경원 후보가 박원순 후보보다는 훨씬 더 가까웠다. 인구수로 볼 때 강북 인구가 강남 인구보다, 가난한 사람이 부자보다 압도적으로 많기 때문이다. 계급갈등이나 지역갈등이 조장되면 될수록 나경원 후보에 불리하다.

누구를 왜 지지하는지 알 수 없는 편지

누가 과거가 아닌 미래를 말하고 있는지를 물어야 한다는 주문도 이상하다. 이런 내용은 주로 집권당에서 써먹는 전략이다. 실제로 박원순 당시 후보는 TV토론에 나와 이명박과 오세훈 체제의 서울시만 집중적으로 비판했다. 미래를 말하기 보다는 과거의 책임을 묻는 데 집중하는 후보는 바로 박원순 씨였고, 이는 원래 야당의 선거 기본전략이다. 과거를 놓고, 그나마 잘했다고 보는 유권자는 여당을 찍는 것이고, "못 살겠다 갈아보자" 라고 판단하는 유권자는 야당을 찍는 것이다. 안철수 씨와 같은 정치인식을 가진 사람은 무조건 여당 후보로 출마해야 한다.

안철수 씨의 응원 편지만 보면 대체 누구를 왜 지지하고 있는지 도통 알 수가 없다. 로자 파크스의 예를 감안한다면, 실정법을 어기면서까지 사회 구조를 바꿔내겠다는 점에서 박원순 씨 측의 손을 들고 있는 듯하다. 그러나 선거란 가장 합법적인 代議(대의)민주의 구현 수단이라는 점에서 로자 파크스를 예로 들며 투표 참여를 독려하는 것은 난센스다. 반면 강남과 강북, 부자와 가난한 자 등 이념과 정파의 대립을 넘어 화합형 인물을, 그것도 과거보다는 미래를 말하는 자가 누구인지 물어야 한다면, 차라리 한나라당의 나경원 후보 쪽이 이에 더 가까웠다.

당시 한나라당의 홍준표 대표도 안철수 원장의 편지를 예로 들며 "상식이 비상식을 이기기 위해" 무소속 후보로 나왔으면서도 야당들에 도움을 요청하는 '비상식적 후보' 박원순 후보를 심판하자고 나섰다.

안철수 씨의 자필 편지

1955년 12월1일, 목요일이었습니다.

미국 앨라배마 주의 '로자 파크스'라는 한 흑인여성이 퇴근길 버스에 올랐습니다. 잠시 후 비좁은 버스에 백인 승객이 오르자 버스 기사는 그녀에게 자리를 양보할 것을 지시했습니다. 그녀는 이를 거부했고 체포돼 재판에 넘겨졌습니다. 하지만 이 작은 움직임은 많은 사람들의 공감을 불러일으켰고 미국 흑인 인권운동에 큰 전환점이 됐습니다. 흑인에게 법적 참정권이 주어진 것은 1870년이었지만, 흑인이 백인과 함께 버스를 타는 데는 그로부터 85년이 더 필요했고, 그 변화를 이끌어낸 힘은 바로 작은 '행동'이었습니다. 후에 그녀는 이렇게 말합니다.

"내게는 여느 날과 똑같은 날이었지만 수많은 대중들의 참여가 그날의 의미를 바꿔놓았다."

'선거'는 바로 이런 '참여'의 상징입니다. 저는 지금 우리가 새로운 시대를 열어가는 변화의 출발점에 서있다고 생각합니다. 그래서 이번 시장선거는 부자 대 서민, 노인 대 젊은이, 강남과 강북의 대결이 아니고, 보수 대 진보의 대립은 더더욱 아니어야 한다고 생각합니다.

저는 이번 선거만은 이념과 정파의 벽을 넘어 누가 대립이 아닌 화합을 이끌어낼 수 있는지, 누구의 말이 진실한지, 또 누가 "과거가 아닌 미래를 말하고 있는지"를 묻는 선거여야 한다고 생각합니다. 그래서 저는 55년 전의 흑인여성 '로자 파크스'처럼, 우리가 '그날의 의미를 바꿔놓는' 행동에 나서야 한다고 생각합니다. 선거 참여야말로 시민이 주인이 되는 길이며, 원칙이 편법과 특권을 이기는 길이며, 상식이 비상식을 이기는 길이라고 생각합니다.

저 역시 천만 시민의 한 사람으로서 당연히 제 한 표의 권리를 행사할 것이고 이른 아침 투표장에 나갈 것입니다. 여러분도 저와 함께 해주시기를 간곡하게 청합니다. 감사합니다.

안철수 드림

안철수 원장은 최근 "인문학은 알아도 정치는 모른다"고 발언한 바 있다. 1955년의 로자 파크스의 사례는 미국의 현대사, 즉 역사와 관련된 인문학이다. 로자 파크스 사례의 의미를 모르니, 당연히 한국 현대 정치에 전혀 걸맞지 않는 사례를 끌고 들어오는 오류를 범하고, 언뜻 보면 나경원 후보를 지지하는 듯한 이상한 편지를 박원순 후보에게 전달한 것이다.

정치인은 말 한 마디 한 마디, 성명서 한 장 한 장을 수시로 검증을 받는다. 솔직히 이런 수준의 편지를 공개하는 안철수 원장의 인문학적 소양과 정치의식으로 과연 검증에서 버텨낼 수 있을지 의문이다. 그리고 이런 수준의 인물이 서울시장 선거를 좌지우지하러 나타났다는 것이야말로 가장 비상식적인 일이고, 이런 後進的(후진적) 정치문화야말로 하루빨리 타파하고 응징해야 한다.

1997년 대선에서 당시 최고의 인기를 끌었던 KBS 드라마 '용의 눈물'에서 태종 역을 맡은 탤런트 유동근 씨는 김대중, 이회창, 이인제 캠프로부터 러브콜을 받았다. 유동근 씨는 대선후보들과 독대를 하기도 했다. 지금의 안철수 원장의 정치행보는 14년 전의 탤런트 유동근 씨에게 러브콜 하던 정치문화, 딱 그 수준이라는 것이다.〈빅뉴스 대표〉

자신이 놓은 '상식' 덫에 걸리다

박원순의 서울시장 당선을 "상식이 非상식을 이긴 것"이라고 주장했던 안철수 씨가 자신의 著書(저서)에선 이 같은 흑백논리식 '二分法(이분법)'을 비판했던 것으로 나타났다. 2004년 출간된 안철수 씨의 著書 《CEO 안철수, 지금 우리에게 필요한 것은》(김영사 刊)에는 다음과 같은

記述(기술)이 있다.

> 〈우리는 혹시 '상식' 또는 '커먼 센스(common sense)'라는 말 자체가 가지는 함정에 빠져 있는 것은 아닐까? 복잡한 현대사회에서는 한 분야의 사람이 다른 분야에서 상식으로 통용되는 생각이나 지식을 이해하지 못하는 경우가 생길 수 있다. 누구에게는 상식이지만 또 다른 누구에게는 상식이 아닐 수 있으며, 상식이 모든 사람에 '커먼(common)'하지 않은 경우가 더 많다. 그러함에도 자기에게나 상식적인 것을 다른 사람이 이해하지 못한다고 해서 무조건 그 의도를 의심하거나 상식이 없는 사람으로 폄하하는 것은 대화의 단절을 가져올 수밖에 없다(216~217페이지)〉

이랬던 安씨는 2011년 10월24일 '서울시민에게 보내는 편지'에서 "(선거참여야말로) 상식이 非상식을 이기는 길"이라며 사실상 박원순에게 투표할 것을 독려했다. 朴 씨가 서울시장에 당선된 후에는 "상식과 비상식의 대결에서 시민이 상식의 손을 들어준 것"이라고 주장했다. 박원순 지지자들은 '상식'으로, 상대 후보였던 나경원 후보 지지자들을 '非상식'으로 兩分(양분)한 것이다.

金璡 위원: '안철수의 선동 바이러스'

安씨의 이 같은 주장은 자신의 저서 내용과 상반된다. "누구에게는 상식이지만, 또 다른 누구에게는 상식이 아닐 수 있다"는 자신의 논리를 스스로 否定(부정)한 셈이다.

그는 2011년 8월17일, 경남 창원시 성산아트홀에서 열린 '청춘콘서트'에서도 '상식'이란 말을 강조했다. 安씨는 "굳이 나누어야 한다면 보수와 진보가 아닌 '상식과 비상식'으로 나누어야 한다고 생각한다. 이제 누군가 물어보면 '전 상식파인데요'라고 말하려고 한다"고 했다.

중앙일보 金瑉(김진) 논설위원(정치전문 기자)은 10월31일 칼럼 '안철수의 煽動(선동) 바이러스'에서 安교수의 "상식이 非상식을 이긴 것"이라는 발언을 정면으로 반박했다.

〈정작 비상식에서 헤엄치고 있는 이는 안철수 자신이다. 그런데도 그는 엉뚱한 이들을 비상식이라고 몰아붙이며 사회를 黑白(흑백)으로 나누려 한다. 이런 일은 과학자가 아니라 선동가가 하는 것이다. 그는 정치를 시작하면서 선동부터 배웠나. 안 교수는 선거 전에는 '이중성 바이러스'를 보여주었다. 선거 후에는 '상대방은 비상식'이라는 '선동 바이러스'에 감염되었다. 컴퓨터 바이러스 전문가가 자신의 바이러스는 고치질 못하고 있다〉

김진 위원이 지적한 안 교수의 선거 전 '이중성 바이러스'는 이렇다.

출마 이야기가 한창일 때 안철수는 〈한겨레신문〉 인터뷰에서 '역사의 흐름을 거스르는 것은 현재의 집권세력'이라고 주장했다. 그러나 안 교수는 대통령 직속 미래기획위원회 위원 활동(2008년~현재)과 함께 2009년부터 최근까지 국가정보화 전략위원회 위원을 맡고 있다.

대통령을 '역사의 흐름을 거스르는 세력'이라고 비판하려면 먼저 대통령 직속에서 나와야 하고 그게 '상식'이라는 이야기다. 또한 국민 앞에서 '역사의 흐름'을 운운하려면 역사 · 정치 지식과 사회과학적 경험이 필요하다. 안 교수는 "인문학은 알지만 정치는 잘 모른다"는 발언을 했는데, 그렇다면 섣불리 역사를 裁斷(재단)하지 말아야 하는 게 '상식'이라는 논지다.

선거 후의 '선동 바이러스'는 그의 "상대방은 비상식"이라는 안 교수의 논리를 꼬집는 말이다. 김 위원은 "선거 결과에 잘못된 환상을 가지는 이들이 있다. 대표적으로 안철수 교수다"라고 이야기한다.

〈그는 상식이 非상식을 이긴 것이라고 했다. 과학자는 환상에서 가장 멀고 사실(fact)에 가장 가까워야 한다. 안 교수는 한국의 대표적 과학자다. 젊은이들의 멘토이며 지지율로만 보면 박근혜급 지도자다. 그런 사람이 상식과 비상식을 제대로 구분하지 못하고 흑백의 파열음을 내고 있다〉

김진 위원은 안 교수의 말마따나 박원순은 상식이고 나경원은 비상식인 게 아니라 둘 모두 상식과 비상식이 섞여있는 것이라며 박원순의 '비상식'적인 행동을 지적했다.

〈박원순은 자신의 안보관이 투철하다고 했다. 그가 만든 참여연대의 운동가들은 천안함 폭침의 북한 소행을 믿을 수 없다며 유엔에 편지를 보냈다. 국제사회가 살인자를 규탄하려는데 정작 피해자들이 반대한 것이다. 안보관이 투철하다면 박원순은 그런 후배들을 말렸어야 한다. 그게 상식이다. 박원순은 이승만 건국정권을 친일파라고 매도했다. 그렇다면 최소한 도요타 자동차의 기부금만큼은 사양했어야 했다. 그게 상식이다〉

CHAPTER 1

법륜 등 멘토들의 正體

한총련 합법화, 위헌적 연방제 통일을 주장하고,
천안함 폭침을 침몰이라 표현하며,
도롱뇽 소동을 부린 지율의 단식을 후원한 법륜의 형은
좌익 남민전 사건으로 實刑(실형)을 살았다.

© 평화재단 홈페이지

법륜 등 멘토들의 正體

"워낙 그분(박원순)을 존경하기 때문에"

安哲秀(안철수) 서울대 융합과학기술대학원장은 朴元淳(박원순) 씨를 '마음 속 깊은 응원자'로 표현한 적이 있다.

安원장은 2003년 朴씨가 아름다운재단을 조직할 당시 재단이사를 맡았으며, 朴씨의 희망제작소 내 희망 아카데미 '소셜 디자이너 스쿨'에 고정 강사로 참여했었다. 安원장은 '아름다운가게' 행사 때 안철수 연구소 직원들을 동원해 참석하기도 했으며, 포스코 社外(사외)이사도 朴씨와 같은 시기에 맡았다.

安원장은 2011년 9월5일 〈오마이뉴스〉와의 인터뷰에서 최근 朴씨와 두 차례 이메일을 교환했다고 밝힌 뒤 "(서울시장) 출마여부 결정의 가장 큰 고민은 朴 상임이사"라며 "워낙 그분을 존경하기 때문에 그분을 만나고 난 뒤에 출마여부를 판단할 것”이라고 말한 바 있다.

安원장은 인터뷰에서 “제일 중요한 것은 역사의 물결”이라며 “그 물결에 거스르는 집권세력(한나라당)”에 대한 반대 의사를 분명히 했다. 安원장은 구체적으로 다음과 같이 말했다.

〈사실은 이렇게 말하면 너무 나가는 것일 수도 있지만, 내가 생각할 때 역사의 물결을 거스르는 것은 현재의 집권세력이다. 그럼 답은 명료하다. 나는 현 집권세력이 한국사회에서 그 어떤 정치적 확장성을 가지는 것에 반대한다. 내가 만일 어떤 길을 선택한다면 그 길의 가장 중요한 좌표는 이것(한나라당이 정치적 확장성을 가지는 것에 반대)이 될 것이다〉

安원장은 ‘현 집권세력이 역사를 거스르는 세력이라고 보는 것이냐’는 〈오마이뉴스〉의 질문에 “나는 1970년대를 경험했다. 아, 이거 거꾸로 갈 수도 있구나 생각했다”고 말했다.

安원장은 “박원순 변호사는 한국 사회에서 굉장히 중요한 자산”이라며 “결심을 신중하게 하시는 분인데, 만일 그분이 결심을 했다고 하면 그분으로서는 이번이 하늘로부터 물려받은 재능을 활용할 유일한 시기”라고 주장했다. 그는 이어 “朴변호사는 머리를 굴려 말하지 않는다”면서 “나이 들다보면 무언가 자기가 얻을 목적을 갖고 말하는 버릇이 생기는데 그분은 그런 게 없다. 그런 분이 참여한다고 하니까, 그 부분이 (나의 서울시장 출마여부의) 가장 큰 고민”이라고 밝혔다.

결국 安원장은 그 다음날인 9월6일 오후 박원순 씨와 서울 시내 모처에서 회동한 후 공동기자회견을 열고 자신의 서울시장 선거 불출마를 선언, 朴씨에 대한 지지의사를 밝혔다. 그는 "朴변호사는 시장직을 누구보다 잘 수행할 수 있는 아름답고 훌륭한 분이다. 서울시장 보선에 출마하지 않기로 했다"고 말했다. 安원장의 서울시장 출마설이 나온 지 100여 시간만의 일이었다.

'폴리테이너' 김제동 · 김여진 氏가 멘토

안철수 원장은 2011년 9월3일 오후 전남 순천에서 열린 '희망 공감 청춘콘서트' 강연에서 "김제동 김여진 등 멘토들이 다양한 조언을 해주고 있으나 결정은 결국 제 몫"이라며 방송인 김제동 · 김여진氏를 '멘토'로 언급했다.

김제동 · 김여진氏는 법륜 승려, 윤여준 前 장관 등과 함께 안철수 원장의 '희망공감 청춘콘서트'를 통해 각별한 인연을 맺어 온 이들이다. 두 金씨는 방송 · 영화 활동을 넘어 최근에는 특정 집회에 얼굴을 비추거나 정치적 의견을 피력하는 '폴리테이너(politainer)'로 알려지기 시작했다.

김여진 씨는 북한(정권)을 돕는 일에 적극적으로 참여해 왔다. 그녀는 2008년 10월7일 서울 중구 프레스센터에서 열린 '민족의 화해와 평화를 위한 종교인 모임' 주최 '북한 주민을 위한 긴급식량 20만 톤의 인도적 지원과 북한경제개발 기금으로 정부예산 1% 사용을 촉구하는 100만 인 국민서명 결과보고 및 전달식'에서 詩 낭송에 나섰다.

金씨는 2010년 8월31일 CBS 라디오 '시사자키 정관용입니다'에 출연해 對北 쌀 지원과 관련, "어떤 분들은 '그렇게 쌀 주면 그게 북한 병사들한테 간다' 이렇게 생각하시는 분도 있던데"라는 사회자 질문에 "주려면 왕창 줘야죠"라며 이렇게 말했다.

〈…처음에는 군인들 먹이겠죠. (군인들이) 워낙 중요한 나라니까요. 그렇지만 군인들도, 북한은 병역근무기간이 10년 넘는 거 아세요? 20살 때부터 30살 때까지. 그냥 북한 주민들이에요. 우리나라 군인들이 군복 입으면 군인이지만 나오면 다 저희 아들들이잖아요, 그것처럼. 군인들이 못 먹는다는 얘기는 그 밑의 다른 주민들은 아예 못 먹는다는 거거든요. 배급도 끊겼잖아요, 지금. 그런 상황이라서 쌀을 좀 넉넉히 주면 다 돌아간다는 거죠. 아주 조금씩 주니까 흔히 말하는 군인들, 돌아가기 쉬운 사람들만 돌아가고 밑에는 혜택을 받을 수 없는 처지인 거고요〉

천안함 폭침 정부 발표를 못 믿겠다는 김여진

金씨는 또 "천안함으로 우리 애꿎은 젊은이 46명이 목숨을 잃었다. 화가 난다. 그런 분들한텐 뭐라고 하실래요?"라는 질문에 이렇게 답했다.

〈저도 굉장히 안타깝고 정말 슬픈 일이라고 생각하거든요. 꼭 진실이 밝혀졌으면 좋겠어요. 그게 어떤 누구의 짓이든 어떤 일이 있었던 것이든 시간이 얼마나 걸리든. 저는 시간이 좀 필요하다고 보거든요. 정말 엄밀하게 조사가 되고 과학적으로 검증이 되려면 분명히 시간이 필요할 거예요〉

金씨가 인터뷰한 2010년 8월31일은, 천안함 폭침이 북한의 소행임이 같은 해 5월20일의 民軍(민군)합동조사단 발표로 이미 확인된 시점이었다. 金씨는 "꼭 진실이 밝혀졌으면 좋겠어요"라고 했다. 한국은 물론 미국·영국·호주·스웨덴 등 24명의 외국 전문가까지 참여해 발표한 民軍합동조사단 발표에 대해 "신뢰를 잘 못하겠어요. 저는 그게 이제 보통 국민들의 마음일 거라고 생각을 하고요. 그리고 어떻게 그렇게 빨리 조사가 될까 싶은 마음도 있어요"라고 했다.

金씨는 한진중공업 사태, 반값등록금 시위 현장에서도 얼굴을 비췄다. 2011년 6월12일 밤에는 한진중공업 高空(고공) 크레인 시위 현장에서 연행되기도 했다. 金씨는 이날 밤 한진중공업 85호 크레인에서 고공농성 중인 김진숙 민주노총 지도위원을 지원하러 부산 영도조선소를 찾았고, 크레인에 직접 오르며 트위터를 통해 실시간으로 그곳의 상황을 알렸다. 다음 날 오전 11시경 그는 자신의 트위터에 "한진중공업 농성장에서 나오다가 긴급 체포됐다. 폭력혐의 등에 관한 법률위반과 건조물 침입으로 부산 해운대 경찰서로 연행된다"는 글을 올렸고 30분 뒤 "호송 도중 훈방조치됐다"고 다시 글을 남겼다.

金씨는 반값등록금 관련, 2011년 3월28일 케이블방송 tvN '브런치'에서 "다 같이 등록금을 반만 내자"는 주장을 제기한 뒤 5월14일 서울 광화문 이순신 동상 앞에서 "반값 등록금 공약, 안 지키면 우리가 반만 내버리죠. 미친 등록금의 나라 이제는 바꿉시다"라고 쓰인 피켓을 들고 1인 시위에 나섰다.

10·26 서울시장 재보궐 선거 기간에는 박원순 후보 측의 선거대책위원회에 '멘토단'으로 합류, 선거 운동에 앞장섰다.

김제동, 제주해군기지 건설 비아냥

김제동 씨는 2011년 6월2일 반값등록금 집회 현장을 찾아 지지 발언을 했고, 6월4일 집회를 마친 대학생들과는 뒤풀이를 함께 했다. 6월5일에는 집회가 시작되기 전 학생들과 함께 책을 읽으며 정부에 대해 '반값등록금' 실천을 요구했다.

金씨는 6월17일 제주해군기지 건설 예정지인 강정마을의 촛불집회에 참석, 주민들에게 "이렇게 아름다운 곳에 해군기지를 짓는 것은 敵들이 파괴하기 전에 아군이 '선제 파괴'하는 것"이라며 해군기지 건설을 비판했다.

11월23일에는 韓美 FTA 비준 반대 시위를 경찰이 물대포로 진압한 것에 대해 의견을 피력했다. 金씨는 자신의 트위터에 "…비 오고 물대포 맞았으니 이만하면 우리 퉁 치고 야자타임 한번 합시다. …미안해서 그래요. 자. 나 지금 기분 XX 같다. XX이 풍년이다"라고 썼다.

김여진·김제동氏 모두 천안함 폭침·연평도 포격 등 김정일 정권의 도발을 비판하거나 북한의 참혹한 인권상황을 규탄한 발언은 확인되지 않고 있다.

법륜의 反헌법적 통일관

안철수 씨의 또 다른 멘토(Mentor)로 언론에 자주 등장하는 인물 중 하나는 평화재단 이사장 法輪(법륜) 승려다. 법륜 승려(본명 최석호)는 安 원장이 참여했던 '청춘콘서트'의 기획자이기도 하다. 2010년 11월 평화교육원 주도로 서울, 경기 등 전국 6개 도시에서 동시 진행된 '평화재단 열린아카데미'에는 법륜 이사장과 윤여준 前 장관을 비롯, 뒤에 서울시장이 된 박원순 변호사, 배우 김여진, 방송인 김제동 등이 참여했었다.

2004년 출범한 평화재단은 "남북이 서로 체제를 인정하고 이해하며 지난 시기의 敵對(적대)관계 속에 생긴 상처를 씻고 교류 협력을 통하여 공동의 이익을 추구함으로써 60년 간 분단을 극복하고 통일로 나아가는 데 기여한다"는 것을 목표로 밝히고 있다.

경북 울주 태생의 법륜 평화재단 이사장은 고교시절 出家(출가)해 20대 초반 '크리스찬 아카데미'에서 농민 교육을 받은 것으로 전해진다. 그 후 1983년 民衆(민중)불교 계열의 '한국대학생불교연합회' 지도법사를 맡으면서 본격적인 사회활동을 시작했다.

크리스찬 아카데미는 소위 '자주적인 노동운동 활동가' 양성을 조직의 목표로 삼은 단체로, 과거 각 분야 간사에서 활동했던 관계자들이 反共法(반공법) 위반으로 구속된 前歷(전력)이 있는 조직이다.

1979년 '크리스찬 아카데미' 사건이 일어났다. 당시 중앙정보부 발표에 따르면 이우재와 구속된 크리스찬 아카데미 간사 5명은 '사회주의 건설을 실현한다'는 목적 아래 비밀 서클을 결성 ▲북한 평양방송 및 통혁당 목소리 방송(現 반제민전)을 청취·학습하는 한편 ▲북한에서 발행한, 마르크스 레닌의 유물사관 및 사회주의 건설을 위한 혁명전술 등의 내용이 수록된 《현대사상연구》를 비롯, 50여 점의 각종 불온책자를 탐독하면서 공산주의를 학습하고 북한의 노선에 동조하는 활동을 했다.

'크리스찬 아카데미' 사건에 연루되어 구속된 인물로는 한명숙(前 국무총리), 장상환(前 민노당 정책위원장) 경상대 교수, 황한식(現 부산대 경제학부 교수), 이우재(前 열린우리당 국회의원), 신인령(前 이화여대 총장), 김세균(現 서울대 정치학과 교수) 등이 있었다. 이우재의 경우 1963년 발생한 통일혁명당(이하 통혁당) 사건의 주범이었던 북한 간첩 李文奎(이문규) 등으로부터 영향을 받아 공산주의 사상을 학습했던 것으로 알려져 있다 (1979년 4월 17일자 〈동아일보〉).

한총련 합법화, 연방제 주장한 법륜

월간 〈신동아〉 2002년 9월호는 法輪 이사장이 '1979년 농민운동과 사회운동을 하는 단체에 자금을 댔다는 이유로 경찰 對共분실에서 잡혀가 며칠 동안 두들겨 맞고 물고문을 당했다'고 보도한 바 있다. 法輪 이사장이 1979년 '크리스찬 아카데미' 사건에 연루되어 경찰에 붙잡혔는지에 대해서는 알려진 것이 없다. 분명한 것은 그는 승려의 신분으로 사회활동을 통해 利敵(이적)단체인 한국대학총학생회연합(이하 한총련) 합법화, 憲法(헌법)의 영토조항 및 국가보안법 개정, 美北 수교와 평화체제 체결 등을 줄곧 주장해왔다는 사실이다.

법륜은 2002년 7월19일 '10기 한총련 의장 석방, 한총련 이적규정 철회 · 합법화를 위한 민주사회단체 지도자 1000인 선언'에 참여, 한총련 合法化(합법화)를 촉구했었다. 이와 함께 그는 2008년 7월10일 평화재단 주최 '건국 60주년 통일코리아를 바라보다' 토론회에서 "남한을 서울과 5도로 나누어 연방 형태를 준비하고 북한을 3도로 나누는 '9도 연방제'"를 제안, "南과 北이 '헤쳐모여'하는 방식으로 현실적이고 미래지향적이다"라며 違憲的(위헌적)인 연방제 통일을 주장했다.

그는 또 2005년 10월15일 '햇볕정책을 넘어 평화로 통일로'라는 제목의 토론회에서 "지금까지는 남북이 각자 자신들만 한반도의 유일한 합법정부라고 주장하며 상대방의 체제를 인정하지 않았다. …이제 이 땅에 다시는 전쟁이 일어나기를 원치 않는다면 좋으나 싫으나 상대방을 인정해야 한다"면서 憲法상 反국가 不法(불법)단체인 북한을 인정할 것을 주장했다.

그는 이어 "(남북한이) 상대방의 체제를 인정하고 그 처지를 이해한 위에서 통일로 나아가려면, 방법은 1국가 2체제의 길밖에 없다"면서 "1국가 2체제로 간다면 그것은 남북연합이나 연방제가 될 것"이라고 주장했다. 이는 자유통일만을 합헌적 통일방안으로 규정한 헌법과 배치되는 주장이다. 그는 또 "남한은 憲法의 영토조항이나 국가보안법을 개정해야 한다"고 밝힌 뒤, "남북의 국립묘지에 묻힌 순국선열 및 애국열사들은 통일 이후에도 둘 다 인정해 줘야 한다"고 주장했다.

법륜 이사장은 2006년 10월 주간지 〈한겨레21〉과의 인터뷰에서 "北의 핵개발을 이해는 하지만, 동조하지는 않는다. 안보의 핵심은 체제 보장이고, 체제 보장의 핵심은 평화협정 체결과 北美(북미)수교 아닌가? 北美관계를 정상화하면 핵을 폐기할 가능성이 크다"고 주장했다.

그는 북한 정권 지원에 앞장서 온 인물이기도 하다. 2010년 6월17일 527명의 종교인이 참여한 '민족의 화해와 평화를 위한 종교인 모임'에도 참여하였다. 서울 프레스센터에서 발표된 기자회견문은 "이번 6·2지방 선거 결과로 보건데, 우리 국민의 대다수는 현 정부의 對北 강경 일변도 정책을 강하게 거부하는 것으로 나타났다. 지금 이 시점에서 한반도 긴장 해소를 위해 가장 시급한 일은 남북 정상이 직접 만나는 일"이라고 주장했다.

'폭침'을 '침몰'이라 표현

당시 성명에는 북한 정권의 천안함 폭침에 대한 비판이 한 줄도 나오지 않았다. 오히려 "3월26일 발생한 천안함 沈沒(침몰) 사건으로 남북 간에는 물론이고 남한 사회 안에서도 서로를 불신하고 반목하는 상황이 극대화되고 있다"며 북한의 挑發(도발)을 침몰 사건, 즉 단순한 海難(해난) 사고인 양 표현했다. "일부 종교·사회·정치인들은 북한에 대한 증오와 분노를 품고 북한을 상대로 전쟁까지도 불사해야 한다는 말을 서슴없이 하고 있다. 이렇게 '눈은 눈으로, 이는 이로' 갚아야 한다고 주장하는 행위는 나라와 민족의 역사 앞에 큰 잘못을 저지르는 일"이라며 주권국가의 自衛的(자위적) 응징론을 전쟁론으로 과장해 비난했다.

성명은 이어 "남북 군사 대결 구도로 말미암아 우리마저도 북한 동포들의 고통을 외면함으로써 지금 북한 동포들은 남북 갈등의 최고 희생자가 되어 餓死(아사) 직전의 상태에 놓이게 되었다"고 했다. 북한 동포들은 남북 갈등의 최고 희생자가 아니고 북한 독재 정권의 희생자이다. 김정일 정권이 책임져야 할 일을 대한민국에 떠넘긴 것이다. 그들은 정치범수용소, 공개처형, 탈북자 강제송환, 강제낙태, 영아살해 등 김정일 정권의 악행과 북한인권 참상에 대해선 한 마디도 언급하지 않았다.

법륜의 친형, 좌익 사건 연루자

법륜 이사장의 셋째 형 최석진(2011년 현재 58세, 가명 김명선) 씨는 박정희 정권 당시 최대 公安(공안) 사건이었던 남조선민족해방전선(이하 남민전) 사건의 연루자였다. 현재 무소유 공동체 '푸른누리'를 운영 중인 최석진 씨는 1979년 남민전 조직원으로 검거되어 1심에서 사형, 2심에서 무기징역을 선고받았다. 복역 중 만성신장염으로 악화되어 1984년 겨울 형집행정지로 출소했다.

최 씨는 1968년 3월 고려대 경영학과에 입학, 재학 중 6·8부정선거 규탄대회, 3선 개헌 반대시위, 유신체제 반대시위 등에 참여했다. 1976년 12월 남민전 산하 민주투쟁국민위원회(이하 민투)에 가입하고, 1977년

1월 남민전 조직원이 됐다. 남민전은 1960년대 인혁당·통혁당 사건 관련자들이 출감 후 노동자·농민·청년학생 등 각계각층을 규합, 북한과의 연계 속에 결성한 지하공산혁명조직이었다.

'남민전 사건'은 1970년대를 대표하는 公安사건으로, 관련자만 100여 명이 넘었다. 대검찰청이 2200여 페이지에 달하는 공소장과 판결문 등을 기초로 발간한 《좌익사건실록》 제12권에 따르면, 남민전은 "主體思想(주체사상)을 확립하자"를 첫 번째로 하는 戰士(전사) 생활규범 10조를 마련하는 등 金日成 주체사상을 표방한 남한 내 최초의 지하조직이었다. 조직원들의 소위 '교양' 역시 평양방송을 종합한 주체사상 자료 등이 사용됐다.

남민전 사건에 연루됐던 이수일, 임헌영, 홍세화, 권오헌은 출소 후 각각 전국교직원노동조합(前 위원장) 활동, 이른바 친일청산(現 민족문제연구소장), 정치활동(現 진보신당 대표), 좌파단체 운동(양심수후원회 명예회장) 등의 활동을 벌여왔다. 남민전 사건에서 징역 5년을 선고받았던 이재오 씨는 이명박 정부에서 특임장관을 지낸 뒤 현재 새누리당 의원으로 활동 중이다.

지율의 '천성산 터널 공사반대' 단식 옹호

법륜은 천성산 터널 공사를 반대했던 지율의 후원자이기도 했다. 경부고속전철 천성산 원효터널 공사는 과학과 상식을 벗어난 반대투쟁으로 국책사업이 중단된 대표적 사례이다. 천성산에 사는 '도롱뇽 친구들'을 지켜야 한다는 女僧(여승) 지율의 집요한 반대에 환경단체 등이 가세, 이로 인해 천성산 공사는 네 차례나 중단됐다. 공사 중단 일수를 합하면 484일에 달한다. 〈오마이뉴스〉는 지율이 "2003년 2월 1차 단식(38일), 2003년 4월 2차 단식(45일), 2004년 6월 청와대 앞 3차 단식(58일), 2004년 10월27일부터 2005년 2월3일까지 4차 단식(100일)에 이어 현재 80일째 5차 단식 중"이라고 보도한 바 있다(2005년 12월9일字 기사). 이 내용만으로도 최소 321일 이상을 단식한 셈인데, 언론들은 상식을 넘어서는 이 未확인 정보를 끊임없이 확대 재생산했다.

법륜은 지율 승려를 지원하였다. 법륜이 지도법사로 있는 서울 서초동 소재 정토회관은 지율이 머문 斷食(단식) 장소 중 하나였다. 법륜은 2005년 1월30일 기자회견에서 "(지율은) 단식 중에 물과 소금, 그리고 차를 마셨으며, 커피를 물에 섞어 마신 적도 있지만 여기에 설탕은 넣지 않았다"고 밝혔다.

그러나 천성산 원효터널 공사가 '도롱뇽'을 비롯한 생태계를 파괴한다는 지율의 주장은 사실이 아니었다. 공사 착공 전에 완료된 공식 환경영향평가(2002년 6월), 환경정책평가연구원의 再조사(2004년), 공동 환경영향 조사(2005년 8월) 등 천성산 공사가 중단될 때마다 조사가 실시됐다. 그때마다 전문가들은 '늪은 터널과 거리 200~1000m, 표고 200~500m 떨어져 있다. 그 사이는 암반층으로 늪의 물이 빠질 가능성은 거의 없다'며 '천성산 자연습지들은 터널건설에 아무 영향을 받지 않는다'고 결론을 내렸다. 물론 이에 대해 반대론자들은 '공사로 水脈(수맥)을 잘못 건드리면 늪이 마를 수 있다'며 승복하지 않았었다.

원효터널은 공사가 완료됐고 이 구간을 포함한 경부고속전철 2단계는 2010년 11월 개통했다. 서울에서 부산까지 KTX를 타고 걸리는 시간은 2시간 54분에서 2시간 10분으로 단축됐다. 2011년 6월21일자 〈중앙일보〉는 터널 개통 후 천성산의 상황을 이렇게 전했다.

〈원효터널이 뚫리고 지난해(2010년) 11월부터 KTX 열차가 하루 60여 회까지 8개월째 달리고 있지만 대성늪에는 도롱뇽 유생들이 한가롭게 헤엄치고 있었다. …아래쪽 도랑에선 돌을 들자 1급수에만 산다는 가재가 꼬리로 알을 둘러싼 채 집게발을 휘둘러댔다. 천성산은 생태계의 寶庫(보고)였다〉

"진보, 51대 49로 겨우 이겨선 안 된다"

법륜 이사장은 2011년 11월21일 경기도 오산시청 대강당에서 진행된 '희망세상 만들기' 강연에서 "소수의 정치인에게만 (정치를) 맡겨놔선 안 된다. 정치는 정치인만 하느냐. 국민이 각성해 새로운 지도자를 뽑아야 한다"며 말했다. '희망세상 만들기'는 법륜 이사장이 지난 9월초부터 시작한 40~50대 연령층 대상의 강연회다.

卽問卽說(즉문즉설) 식으로 진행된 이날 강연에서 법륜 이사장은 "여야도 항상 싸우면 젊은이들이 외면하게 돼 있다. 머리를 맞대도 될까 말까 한 상황 아니냐"면서 "(신문만 보면) 제가 제3당의 핵심인물처럼 돼서 한국 정치를 좌지우지한다. 그런데 스님이 이런 얘기하면 안 되는 건가. 옆에서 非정치인이 한마디 할 수 있는 것 아닌가"라고 말했다.

박근혜 前 한나라당 대표를 겨냥한 듯한 발언도 했다. 한 시민이 "아이 키우는 게 너무 힘들다"고 하자 법륜 스님은 "여자가 대통령 되는 것만 중요한 게 아니다. 아이를 잘 키우는 것만큼 중요한 일이 없다. 부처님과 예수님을 세상에 내놓은 게 어머니였다. 얼마나 대단한 일이었느냐"고 답했다.

그는 이어 보수와 진보를 함께 비판하며 "이럴 거면 새로운 정당이

사진 중앙 인물이 법륜 '평화재단' 이사장이며, 우측에서 두 번째 인물(원형 표시)이 김낙중이다/사진출처: 평화재단 홈페이지

라도 나와야 한다"고 밝힌 뒤, 이명박 정부를 겨냥해 "4년 전 대통령으로 뽑을 때 (李 대통령이) 부도덕한 것 다 알면서도 경제 전문가라니까 돈만 벌어주면 된다고 해서 뽑았잖느냐. 그래서 돈 벌었느냐. 대통령 탓할 게 아니다. 여러분이 다들 무언가 잘못 판단하고 있는 거다"라고 주장했다.

그는 "진보가 (다음 대선에) 집권하더라도 51대 49로 겨우 이겨선 안 된다"면서 "중도까지 껴안아서 안정적인 집권을 해야 국가를 개혁할 수 있다"고 덧붙였다. 법륜 이사장은 그러나 자신이 정치에 직접 참여할 생각은 없다고 했다. 그는 "내 본분이 뭐냐. 승려"라며 "내가 결혼주례 선다고 내가 결혼할 거요? 정치도 마찬가지"라고 말했다.

법륜, 간첩출신 김낙중과 사진 찍어

법륜 평화재단 이사장은 건국 이후 최대 간첩사건으로 알려진 '남한 조선노동당 사건' 연루자 金洛中(김낙중)과 함께 사진을 찍기도 했다.

문제의 사진은 현재 평화재단 홈페이지 '함께하는 사람들'에 게재되어 있다. 사진 중앙에는 법륜 이사장이 보이며, 우측 두 번째에는 金씨가 서 있다. 사진 배경에는 '햇볕정책을 넘어 평화로 통일로'라는 문구가 보인다. 확인결과 당시 행사는 2005년 11월15일 서울 용산구 백범기념관에서 열린 '평화재단 1주년 기념 심포지엄'이었다.

법륜 이사장이 金씨와 함께 있는 모습이 사진에 찍힌 것은 이뿐만이 아니다. 그는 2007년 5월24일 자신이 지도법사로 활동하는 정토회 주최 '부처님 오신 날 봉축 법요식'에 金씨와 함께 참석했다. 정토회는 사진설명에서 金씨를 '통일운동가', '평화운동가'로 소개했다.

金씨가 연루됐던 '남한조선노동당 사건'은 건국 이후 최대간첩사건으로 분류된다. 북한은 당시 조선로동당 서열 22위 간첩 이선실(2000년 사망)을 남파, 1995년 공산화 통일을 이룬다는 전략 하에 남한에 조선로동당 하부조직인 '중부지역당' 등을 구축했다.

1992년 안기부가 밝힌 사건 개요는 다음과 같다.

〈이선실은 4·3제주폭동 유가족을 칭하고 재야단체와 민중당 등에 접근, 민중당 대표 김낙중·민중당 조국통일위원장 손병선 등으로 하여금 운동권과의 연대투쟁 공간을 마련하고, 연방제 통일 실현을 위한 '상층부 통일전선공작'에 주력하도록 했다. 이선실은 과거 남로당과 같은 지하당을 구축하기 위해 1980년 숨北(사북) 사태를 주동한 바 있는 황인오를 포섭, 강원 및 충남·북 일원을 중심으로 하는 '남한조선노동당' 중부지역당(위장명칭·민족해방애국전선·이하 민애전)을 구축했다, 안기부는 북한이 민중당에 침투시킨 간첩 김낙중·손병선 일당 여섯 명과 '남한조선노동당' 중부지역당 조직원 400여

명 중 총책 황인오 등 124명을 검거, 이 중 68명을 간첩·反국가단체 구성 혐의 등으로 구속, 송치하고 잔당을 추적 중이다. 同수사과정에서 권총, 수류탄 등 각종 무기류와 무전기, 亂數表(난수표) 및 공작금 100만 달러 등 총 149종 2399점에 달하는 공작금품을 압수했다. (하략)

▲ 간첩 이선실은 1980년 3월경부터 1990년 10월까지 10여 년 간 남북한 및 일본을 왕래하며 북한에서 직파된 공작원 10여 명과 함께 대남공작을 지휘해 온 것으로 밝혀졌다. 그녀는 90년대 초부터 김낙중과 함께 민중당 창당을 주도하며 민중당 내 핵심당원들을 포섭했다.

▲김낙중은 1955년 越北(월북) 후 남파, 36년간이나 고정간첩으로 암약하며 북한에서 총 210만 달러(한화 16억 원 상당)의 공작금을 받아왔다. 이 중 쓰고 남은 100만 달러는 권총·독총 등 공작 장비와 함께 그의 집 장독대 밑에서 발견됐다. 김낙중은 이 공작금을 통해 이우재 등 14대 총선 때 민중당 후보로 출마한 18명에게 선거자금으로 제공하는 등 북한의 지령에 따라 남한 내 합법적 親北前衛(친북전위) 정당 건설을 기도했다. 김낙중은 對南공작의 업적을 인정받아 북한으로부터 1991년 10월 '김일성 공로훈장' 1991년 12월 '민족통일상'을 받았고, 김일성이 특별히 보낸 산삼과 녹용을 선물로 받기도 했다〉

金씨, 36년간 固諜(고첩)으로 활동했던 인물

민변(민주사회를 위한 변호사 모임) 출신의 高泳喬(고영구) 前 국정원장은 변호사 시절 金씨를 평화주의자로 美化하며 석방운동을 벌였다.

1998년 4월에는 高씨와 함께, 강만길(前 친일반민족행위진상규명위원회 위원장), 강정구(前 동국대 교수), 김금수(前 노사정위 위원장), 리영희(2010년 사망, 前한양대 교수), 박순경(6·15 남측위원회 학술본부 명예공동위원장), 박용길(2011년 사망, 문성근 민통당 前 최고위원의 모친), 이장희(한국외대교수), 이창복(前 국회의원), 윤성식(前 사월혁명연구소장), 홍근수(前 향린교회 목사), 박형규(前 민주화운동기념사업회 이사장) 등 32명이 발기해 '평화주의자 김낙중 석방대책위원회'를 결성해 "김낙중은 민족화해와 평화적 민족통일의 기수이므로 그를 석방해야 한다"고 주장했었다. 김대중 정권은 1998년 김낙중·황인오 등 '남한조선노동당 사건'의 주범들을 소위 '양심수'라는 이름으로 모두 석방했다.

金씨는 출소 이후 평화주의자, 통일운동가라는 이름으로 각종 모임에 초청돼 강연 활동을 해왔다. 2005년 그의 딸 김선주 씨는 金씨의 자서전 《탐루》를 펴냈다.

김선주 씨는 책을 출간한 그해 〈한겨레신문〉과의 인터뷰에서 "나의 아버지는 너무도 고지식했고 민주적이며 평화적인 가장이자 통일운동가였다"고 회고했다. 김낙중 씨는 2010년 8월 평화통일시민연대 고문 직책으로 이명박 정부의 4대강 사업 중단, 천안함 4개국 공동조사 등을 촉구하는 '진보원로 100인 시국선언'에 참여하기도 했다.

CHAPTER

'안철수 재단'
박영숙 이사장의 正體

그는 국보법 폐지 운동에 앞장서 온 親김대중 인사이다.
"惡法(악법)은 어겨서 깨뜨려 왔던 전통 위에서
우리는 국가보안법을 어겨 가면서 끝장내고야 말 것이다"고
선언하였다.

'안철수 재단'
박영숙 이사장의 正體

국보법 폐지 앞장서 온 親김대중 인사

안철수 서울대 융합과학기술대학원 원장은 2012년 2월6일 서울 프레스센터에서 기자회견을 열고 자신이 보유한 안철수연구소 지분의 절반을 출연한 공익재단 '안철수재단' 설립 계획을 발표했다. 재단의 초대 이사장은 박영숙 前 한국여성재단 이사장이 맡았다. 朴씨는 국보법폐지 등에 앞장서 온 親김대중 인사이다.

그는 ▲2004년 9월16일 '국가보안법 폐지를 촉구하는 각계 인사 공동선언' ▲2007년 10월17일 '국가보안법 폐지를 위한 각계원로 및 대표인사 선언문'에 참가한 데 이어 ▲2008년 12월1일 '국가보안법 제정 60년 각계 선언'에서도 "국가보안법의 폐지로 야만의 시대를 끝내야 한다"며 "악법은 어겨서 깨뜨려 왔던 전통 위에서 우리는 국가보안법을 어겨가면서 국가보안법을 끝내 끝장내고야 말 것”이라고 주장했다.

朴씨는 또 ▲2005년 8월15일 ‘민족의 자주와 평화를 위한 선언’에 참여, “국가보안법을 완전히 철폐해야 한다”, “종속적 韓美관계에서 벗어나야 한다”, “미군 없는 한반도를 적극적으로 준비해가야 한다”, “6·15 남북공동선언을 이행하자”면서 “제2의 광복 선언”을 주장했다.

인터넷 매체 〈프레시안〉은 2012년 2월6일자 보도에서 朴이사장을 아래와 같이 소개했다.

〈안 원장이 박 이사장을 초빙한 것에 대해선 정치적 의미를 짚어보는 시각이 많다. 박 이사장은 13대 국회에서 평민당 전국구 1번으로 정계에 입문한 후 평민당 총재권한대행, 국민의 정부 대통령직속 지속가능발전위우원회 위원장 등을 지낸 인사다. 지난 10·26서울시장 재보선에서는 박원순 후보 캠프 고문을 지냈었다. 그는 한국여성재단 이사장 시절에 ‘100인 기부릴레이’를 주도했고 현재도 재단법인 ‘살림이’ 이사장직을 맡고 있다. 진보성향의 여성운동 원로인 박 이사장은 평안도 출신으로 이화여대 영문과를 졸업했고 민중 신학자인 고 안병무 박사의 부인이기도 하다. 박 이사장은 지난 2009년 김대중 전 대통령 국장 때 조사를 낭독하기도 했다〉

남편 안병무의 ‘한백교회’

〈프레시안〉이 언급한 朴이사장의 남편 안병무 박사는 역시 1970~1980년대 反정부 활동에 앞장선 인물이다. 그의 기독교관은 그가 세운 ‘한백교회’에서 엿볼 수 있다. 아래는 인터넷 매체 〈리버티헤럴드〉의

2012년 1월21일자 '한백교회' 보도 내용의 일부이다.

〈서울 서대문에 위치한 '한백교회'는 일반교회와 많이 다르다. 교회의 상징은 십자가가 아닌 '무명의 돌'이다. '한백의 상징'이라 부르는 이 돌들은 한라산과 백두산에서 가져온 것이다. 교회 이름 역시 민중신학을 기초로 '한라산에서 백두산까지 이 시대의 아픔과 고통을 함께 나누자'는 뜻에서 한백교회로 정했다.

소개 책자를 보면 비전향좌익수(6·25사변 당시 국군과 싸웠던 빨치산·인민군 출신으로 국군과 싸우며 끝까지 대한민국 편으로 전향치 않은 좌익사범) 박종린 씨와의 소모임을 갖는 활동이 있고, 선교 사업으로 비전향좌익수를 후원한다고 적혀있다.

성탄절 예배 주보엔 한진중공업 김진숙 씨의 勞使(노사) 잠정합의 찬반투표를 기다린다는 내용의 트위터를 싣고 '김진숙의 기도'라는 제목을 달아 놓았다. 그 바로 아래는 십자가에 못 박히기 전 날 피땀으로 기도하신 '예수님의 기도' 누가복음(22:41~45) 본문을 실어, '김진숙의 기도'를 '예수님의 기도'에 비유해 놓았다.

주보에는 한백교회 신도들의 글이 실려 있다. 한 신도는 성탄절 예수님 탄생과 삶을 '옛날 옛날 무력한 핏덩이로 태어나 외면 받은 삶을 살다가 권력의 폭력으로 살해당한 당신의 메시지가… (중략)'라고 적어 놓았다. 한백교회는 주기도문이 없다. 찬송가 뒤에 수록된 교독문도 없다. 교독문 대신 전태일의 일기를 읽거나 김남조 시인의 시를 읽는다. '한백교회' 자체 내에서 만들었다는 신앙고백문은 이렇다. 基長(기장) 교단은 이것을 허용한다고 한다.

'천지 만물 안에 더불어 살아계신 하느님 당신은 오늘도 우리를 부르셔서 생명 넘치는 세상을 함께 만드십니다. 우리가 욕망으로 얼룩진 일상과 타협하며 안주하고 사는 동안 세상은 죽임의 그늘 속에 신음하는 아우성으로 가득하고 그 고통의 하소연은 침묵 속에 묻혀 버립니다. 이제 출애굽 사건과 갈릴래아 민중 예수 사건 속에 보이신 해방과 생명의 기운이 우리 안에 넘치게 하십시오. 가려지고 잊혀지는 희생양의 얼굴과 모든 비통한 눈물들을 우리가 외면하지 않겠습니다. 오늘 스스로를 돌아보며 내일의 희망으로 일어서겠습니다. 하느님 나라를 미리 맛보는 공동체로 우리를 모이게 하시고 그 안에서 나눔과 섬김의 자세를 배우며 이를 기리는 예배를 나누게 하십시오. 매일의 생활 속에서 살림을 실천하며 모든 것들과 더불어 기쁘게 살겠습니다.'

이들은 예수를 가리켜 가난하고 아픈 민중의 대변자, 힘없이 권력에 '살해' 당한 민중혁명가로 고백한다. 한백교회의 '신앙'은 많은 의문점을 남긴다. 말씀과 성령 대신 저항과 투쟁, 예수를 소위 핍박받는 민중을 해방할 혁명가 정도로 각색한 흐름이 '무명의 돌' 사이를 관통해 흐른다〉

안철수 · 박영숙 · 한명숙 커넥션

안철수 서울대 교수는 '안철수재단' 이사장 박영숙 한국여성재단 고문을 고리로 한명숙 민주통합당 前 대표와 연결된다. 박영숙 이사장 남편 안병무 前 한신대 교수(1996년 死亡)는 1987년 '한백교회'를 설립했다. 당시 한백교회를 함께 설립한 사람은 한명숙 前 대표의 남편인 박성준 성공회대 교수이다.

박성준 교수는 1967년 통혁당(통일혁명당) 간첩사건으로 15년 형을 선고받고 복역하다 1981년 출소했다. 그는 출소 후인 1994년 일본 릿쿄대에서 신학박사 학위를 딴 뒤 다시 미국 뉴욕 유니온신학대에서 공부했다. 그는 언론과의 인터뷰를 통해 자신을 '맑시스트 크리스천'으로 소개해왔다. 몇 개의 기사를 인용하면 이러하다.

"1994년 처음으로 여권이 나온 후 3년 간 일본에 가서 공부했습니다. 지금 생각해보면 일본에서 '크리스천을 찾아서'라는 글을 연재하면서 구석구석에 숨어 있는 참다운 크리스천을 만나고 다닌 것이 준비단계였던 것 같습니다. '맑시스트 크리스천'으로서 저를 보완할 수 있는 영적 눈이 필요했지요." (2001년 季刊 〈새길이야기(3호)〉 인터뷰 中)

"朴선생(박성준氏) 순서가 돌아오자 자신은 지나온 모든 과정을 고스란히 간직한 채 살고 있다며 기독교인, 맑시스트, 퀘이커, 불교에 막 눈을 뜬 사람이라고 소개했다. 이제 그 살아온 내력으로 사람들과 소곤소곤한 만남을 갖고 싶어 마이크를 쓰는 모임, 인터뷰, 텔레비전 출연은 가급적 사양한다." (〈주간기독교〉 2003년 11월 1509호 인터뷰 기사 中)

朴씨는 소위 反戰平和(반전평화)운동에 정력을 기울여 왔다. 그는 심지어 이슬람 지하드[聖戰, 성전]는 "미국이 아랍세계에 가해온 폭력에 비하면 비교도 안 될 정도로 통제된 폭력"이라고 정당화했다. 또 9·11테러에 대해 "내가 만난 사람들은 대체로 미국이 당해 싸다, 통쾌하다, 이런 반응을 보이는 편이었다"(以上 '폭력의 골짜기를 넘어 평화의 너른 들녘으로' 논문 中)고 말했다. 일부를 인용해보자.

〈한반도는 위험을 안고 있는 불안한 지역입니다. 그 중심에 언제나 미국이 있지요. 우리가 이번의 사태(9·11사태)를 보면서 '오만한 미국의 콧대를 꺾었다!', '미국도 당해봐야 한다'는 정서적 반응을 보이는 것은 그만한 이유가 있는 것입니다. (중략) 미국이 무슨 짓을 했기에 테러리스트들이 그토록 처참한 보복을 생각해내게 되었는지, 그들의 사무친 한과 절망과 증오의 뿌리가 무엇인지 전 세계의 사람들이 알게 합시다〉

朴씨는 미국의 이라크전은 "군수산업의 이익을 도모하고, 석유이권과 중동패권을 노려 무고한 사람들의 목숨을 제물로 삼는 전쟁이 아닌 침략"(2003년 3월25일 〈한겨레신문〉 인터뷰)으로, 아프가니스탄전은 "아프가니스탄 사람들을 삶의 터전으로부터 내몰고 그 나라의 자연을 마구 짓밟고 완전 초토화하는 것"(2002년 3월21일 著 '연두빛 평화의 물결로 한반도를 감싸자' 등)으로 비난했다.

그는 1991년 발발한 걸프전에 대해서도 "수십만의 젊은 이라크 병사들이 미국의 융단폭격으로 사막에서 살육되고, 미국이 이라크 사회의 인프라 구조를 파괴해버렸고 생필품의 수입마저 막는 경제제재를 지금도 풀지 않아서 100만 이상의 이라크 어린아이들이 영양실조 등 병으로 죽어갔다('폭력의 골짜기를 넘어 평화의 너른 들녘으로' 등)"고 주장해왔다.

朴씨는 특히 미국의 對北(대북)제재가 한반도에 전쟁을 부른다며 북한 정권의 不法(불법)행위를 제재해서는 안 된다는 논리를 펴왔다. 2002년경 쓴 '연두빛 평화의 물결로 한반도를 감싸자'는 글을 일부 인용해보자.

〈설마 하다가 우리도 모르는 사이에 한반도 전체가 전쟁의 소용돌
이에 휘말려 남북한 민중이 떼죽음을 당하는 일이 만에 하나라도
있어서는 안 된다. (중략) 부시 대통령과 미국정부에게 화해와 평화
를 향한 우리 겨레의 역사적 행보를 방해하지 말라고 단호히 경고
하자. (중략) 만에 하나 한반도에 전쟁의 먹구름이 덮쳐온다면 우리
는 휴전선 일대에 평화의 천막을 치고 평화를 호소하는 갖가지 이
벤트를 벌인다〉

그는 같은 글에서 "우리의 평화와 우리의 안전을 남의 손, 外勢(외
세)·강대국 미국에 맡겨놓고 안전을 보장받고 있다고 착각하는 어리석
음에서 깨어나야 한다"며 "미국의 부당한 간섭과 개입에 맞서 나라의 자
주권을 지키며 미국의 한반도 전쟁책동을 막고 평화를 지켜내야 한다"
고 주장했다.

反戰論(반전론) 또는 平和論(평화론)의 외양을 띄고 있는 朴씨의 '反美(반
미)'는 정작 평화를 부수는 북한의 테러나 도발에 대한 비판은 없다. 북
한의 핵폭탄 비판도 없다. 김일성·김정일의 700만 민족학살이나 정치
범수용소·공개처형, 탈북자 강제송환과 영아살해·강제낙태 등 끔찍
한 만행에 대해도 침묵한다.

4·11총선 당시 民家協 출신 인재근 공개 지지

안철수 서울대 융합과학기술대학원장은 지난 4·11총선 당시 民家協
(민가협, 민주화실천가족운동본부) 출신의 印在謹(인재근, 現 민주통합당 의원, 김
근태 前 민주통합당 고문 부인) 씨를 공개 지지했었다. 印씨는 2012년 3월29

일 자신의 트위터를 통해 "안철수 교수님이 응원해 주셨습니다. 감사합니다"라며 安씨의 글을 링크(link)했다. 安씨는 당시 "지금 이 세상을 살아가는 우리 모두는 김근태 선생과 인재근 여사에게 너무 많은 빚을 지고 있습니다. 인재근 여사의 삶에 더 이상의 아픔이 없었으면 좋겠습니다. 용기 있고 신념을 가진 여성, 인재근과 함께 도봉의 새로운 미래가 열리기를 희망합니다"라며 印씨에게 응원 메시지를 보냈다.

印씨는 1985~1998년 民家協 총무, 1989~1999년 서울민통련(서울민주통일민중운동연합) 상임부의장 및 의장을 거쳐 국회의원이 된 인물이다. 印씨가 몸담았던 民家協은 국보법 폐지와 비전향장기수 등 소위 양심수, 성적소수자, 양심적 병역 거부자 등을 보호하는 데 주력해 온 단체다. 비전향장기수는 간첩·빨치산 출신으로 전향하지 않은 장기 左翼囚(좌익수)를 말한다.

단체는 홈페이지에서 "民家協은 창립부터 지금까지 양심수 석방을 위한 활동을 꾸준히 전개하고 있다", "양심수 존재 자체를 부정하고 석방에 인색했던 정부를 강하게 규탄하고 사회적 관심을 불러일으킴으로써 양심수를 사회문제화 시켜냈다"고 적고 있다.

民家協은 특히 "1999년 12월 '비전향장기수 송환추진위원회'를 결성, 활동을 벌인 결과 2000년 9월3일 마침내 63명의 비전향장기수가 북녘 고향으로 돌아갈 수 있었다"고 밝힘으로써 비전향장기수들의 '이념적 고향'이 대한민국이 아니라 북한임을 밝히고 있다.

民家協은 '국보법폐지국민연대'와 함께 인천 자유공원 맥아더동상 파괴를 기도했던 從北단체 '통일연대' 및 反美폭동을 일으켜 國軍(국군)까지 폭행했던 '평택범대위' 등에 참가해왔다.

民家協은 줄곧 국보법 문제와 관련, "국가보안법, 사회안전법, 보안

관찰법 등 민주주의와 인권에 역행하는 대표적인 악법철폐를 위해 쉼 없이 노력해 왔다. 그 결과 사회안전법(1989년), 전향제도(1998년), 준법서약서(2003년)가 폐지됐다"고 밝히고 있다.

단체는 또 "국정원, 경찰 대공분실, 검찰 공안부, 공안문제연구소 등 공안수사기구에 대한 감시활동과 문제제기를 해왔으며, 이러한 활동은 2004년 7월, 공안문제연구소 폐지를 이끌어내는 밑바탕이 되었다"고 하여 국가의 對共(대공)기능 해체에 앞장서왔다.

民家協 산하에는 양심수후원회(명예회장 권오헌)라는 조직이 있다. 이 조직은 비전향좌익수 송환에 앞장서 왔다. 일례로 2008년 4월27일 서울 종로5가 기독교회관 강당에서 총회를 열고, "비전향장기수 2차 송환을 반드시 이루어냅시다!", "6·15, 10·4선언 고수 이행, 국가보안법 양심수 없는 세상을 위해 힘차게 나아가자"는 총회 결의문을 채택 발표했다.

權五憲(권오헌) 민가협 양심수후원회 명예회장은 2005년 5월28일 전북 회문산에서 열린 소위 '남녘 통일애국열사 추모전야제'라는 간첩·빨치산 추모행사에서 이렇게 말했다.

> "55년 전 우리 先輩(선배)들이 피 흘려 싸웠던 전쟁은 아직도 끝나지 않았다. 우리 민족의 적은 55년 전이나 지금이나 미국이다. 산화해 가신 영령들을 추모하고 그 뜻을 계승해 자주 민주 통일을 이루는 계기로 삼자."(인터넷 〈통일뉴스〉 2005년 5월28일자 보도 인용)

당시 행사에서 경남지역 빨치산 출신 박순자는 "죽은 同志(동지)들은 외세를 반대해 투쟁했다"며 "해방 60돌, 黨(당) 창건 60돌, 6·15선언 5돌인 올해 우리는 손에 손을 잡고 北으로 간다. 통일은 다 됐다"라고 주장했었다.

비슷한 시기 權명예회장은 경기도 파주 보광사에 조성된 소위 '통일 애국투사묘역 연화공원'이라는 간첩·빨치산 추모공원 준공식에서도 "이 묘역이 비록 작고 초라하지만 평생 헌신적으로 통일애국운동을 해 온 분들을 모신 만큼 이 묘역이 갖는 의미를 어떤 국립묘지에도 비할 바가 아니다"라는 말을 남겼다.

權명예회장은 1970년대 최대 공안사건인 남민전(남조선민족해방애국전선) 사건에 연루되어 3년4개월 복역했었다. 그는 ▲6·15, 10·4선언 이행 ▲국가보안법 폐지 ▲한총련(한국대학총학생회연합) 합법화 ▲북한인권법 반대 등을 줄곧 주장해왔다. 2005년 8월2일 서울 종로에서 열린 '한총련정치수배해제' 촉구 발언에서는 "지금까지 정권연장을 위한 전략으로 한총련을 탄압해 왔다. 자기 조국을 사랑했다고 해서 탄압받아야 하는가"라며 利敵(이적)단체로 판시된 한총련을 두둔하기도 했다.

CHAPTER

'북한문제 과외교사'(?) 김근식의 正體

국가정상화위원회(위원장 고영주 변호사)가 발표한

'친북·反국가행위 人名사전' 100명에 포함된 김근식 교수는

김정일이 죽었으므로 천안함과 연평도 사건도 종결해야 한다는 주장을 한다.

③

'북한문제 과외교사'(?) 김근식의 正體

북한체제를 필사적으로 옹호해온 김근식

안철수 서울대 융합과학기술대학원장이 김근식 경남대 교수로부터 對北(대북)정책 스터디를 받고 있다는 언론보도가 계속 나오고 있다. 2012년 1월12일자 〈중앙일보〉는 安교수가 김정일 사망 전후 金교수로부터 수차례 자문 받았다는 요지의 기사를 실었다.

金교수는 "安원장 스스로 안보는 '보수'라고 했는데 만나기 전 그걸 우려했지만 만나보니 달랐다"며 "내가 햇볕정책을 중심으로 이명박 정부의 對北정책을 신랄하게 비판했지만 그는 단 한 번도 반박하지 않았다. 고개를 끄덕이면서 수긍했다"고 말했다.

金교수는 또 천안함·연평도 사건에 대해 "범인이 사망하면 '공소권 없음'으로 사건 종결이 이뤄진다. 金위원장(김정일)이 사망했기 때문에 이

문제도 매듭지어야 한다고 설명하니 동의했다"고 말했다.

安교수는 평소 "경제는 진보, 안보는 보수"라더니 左派(좌파)성향의 박원순 변호사를 서울시장으로 만드는 데 결정적 기여를 했고, 이번엔 북한체제를 필사적으로 옹호해 온 김근식 교수에게서 對北문제 자문을 받고 있다. 급기야 천안함·연평도 문제를 매듭지어야 한다는 金교수 주장에 동의했다고 한다.

2010년 국가정상화위원회(위원장 고영주 변호사)가 발표한 '親北·反국가행위 人名(인명)사전' 100명에 포함됐던 김근식 교수는 소위 '북한 전문가'로 알려져 있다. 그는 북한 관련 방송 프로그램에 자주 출연하고, 일간지에 칼럼도 기고하는 등 활발한 활동을 해왔다. 문제는 그가 對北(대북)문제에 있어 줄곧 親北·좌편향적 발언을 해왔다는 점이다.

김 교수는 김정일 死後(사후) 〈경향신문〉 칼럼(2011년 12월23일)에서 "김정일 위원장의 功過(공과)를 논하는 것은 너무도 논쟁적이다. 그러나 그도 '개혁개방의 꿈'이 있었고 이를 위해 끊임없이 남북관계와 북·미관계 개선을 시도했음은 분명하다. 물론 그의 꿈은 이뤄지지 못했고… 그 꿈을 생각한다면 제대로 눈을 감지 못했을 것"이라고 했다.

그는 同 칼럼에서 김정일이 1984년 외자유치를 통한 북한 경제 활성화, 1991년 남북 비핵화공동선언 채택, 2000년 남북정상회담 성사를 통해 개혁개방과 북미관계 정상화를 꿈꿨으나 레이건 美 행정부의 신냉전 국면, 미국이 주도한 북핵문제, 부시 행정부의 '악의 축' 발언 때문에 좌절되었다고 주장했다. 김근식 씨는 북한이 사실상 核보유국이라는 점이나 천안함 爆沈(폭침), 연평도 포격, 연평해전, KAL기 폭파, 아웅산 테러 등 김정일이 생전 자행했던 對南(대남) 도발에 대해서는 침묵했다.

김 교수는 북한 주민 300만이 餓死(아사)한 '고난의 행군'과 황장엽 노동당 비서의 망명에도 불구하고 김정일이 "수령 사망 이후 최대의 체제 위기를 그럭저럭 진정시켰다"면서도 북한 주민이 굶어 죽어갈 때 김정일은 한 끼에 200만 원을 호가하는 사치스런 식사를 했다는 사실, 정치범 수용소에서 자행되는 人權(인권) 유린은 언급하지 않았다.

"김정일 죽음으로 천안함, 연평도 사건의 公訴權도 사라진 것"

김근식 교수는 2011년 12월22일, 서울 연지동 기독교회관에서 한국기독교교회협의회(NCCK) 주관으로 열린 '북한정세 인식 긴급좌담회'에선 '김정일의 죽음으로 천안함·연평도에 대한 公訴權(공소권)도 사라졌다'는 취지의 발언도 했다.

그는 "김정일 위원장이 사망했으니 천안함 사건과 연평도 포격사건의 公訴權도 사라진 것이다. 그가 역사의 부채를 껴안고 죽었기 때문"이라고 밝혔다. 이어 "대통령은 더 이상 이 사건으로 북한에 부담주지 말고, 남은 임기 1년 동안 새로운 판으로 다시 시작하길 바란다"고 주장했다. 사실상 김정일의 惡行(악행)을 두둔한 것이다. 그는 천안함 爆沈(폭침)·연평도 포격이 '이명박 정부도 책임이 있다'는 식의 주장도 했다.

북한의 연평도 포격 직후인 2010년 12월1일, 〈프레시안〉에 기고한 칼럼에서 "이명박 정부를 위협할 수 있는 최고의 압박 카드 역시 서해상의 군사적 도발과 전쟁 위험성의 가시화이기 때문에 (북한이) 이례적으로 연평도 일반 주민들에게까지 해안포 사격을 서슴지 않은 것"이라고 했다.

2011년 6월17일, '한국미래발전연구원' 주간논평에서는 "이명박 정부는 남북관계를 중단하고 제재와 압박을 통해 북한을 굴복시키겠다는 희망적 사고만을 앞세워 한국전쟁 이후 최악의 군사적 긴장고조와 북핵문제 악화 그리고 더 심각해진 북한의 강경대응과 도발만을 결과하고 말았다"고 말했다. 천안함 爆沈, 연평도 포격 등 北의 서해도발 원인을 이명박 정부에 돌린 것이다.

그는 '햇볕정책의 발전적 계승론자'로도 알려져 있다. 金교수는 이명박 대통령 당선 직후인 2008년 1월9일 〈전북일보〉에 게재한 칼럼에서 다음과 같이 주장했다.

〈차기 이명박 정부가 예의 야당 시절 주장대로 대북 포용을 수정하고 강경기조로 선회하거나 북핵문제에서 대북 압박으로 기울 경우 한반도 정세는 급격한 불안정으로 치달을 것이다. (중략) 햇볕정책을 비난하고 엄격한 상호주의를 내세워 북한에게 무작정 비핵화를 강요하는 정부라면 당연히 남북관계는 긴장하게 될 것이다〉

제2연평해전 직후인 2002년 7월2일 〈연합뉴스〉와의 인터뷰에서 "한반도 긴장해소는 햇볕정책 밖에 없다"고 주장하기도 했다. 김근식 교수는 北의 무력도발이 발생하면 '가해자'인 북한 정권보다 대한민국 정부를 더 비판하는 경향을 보이는 한편 '햇볕정책'을 바탕으로 '우리 정부가 북한을 더욱 포용해야 한다'는 식의 주장을 되풀이하고 있다.

"북한 체제 '찬양'에 가깝다"는 김근식의 논문

그는 2006년 8월8일, 〈경향신문〉에 게재한 칼럼에서 "혁명열사릉을 참관하는 것은 상대를 인정하는 열린 자세의 하나"라고 주장했다. 북한의 혁명열사릉은 우리의 국립묘지와 같은 곳으로 주로 김일성과 빨치산 활동을 같이했던 혁명 1세대들이 묻힌 곳이다. 대한민국 정부는 혁명열사릉을 비롯해 애국열사릉, 금수산 기념궁전 세 곳을 방문 제한구역으로 규정했다.

2008년 12월5일, 金光東(김광동, 나라정책연구원장) 박사는 국가인권위원회에서 열린 '자유민주연구학회' 주관의 '방송보도의 극단주의와 자유민주주의의 위기' 세미나에서 김근식 교수를 비롯해 양무진(북한대학원대학교 교수), 김용현(동국대 북한학과 교수)의 親北성향을 지적했다. 김광동 박사는 2007년 5~10월, 2008년 5~10월 등 총 12개월간 방송(KBS, SBS, MBC, YTN)에 보도된 對北관련 논평을 분석한 결과 김근식·양무진·김용현 씨의 북한 관련 論評(논평)이 전체 북한 관련 논평 중 약 43%를 차지하고 있는 것으로 나타났다고 밝혔다. 그는 "이들 3인은 (분석대상이 된 12개월 동안) 155회 출연했으며, 더 큰 문제는 편향된 對北(대북)인식"이라고 설명했다. 155회 중 김근식 교수의 출연은 43회였다.

金박사는 이들의 논평이 "북한 체제에 대한 認定(인정)과 합리화, 그리고 북한체제에 대한 옹호와 현상유지의 지속성에 대한 가치지향적 방향성이었다"고 분석했다. 이어 "이들 3인방의 석·박사 논문에 나타난 對北觀(대북관)은 북한을 특수하고도 독자적인 사회로 볼 뿐 북한에 대한 학문 본연의 자세인 객관적, 비판적 접근이 전혀 나타나지 않았다"고 평가했다.

그는 김근식 교수의 석사논문 중 '사회주의의 건설과 사회주의 경제의 운영에 인민대중의 자발적 참여를 적극 보장하였다는 점에서 타국과의 독자성이 돋보이기도 했다'는 내용을 소개하며 "金교수의 석·박사 논문 모두 북한체제에 대한 옹호를 넘어 찬양에 가깝다"고 지적했다.

CHAPTER

안철수 찬양 책 쓴
간첩출신 민경우

《대한민국은 안철수에게 무엇을 바라는가》를 쓴 민경우는
국보법 위반으로 實刑(실형)을 살던 중 김대중 · 노무현 정권에 의하여
두 차례 특별사면되었다.
그 후로도 反국가적 행위를 계속하고 있다.

안철수 찬양 책 쓴
간첩출신 민경우

'대한민국은 안철수에게 무엇을 바라는가'

국가보안법 위반 혐의로 두 차례에 걸쳐 실형을 선고 받았던 閔庚宇(민경우) 前 통일연대 사무처장은 최근 한국사회의 '안철수 쏠림 현상'을 분석하며 사실상 安씨를 지지하는 서적을 출간했다.

문제의 책은 利敵(이적)단체 범민련남측본부 사무처장 출신의 閔씨가 민주노동당 곽정숙 의원 보좌관 출신의 김유진, 민노당 수석부대변인 출신의 강형구(조원씨앤아이 理事)와 함께 공동 집필하여 2011년 10월 초판 발행한 《대한민국은 안철수에게 무엇을 바라는가》이다.

閔씨는 이 책에서 '박근혜 대세론의 몰락'과 '정당정치의 붕괴', 그리고 SNS를 적극 활용하는 'IT세대의 부상'과 이를 통한 '대한민국의 세대교체'를 화두로 안철수를 "모범적인 학자, 멘토임과 동시에 現시대의 단면을 체현하고 있는 사회역사적 존재"로 추켜세웠다.

閔씨는 특히 마지막 장인 '안철수와 미래'에서 "2012년의 운명을 결정할 키워드는 舊(구)시대의 리더십을 대표하는 박근혜와 새로운 리더십을 상징하는 안철수의 대결"이라고 규정했다.

이 책의 저자들은 에필로그에서 청년실업 문제를 언급하며 다음과 같은 결론을 내렸다.

> "우리 사회의 모든 고통을 집약적으로 받고 있는 청년들에게 기성세대는 다른 어떤 변명이나 진단, 위로가 아닌 진심어린 사과를 먼저 해야 한다. 그것이 그 어떤 위로보다 더 아름다운 공감이기 때문이다. 지금 청년들이 받고 있는 이 고통은 기성세대의 잘못으로부터 비롯된 것이기에 진심어린 사과와 공감을 통해 해결 방안을 찾아야 한다."

이처럼 세대 간 분노와 분열을 조장하고 있는 이 책은 安교수와 함께 '청춘콘서트'를 진행해온 박경철(의사) 氏의 대표적 멘트인 "88만원 세대에게 미안하다"는 말과 함께 "그의(박경철) 진심어린 사과에서 우리는 21세기 대한민국의 새로운 희망을 발견한다"면서 끝을 맺었다.

利敵단체 범민련남측본부 사무처장 출신의 閔씨는 국보법을 두 차례 위반해 실형을 받았던 인물이다. 그는 1997년 3월부터 범민련남측본부의 사무처장으로 활동하며, 같은 해 6월 국보법 위반 혐의로 구속되어 3년6개월 刑을 선고 받았다. 그러다 김대중 집권 시절인 1999년 8월 광복절 특사로 출소했다.

閔씨는 출소 이후 범민련 남측본부의 사무처장으로 복직했고, 2002년

3월부터 '통일연대' 사무처장으로 활동하다가 국보법 위반 혐의로 다시금 구속되어 2005년 5월 징역 3년6개월에 자격정지 3년을 선고받았다.

閔씨, 對南공작원 朴勇으로부터 지령 받아 활동

閔씨에게 적용된 법조문은 국보법상 간첩 · 회합통신 · 자진지원 · 금품수수 · 찬양고무죄였다. 대법원이 확정한 閔씨의 간첩활동은 反국가단체인 조총련의 對南(대남)공작원 朴勇(박용 · 조총련 중앙본부 정치국 부장)의 지령과 활동자금을 받아 국가기밀을 탐지, 수집, 전달했다는 것이다. 1심 재판부는 "閔씨가 그 전에도 박용에게 국가기밀을 누설하여 유죄판결을 받았으므로 朴이 對南공작원이란 사실을 몰랐을 리 없다"는 취지의 판단을 했다.

朴勇은 2000년 9월9일~2002년 12월30일 기간 동안 총 17회에 걸쳐 閔씨가 사무처장으로 있던 범민련 남측본부의 재정고문 李 모 씨의 하나은행 계좌로 총 3300만원을 송금했다.

朴勇은 당시 국내 親北(친북)단체의 활동상황 및 정치정세와 관련된 국가 기밀을 수집 보고할 것을 지령한 것으로 알려졌다. 閔씨는 그러나 2005년 8월 광복절 특사로 다시금 풀려났다. 노무현 정권이 閔씨에게 '刑(형) 집행 면제 특별 사면 및 복권'까지 해준 것이다.

閔씨는 출소 후 활발한 저술 및 강연 활동을 벌이고 있다. 그는 2010년 출간한 《한국경제와 진보운동》에서 "2012년 대선에서 진보적 정권교체를 실현하려면 1997년 IMF 이후 한국경제의 변화를 주목해야 한다"면서 고용, 부동산, 교육을 의제로 삼을 것을 촉구했다.

그는 이어 "2012년 총선과 대선에서 진보진영이 획득해야 할 과제는

'보수-중도-진보'의 정치지형을 형성할 수 있어야 한다"면서 "이 같은 3자 구도에 기초하여 진보정당은 민주당과의 야권연대를 통해 진보적 연립정부의 수립을 목표로 해야 한다"고 주장했다.

閔庚宇 스스로 밝힌 "내가 간첩이 된 이유"

閔씨는 2004년 7월7일 인터넷 매체 〈민중의 소리〉 기고문(제목: 나는 간첩인가?)에서 "40살이 된 지금까지 마르크스주의나 연방제, 주한미군 철수 등의 사상과 노선을 갖고 있는 것이 내가 간첩이 된 이유일까?"라며 "나는 그렇다고 생각한다"고 밝혔다.

그는 "고3 때부터 무작정 마르크스(Marx)에 대해 알고 싶었다. 1984년에 대학에 입학해 당시의 학생들처럼 전두환 정권에 반대하는 데모에 참가했다"면서 다음과 같이 말했다.

〈여러 차례 연행되었다가 훈방되고 실제 구속되어 형을 살기도 했다. 1986년 무렵부터 학생운동권에는 반미와 통일문제가 급부상했다. 1980년 광주학살에 미국이 직간접적으로 개입한 증거는 비교적 뚜렷했다. 그 시간 이후로 나는 반미주의자가 되었다. 비슷한 시기부터 나는 북의 주체사상이나 통일정책 등에 관심을 갖기 시작했다. 철학적 소양이 부족해서 주체사상에 대해서는 무어라 말할 처지가 못 되지만 공안기관은 나를 골수 주사파쯤으로 분류할 것이다. 나는 북의 통일정책을 상당부분 지지한다〉

그는 이어 자신이 몸담았던 利敵단체 범민련에 대해 "조국통일에 뜻이 있으면 남북해외 민족 구성원 모두에게 문호를 열어놓고 있다"면서 "범민련이 북의 조종을 받는 단체라고 규정하지만 통일운동의 입장에서 북한 동포와 대화-접촉하는 것은 당연했다"고 주장했다.

그러면서 그는 "묘한 것은 북에서 남파된 오리지널 간첩은 몇 명 없거나 아예 감옥에 오지 않는다"면서 "1990년대 후반 발생한 간첩 사건의 대부분은 나처럼 북한과 적당히 연관된 '사이비 간첩'"이라고 덧붙였다.

〈나는 일본의 범민련 조직을 통해 범민련 북측조직과 200번 쯤 전화-팩스-이메일로 연락을 주고받았다. 그리고 그 과정에서 농민, 노동자, 재야 운동가들이 북을 방문하고 북의 동포들이 남을 방문했다. 그러나 정작 나는 한 번도 북에 가보지 못했고 북한 사람을 만나본 일도 없다. (중략) 나는 2003.12.1 또다시 연행되어 2004.5.24 1심 재판에서 간첩이라고 판결 받았다. 2심, 대법원에서도 다르지 않을 것이다〉

閔씨는 "우리(범민련)는 서울시내에 사무실을 두고 공개적으로 북과 접촉하고 협력하고자 했다"면서 "무엇이 잘못되었는가? (중략) 어제 만남이 함께 공을 차는 것이었다면 오늘은 일본의 역사왜곡을 규탄하고 내일은 미국의 만행에 대해 함께 목소리를 합치기를 바란다"고 말했다. 그는 기고문 마지막에 "나는 민족의 자주를 위해 함께 싸우고 싶다"고 밝힌 뒤, "아마도 이게 내가 간첩이 된 핵심적인 이유일 것"이라고 말했다.

● "나는 북의 통일정책을 상당부분 지지한다. 주한미군 철수나 연방제 통일방안은 88년 이후 지금까지 내가 통일운동을 하면서 유지해온 기본노선이다. 40살이 된 지금까지 마르크스주의나 연방제, 주한미군 철수 등의 사상과 노선을 갖고 있는 것이 내가 간첩이 된 이유일까? 나는 그렇다고 생각한다." (2004년 7월7일, '옥중기고, 나는 간첩인가?'에서. 출처: 민중의 소리)

● "나는 70년대 중·고등학교 시절만 해도 조총련하면 무슨 대남 공작기관인 줄 알았다. 조총련 홈페이지에 들어가 보라. 거기에는 김일성 주석의 논문도 실려 있지만 직장 알선, 취미 생활, 결혼 중매 등 재일동포들의 소소한 일상사와 관련된 기사도 많이 있다. 감동적인 것은 조총련계 학교 여학생들의 수기 같은 것이다. 90년대 후반 일본에서 우경화 바람이 불면서 치마저고리를 입고 다니는 여중생, 여고생들을 일본의 우익 깡패 들이 거리에서 린치를 하곤 한다. 그런데 10대의 여자아이들이 '조선의 넋과 혼'이 실린 치마저고리를 그냥 입겠단다. 2002년인가 총련 학생들이 서울에서 비슷한 내용의 공연을 한 적이 있다. 공연을 보면서 나는 정말 많이 울었다. 예쁘지 않은가? 15살이나 되었을 까만 눈의 여자아이가 검고 흰 치마저고리를 입고 기타를 친다. 미숙한 우리말로 '조선의 넋과 혼', '민족의 얼과 숨결' 을 말한다. 사랑스럽지 않은가? 나는 그때부터 조총련을 진심으로 사랑하게 되었다." (2004년 7월24일, '국가보안법이 일으키는 착시현상'. 출처: 민중의 소리)

● "당신(재판관)들은 판결을 통해 국가정보원 지하 밀실에서 자행된 고문과 공안검찰의 시대착오적인 수사에 합법성을 부여해 주었다. 당신들이 법조인으로서의 소신과 양심에 기초하여 판결했다면 국가보안법은 이미 오래

전에 사라졌거나 설사 현재 존재하더라도 존폐 논란에 휩싸이지는 않았을 것이다. 국가보안법은 조만간 사라질 것이다. 설사 법률로 잔존하더라도 이미 존립 근거는 사라졌다. 국가보안법의 소멸은 도도히 흐르는 민족 대단결 운동의 승리를 예고하고 있다. 역사의 퇴물로 사라질 국가보안법에 대한 고법 8부의 입장을 지켜볼 것이다."(2004년 8월26일, 항소심 3차 공판 최후변론문. 서울 고등법원 309호)

● "필자가 보기에 북의 정치체제를 비판하는 견해는 대체로 다음과 같다. 서구 민주주의의 잣대를 가지고 주로 혁명적 수령관, 일당체제를 비판하고 그러한 정치체제가 기형적이고 전근대적이며 비합리적인 특성과 연관되어 있다고 보는 것이다. 하나하나를 떼어놓고 보면 크게 틀린 말은 아닐 듯하다. 사회주의를 유지하고 있는 것, 고도의 군사체제, 세계화된 주류 질서와 대립하는 민족적 요소의 강조 등이 그러하다. 전근대적 전통의 강한 온존 문제는 그러한 각각의 요소를 하나로 통합해내는 역동성이다. 반제라는 목표 하에 여러 가지 요소를 통합해낼 수 있었던 역사적 실체가 민족과 민족주의이고 그것을 실현한 것은 북의 강점이지 약점이 아니다."(2005년 6월13일, '민족에 대하여(3)'에서. 출처: 통일뉴스)

● "자주통일운동에 대해 말하자면 주한미군 철수 따위와 같은 과격한 구호, 통일선봉대와 같은 무리한 투쟁 형식을 지양해야 한다. 구호와 의제는 10·4선언 옹호와 같은 대중적인 의제를 들고 가능한 많은 대학생들이 참가하는 형식의 군중적인 운동으로 진행해야 한다. 함께 고민했으면 하는 것은 향후 정세 발전의 추이를 볼 때 군복무 단축과 같은 혁신적이고, 대담한 구호를 걸고 큰 규모의 대중운동을 기획할 필요가 있다."(2008년 3월9일, '대학생 운동에 대한 제언'에서. 출처: 통일뉴스)

CHAPTER

1

安保 백지, 혹은 白痴?

안철수 씨는 對談集(대담집)을 내기 전까지는
안보 문제에 대하여는 거의 발언한 적이 없다.
23개 키워드로 검색을 했더니 천안함 폭침, 北核 문제, 북한 인권 문제,
從北 세력 등에 대한 언급이 한 번도 없었다.

1

安保 백지, 혹은 白痴?

安保문제에 대한 언급 全無

안철수 씨는 사회, 경제, 행정, 문화 등에 대해서는 많은 이야기를 하는데, 2012년 7월 대담집 《안철수의 생각》의 발간 이전까지 韓美(한미)동맹, 北核(북핵)문제, 천안함 폭침 등 첨예한 안보 外交(외교) 사안에 대해 자신의 의사를 밝힌 적이 없다. 몰라서 그런 것인지 관심이 없는 것인지, 이는 적어도 休戰(휴전)상태의 한국에서 公職者(공직자)로 살아가는 자세가 아니다.

安씨는 그러나 북한과 인연이 있다. 그는 2000년 5월4일 김대중-김정일 회담(남북정상회담) 개최 사실이 발표된 직후부터 국산 컴퓨터 바이러스 백신을 무료로 북한에 기증하는 사업을 추진했었다. 2000년 5월4일자 〈오마이뉴스〉 보도에 따르면 당시 북한은 안철수연구소가 제공하는 백신 제품을 받겠다는 의사를 간접적으로 전달했던 것으로 알려졌다. 당시 安씨는 "컴퓨터 바이러스로 인한 피해를 방지함으로써 북한의 정보화 수준을 한 단계 높일 수 있다는 생각으로 인도적 차원에서 백신 제품 기증을 추진하게 됐다"고 밝혔다.

안철수연구소는 1999년에도 북한에 백신제품의 무료 공급을 시도했다. 당시 〈오마이뉴스〉는 "개별 벤처업체의 입장에서 볼 때 행정절차가 지나치게 복잡하고 시간도 너무 걸려 결국 포기한 바 있다"고 전했다.

이후 바이러스 백신이 실제로 북한에 공급됐는지 여부에 대한 후속 보도는 없었다. 만에 하나 공급됐다면 안철수연구소가 기증한 백신제품은 安씨의 말대로 '북한의 정보화 수준'을 한 단계 높였을 것만은 분명하다. 그로부터 9년 후, 북한의 소행으로 지목된 디도스(DDoS) 공격이 한창이던 2009년에 안철수연구소마저 공격을 받은 바 있기 때문이다.

북한의 IT기술은 해킹-보안과 같은 특정 분야의 경우 체제 차원의 집중적인 투자가 이뤄지기 때문에 상당한 수준의 기술을 확보하고 있다. 국군기무사령부에 따르면, 북한은 5년제 군사정보대학인 김일군사대학 졸업생 가운데 1년에 100여 명의 秀才(수재)들을 골라 컴퓨터 관련 교과목을 집중 교육시킨 뒤 전원 인민무력부 정찰국 예하 해킹부대 군관(장교)으로 임명하고 있다.

분단국이나 분쟁국가에선 安씨와 같은 安保(안보) 문외한은 공직 취임 자체가 불가능할 수도 있다. 미국에서는 과거 徵集(징집)을 반대하는 선동도 치안법 위반으로 처벌을 받으며, 고위 공직에 임명될 인물의 경우 백악관 인사책임자와 면담을 거쳐야 한다.

면담을 무사히 통과하면 60쪽이 넘는 개인정보 진술서를 작성·제출해야 한다. 학창시절을 증언해줄 高校(고교) 친구들의 이름과 연락처, 그

동안 살아온 모든 주소, 지난 15년간 다녀온 해외여행 행선지와 목적도 기술한다. 공산당 활동 및 가입을 했는지의 여부, 좌익 시민단체 및 백인우월주의단체 등의 문제서클에 가입하거나 마약에 손대지 않았음을 증언해 줄 주변 인물이 있어야 한다. 심지어 마당 잔디 손질을 정원관리 회사에 맡기는지의 여부까지 밝혀야 한다. 그 후에는 기나긴 실사 과정을 견뎌야 한다. 이를 토대로 연방수사국(FBI)과 국세청(IRS), 공직자윤리국(Office of Government Ethics) 등이 2~8주에 걸쳐 시골마을이나 이혼한 배우자까지 찾아다니며 샅샅이 조사를 한다.

현재 安씨는 컴퓨터 바이러스 백신 전문가라는 것 말고는 검증된 것이 별로 없다.

키워드 검색 해보니, 白紙(백지)인가 白痴(백치)인가?

안철수 씨는 安保현안과 韓美 FTA 등 국가 주요 현안에 대해 자신의 견해를 表明(표명)하지 않은 것으로 나타났다. 이 같은 결과는 23개의 키워드(유사단어 포함)를 지정해 인터넷 검색엔진 구글(Google)에서 安씨 관련 언론보도와 인터뷰를 검색하여 확인한 것이다.(오른쪽 표 참조, 2011년 11월17일 기준)

분석 결과 安씨는 '천안함 폭침', '연평도 포격', '北核' 등 북한 정권의 만행을 비판한 적이 없었다. 大權(대권)후보 물망에 오르는 현재까지도 북한과 관련된 입장을 밝히지 않고 있다. 左派(좌파)세력이 주도한 '광우병 亂動(난동)', '용산 放火(방화)사건'에 대해서도 자신의 견해를 드러내지 않았고, '전교조'의 左편향성도 지적한 적이 없었다. 좌파세력이 반대하는 韓美 FTA에 대해서도 공식입장을 내놓지 않고 있었다.

	구글 검색 키워드 (괄호는 유사단어)	대략적인 검색건수	안철수 씨 언급 有無
1	천안함 爆沈 (천안함)	11,400,000	無
2	연평도 포격 (연평도)	6,320,000	無
3	용산 放火 사건 (용산 사태, 용산)	10,460,000	無
4	광우병 亂動 (광우병, 광우병 촛불)	5,280,000	無
5	韓美 FTA (FTA)	26,100,000	無
6	전국교직원노동조합(전교조)	6,250,000	無
7	從北(종북)세력 (종북)	3,990,000	無
8	反共(반공)	746,000	無
9	左右이념	929,000	1회 언급
10	北核(북핵) (북한 핵, 핵무기)	3,279,000	無
11	김일성 (김정일, 김정은, 3代 세습)	26,796,000	無
12	공산주의 (공산당)	9,830,000	無
13	북한인권 (정치범 수용소)	1,349,000	無
14	대한민국 건국 (건국)	2,913,000	無
15	자유민주주의	1,580,000	無
16	6·25 전쟁 (6·25, 6·25남침전쟁, 한국전쟁)★	5,053,000	無
17	5·16 혁명 (5·16, 5·16 군사 쿠데타, 5·16군사혁명)	4,157,100	無
18	이승만	2,280,000	無
19	박정희	8,490,000	無
20	전두환	3,080,000	無
21	복지 포퓰리즘	707,000	無
22	대한민국 헌법 (헌법)	5,590,000	無
23	88 서울올림픽 (서울올림픽)	3,305,000	無

★ 16번 '6·25 전쟁'은 2004년 발간된 安 씨의 著書 《CEO 안철수, 지금 우리에게 필요한 것은(김영사 刊)》227페이지에서 짧게 언급한 것으로 확인됨.

국가 주요 현안 중 23개의 키워드(유사한 단어 포함)를 지정, 인터넷 검색엔진 구글(Google)에서 안철수 씨 관련 보도를 검색한 결과(2011년 11월17일 기준)

북한 정권의 人權(인권)유린을 비판하는 발언도 찾을 수 없었다. 김일성·김정일 父子가 저지른 학살과 대량 餓死(아사), 정치범 수용소에 대한 安씨의 비판도 全無(전무)했다. 대한민국 建國(건국)과 헌법, 최근 논란이 되고 있는 자유민주주의 등 이념에 관한 인식 수준도 드러내지 않았다. 이승만, 박정희, 전두환 대통령의 功過(공과)에 대한 견해도 현재까지 발견된 자료 중에서는 찾을 수 없었다.

안철수 씨는 한반도에서 벌어지고 있는 이념 논쟁에 대해서는 비판적인 견해를 드러냈다. 2011년 8월17일, 安씨는 경남 창원에서 열린 전국순회토크강연 '청춘콘서트'에서 "좌우 이념 구분은 소모적인 것"이라고 주장했다.

安씨는 대기업에 대해서도 편향적인 시각을 드러낸다. 2008년 7월31일 〈프레시안〉과의 인터뷰에서 그는 "신규 창업이 실패하는 결정적인 이유는 다른 곳에 있다"며 대기업과 중소기업의 불공정한 거래 관행을 예로 들었다.

그는 "현재의 거래 관행은 중소기업이 거둔 이익을 대기업이 모두 가져가도록 돼 있다"고 주장했다. 安씨는 2011년 5월9일, 국회 사무처 주최로 헌정기념관에서 열린 '국회 AM아카데미' 강연에서도 "우리나라 중견기업은 0.2%에 불과할 정도로 거의 전멸했다. 대기업에서 약탈 행위하는 것을 정부가 방조했기 때문"이라며 정부와 대기업을 싸잡아 비난했다.

2011년 6월, IBK기업연구원과 〈매일경제신문〉이 발표한 자료에 따르면, 한국의 중견기업(중소기업에서 벗어나 상호출자 제한 기업군에 속하지 않은 기업) 비율은 2009년 기준으로 16.1%였다. 이는 일본(26.8%), 독일(28.9%)의 중견기업 비율에 비교하면 낮은 편이지만 '0.2%'라는 安씨의 주장과는 현저한 차이가 있다.

안철수 씨에 대해 한 現職(현직) 언론인은 "마치 '투명인간' 같다. …차기 대통령 후보로 거론되면서 정작 자신의 국가관과 이념은 표명하지 않고 침묵으로 일관하고 있다. 국가 지도자로서 자격이 있는지 의문이 든다"고 비판했다.

아직 전쟁이 끝나지 않은 나라에 살면서 안보 문제에 무관심한 사람이 정치를 하는 것은 수영할 줄 모르는 사람이 선원이 되겠다는 것과 비슷하다. 公人(공인)은 그가 한 일과 함께 그가 하지 않는 일로 평가된다. 安씨에게 안보 등 時局(시국)문제에 대해 제대로 된 질문을 하지 않은 기자들은 지금 거대한 환상을 만들고 있다.

CHAPTER

교과서에 실린 '검증 안 된' 안철수

도덕성이나 진실성에 의문이 많은 인물을
제대로 검증도 하지 않고 초중고 교과서 11종에 소개하였다.

2

교과서에 실린
'검증 안 된' 안철수

"숲 직원 무상 증여" 주식은 1.5%에 불과

안철수 씨의 1500억 재산 기부 발표(2011년 11월14일) 이후 安씨의 지지율이 한나라당 박근혜 前 대표를 4.9% 포인트 차로 앞선 것으로 나타났다. 여론조사 전문기관 리얼미터의 2011년 11월 셋째 주 정례 여론조사 결과에 따르면 2012년 대통령 선거를 가상한 多者(다자)구도 지지율에서 安씨는 30.9%를 얻어 朴 前 대표(26.0%)를 4.9% 차이로 앞섰다.

安씨의 재산 기부는 대선을 앞두고 격해질 財産(재산) 관련 검증을 피하기 위한 사전 포석의 성격이 짙다. 이는 安씨가 국민적 인기를 끌게 된 사건 중 하나인 '숲 직원 무상 주식 증여' 일화가 사실과 거리가 멀다는 데 기인한다.

'安 직원 무상 주식 증여' 일화는
최고의 시청률을 자랑하는 '무릎팍도사'를 통해
安 국민에게 각인됐다(MBC 무릎팍도사 화면 캡쳐)

安씨가 여론의 집중적 조명을 받게 된 계기는 2009년 6월17일 방영된 개그맨 강호동 씨 진행의 MBC '무릎팍도사' 출연이었다. 당시 安씨는 "직원들에게 같이 키워온 회사니까 무상으로 나눠주는 데 엄명을 내렸다"며 이는 "저 혼자서만 조그만 성공을 이룬 것은 아니다. 거기는 무수한 직원들이 자기 일처럼 열심히 했다"고 말했다. 또 安씨 특유의 겸손한 어투로 "절대로 주위 사람들에게 이야기하지 마라. 언론에 나가면 안 된다고 엄명을 내렸다"고 설명했었다. 다음은 당시 방송 내용이다.

● 강호동: 전 직원들에게 다 무상으로 주식을 주셨더라고요.

● 안철수: 아, 예. 그것도 직원들에게 같이 키워온 회사니까 무상으로 나눠주는데, 엄명을 내렸죠. 절대로 주위 사람들에게 이야기

하지 마라. 언론에 나가면 안 된다. 이건 우리끼리의 문제고 이게 바깥에 나가면 오해도 생길 수 있고, 부작용도 생길 수 있다 그랬었어요. 그랬는데 2주 정도 지나니까 100여 명의 직원이 있으니까 결국은 새나가더라고요. 알게 된 언론사 두 군데서 취재를 하러 오셨는데요. 너무 취재당하기 싫어서… (편집자 注: '취재기자들을 피해 다녔고 얼굴이 안 나오는 조건으로 취재에 응했다'는 긴 설명이 이어짐)

● 강호동: 무상의 가장 큰 의미는 무엇입니까?

● 안철수: 저 혼자서만 조그만 성공을 이룬 것은 아니거든요. 거기에는 무수한 직원들이 자기 일처럼 열심히 했던 한 사람 한 사람의…

● 강호동: 그러니까 (安씨가 2005년) 사표를 내니 직원들이 울죠.

'숲 직원 무상 주식 증여' 일화는 최고의 시청률을 자랑하는 '무릎팍도사'를 통해 숲 국민에게 각인됐다. 安씨가 최고의 성공은 물론 약자에 대한 배려에도 앞장 선 '겸손한 영웅'으로 부상하는 순간이었다. 이후 안철수의 삶은 달라졌다. 같은 해인 2009년 10월 이화여대를 시작으로 '희망콘서트'를 벌이면서 본격적인 사회 참여를 시작한다. 2011년 9월6일 〈서울신문〉에 실린 안철수의 한 知人(지인) 인터뷰 내용은 이렇다.

〈카이스트에서 수업을 들은 또 다른 인사는 안 교수가 '무릎팍도사'에 출현한 뒤 "학생 50명을 상대로 내 생각을 전파하는 데 많은 한계를 느꼈는데, TV에 한 번 나가니 엄청난 반향이 일었다"고 말했다고 했다. 아마 이 때부터 안 원장은 '청춘콘서트'와 같은 새로운 방식의 소통을 고민했을 것이라고 이 인사는 예상했다〉

어디까지가 진실인가

安씨는 50명을 상대로 생각을 전하는 것도 어려운 수줍은 사람이었지만 '全 직원 무상 주식 증여'와 같은 선한 이미지 연출은 그를 국민적 멘토로 부각시켰다. 그러나 과연 어디까지가 진실이었을까?

2011년 10월24일 무소속 강용석 의원은 국회 지식경제위 전체회의에서 TV 방송까지 다시 틀어가며 安씨의 '全 직원 무상 주식 증여'의 실체를 밝혔다. 강 의원은 "安씨가 모든 주식을 직원들에게 나눠준 것처럼 말했지만 실제 2000년 10월13일 직원 125명에게 각각 650주씩 총 8만 주를 전환사채로 증여한 것이 전부"라며 "이는 안철수연구소의 발행주식 560만 주의 1.5%에 해당하는 미미한 액수"라고 말했다.

〈국민일보〉 기사(2000년 11월6일자)를 일부 인용하면 이러하다.

〈벤처기업 경영자(CEO)가 직원들에게 자신의 주식을 나눠주는 현상이 부쩍 늘고 있다. 그 동안 우수인력을 영입하기 위해 회사주식을 스톡옵션으로 주는 형태가 주종을 이뤘지만 벤처업계에 찬바람이 불면서 직원들의 이탈을 막기 위해 사장이 자신의 주식을 기꺼이 내놓고 있다. 안철수연구소의 안철수 사장은 최근 자신이 보유한 주식 8만주를 직원들에게 무상으로 나눠줬다. 이 회사는 당초 내년 초 상장할 때 공모주 청약을 받으면서 우리사주를 배정할 계획이었으나 안 사장은 돌연 상장시기를 늦추면서까지 직원들에게 자신의 주식을 나눠준 것… (하략)〉

'벤처, 직원에 주식배정 확산… 이탈 막기 고육책'이라는 제목의 이 기

사는 안철수 연구소의 8만주 무상 증여 소식과 함께 무역 사이트인 티
페이지 심은섭 사장의 회사주식 10만주 직원 증여, 인터넷 솔루션업체
인 인디시스템 김창곤 사장의 회사주식 30만주 직원 증여, 리눅스업체
아델리눅스의 스톡옵션 및 우리사주 배정 등을 소개했다.

기사는 이러한 현상의 원인에 대하여 "벤처직원들의 대기업행이 확산
되면서 이미 코스닥에 등록한 기업도 이러한 분위기에 가세하고 있다"
고 분석한 뒤 "현금이 넉넉하지 못한 벤처기업이 직원들의 이탈을 막기
위해서는 역시 주식밖에 없다. 벤처업계가 어려워질수록 이러한 현상이
더욱 확산될 것"이라는 업계 관계자들의 말을 전했다. '임직원들에게 감
사하는 뜻'에서였다는 2009년 安씨의 주장과 달리, '직원 이탈'을 막기
위한 업계의 관행이라는 내용이었다.

1.5% 주식 증여 → "전 직원에게 무상으로 주식을 나눠줬다"는 요지
의 '무릎팍도사'에서의 선전 → 국민적 멘토 浮上(부상)으로 이어진 알고
리즘은 安씨가 대선에 나설 경우 터질 수밖에 없는 시한폭탄, 신기루 같
은 것이었다. 공교롭게도 安씨는 1500억 재산 기부 발표로 이 모든 검
증을 피해갈 여력이 생겼다.

교과서 11종에 실린 '검증 안 된 인물' 안철수

2011년 현재 사용되고 있는 초 · 중 · 고 교과서 중 안철수 씨가 11종
의 교과서에 등장하고 있는 것으로 파악됐다.

강용석 前 의원은 2011년 11월16일 보도자료를 통해, 교육과학기술부
및 한국검정교과서협회로부터 초 · 중 · 고 검정교과서 내에 수록된 안철
수 씨 관련 자료를 확보해 검토한 결과, 초등학교 교과서 1종, 중학교 교

과서 6종, 고등학교 교과서 4종 등 총 11종에 안 씨 관련 내용이 기술되어 있다고 밝혔다.

교과서 속 安씨는 주로 학생들의 진로 선택과 관련, 긍정적인 역할 모델로 제시되고 있었다.

《초등 도덕 3-2》(지학사)에는 1단원 '소중한 나'의 '지혜의 샘터- 내 꿈에 도전하라'(19페이지) 코너에 등장한다. '안철수'라는 이름은 등장하지 않으나 '나는 의사이면서 우리나라에서 꼭 필요한 컴퓨터 바이러스 치료 백신도 개발한 사람입니다'라고 소개한다.

중학교 교과서의 경우, 《생활국어 1-1》(천재교육), 《생활국어 1-1》(미래엔), 《국어 2-1》(금성출판사), 《국어 2-1》(좋은 책 신사고), 《도덕 2》(천재교육), 《진로와 직업》(두산동아)에 수록되어 있다.

이 중 《국어 2-1》(좋은 책 신사고), 《국어 2-1》(금성출판사), 《진로와 직업》(두산동아)에는 安씨의 자서전 내용이 그대로 인용되어 소개된 것으로 나타났다. 《국어 2-1》(좋은 책 신사고)에서는 안 씨의 자서전 내용이 '노력으로 성장하는 삶'이라는 제목으로 소개됐다. 내용을 읽고 학생들로 하여금 기업인으로서의 태도, 삶의 방향을 바꾼 이유, 평소 생활신조 등 安씨의 삶의 자세를 정리하도록 했다.

9페이지에 걸쳐 자세히 소개

고등학교 교과서에는 《국어 上》(디딤돌), 《국어 下》(금성출판사), 《컴퓨터 일반》(씨마스), 《기술가정》(교학사)에 안철수 씨가 등장한다.

2011년 개정된 고등학교 《국어 上》(디딤돌)의 경우, 2단원 '우리가 만난 사람들'에 안철수 씨의 측근으로 잘 알려진 의사 박경철 씨와의 인터뷰

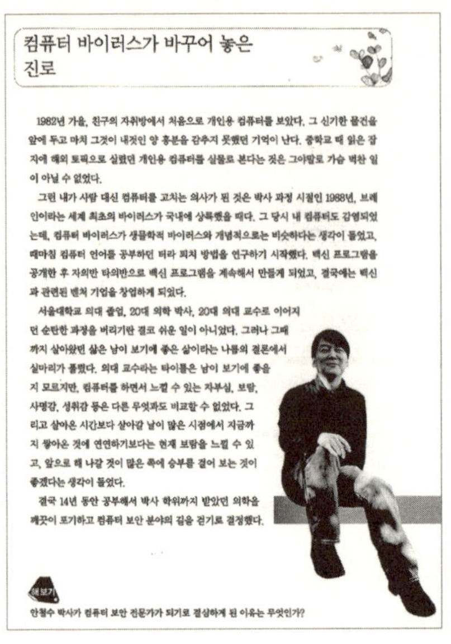

컴퓨터 바이러스가 바꾸어 놓은 진로

1982년 가을, 친구의 자취방에서 처음으로 개인용 컴퓨터를 보았다. 그 신기한 물건을 앞에 두고 마치 그것이 내것인 양 흥분을 감추지 못했던 기억이 난다. 중학교 때 읽은 잡지에 해외 토픽으로 실렸던 개인용 컴퓨터를 실물로 본다는 것은 그야말로 가슴 벅찬 일이 아닐 수 없었다.

그런 내가 사람 대신 컴퓨터를 고치는 의사가 된 것은 박사 과정 시절인 1988년, 브레인이라는 세계 최초의 바이러스가 국내에 상륙했을 때다. 그 당시 내 컴퓨터도 감염되었는데, 컴퓨터 바이러스가 생물학적 바이러스와 개념적으로는 비슷하다는 생각이 들었고, 때마침 컴퓨터 언어를 공부하던 터라 퇴치 방법을 연구하기 시작했다. 백신 프로그램을 공개한 후 자의반 타의반으로 백신 프로그램을 계속해서 만들게 되었고, 결국에는 백신과 관련된 벤처 기업을 창업하게 되었다.

서울대학교 의대 졸업, 20대 의학 박사, 20대 의대 교수로 이어지던 순탄한 과정을 버리기란 결코 쉬운 일이 아니었다. 그러나 그때까지 살아왔던 삶은 남이 보기에 좋은 삶이라는 나름의 결론에서 실마리가 풀렸다. 의대 교수라는 타이틀은 남이 보기에 좋을지 모르지만, 컴퓨터를 하면서 느낄 수 있는 자부심, 보람, 사명감, 성취감 등은 다른 무엇과도 비교할 수 없었다. 그리고 살아온 시간보다 살아갈 날이 많은 시점에서 지금까지 쌓아온 것에 연연하기보다는 현재 보람을 느낄 수 있고, 앞으로 해 나갈 것이 많은 쪽에 승부를 걸어 보는 것이 좋겠다는 생각이 들었다.

결국 14년 동안 공부해서 박사 학위까지 받았던 의학을 깨끗이 포기하고 컴퓨터 보안 분야의 길을 걷기로 결정했다.

해 보기

안철수 박사가 컴퓨터 보안 전문가가 되기로 결심하게 된 이유는 무엇인가?

중학교 《진로와 직업》
(두산동아 刊) 157페이지

(2009년 2월20일자 〈중앙일보〉)가 9페이지에 걸쳐 자세히 실려 있다. 2단원의 단원학습 목표는 면담기사와 전기문의 특성을 이해해 타인을 소개하거나 자신에 대한 소개 글을 쓰는 것이었다. 다음은 '늘 새로운 일을 꿈꾸는 사람'이라는 제목으로 실린 글의 일부이다.

● 안철수: …저는 아직 성공과 실패를 판정할 수가 없어요.

● 박경철: 그것은 지나친 겸손인 것 같은데요. 이미 '안철수'는 한국 사회의 성공 기호가 아닙니까?

● 안철수: 외부적 성공이 개인의 성공은 아니죠. 남들이 성공과 실패를 평가해도 스스로는 반대로 생각할 수도 있잖아요… (중략)

● 박경철: …안철수 박사는 딱, 느낌 그대로였다. '정돈되고 정갈하며, 투명한 사람'. 사실 이 때문에 그의 인간성에 대해 더 자세히

늘 새로운 일을 꿈꾸는 사람

백경철

한 사람의 성공은 사회가 그에게 준 기회와 가치 덕분

나는 차이와 흔적을 만들고 싶어 하는 사람…… 다른 사람과의 비교는 중요하지 않다.

:: 자료 검색

• 백경철(1965 ~) 의사, 경제 칼럼니스트. 증권 분야의 전문가이며, 언론인으로도 활동하고 있다. '시골 의사의 부자 경제학' 등의 책이 있다.
• 안철수(1962 ~) 의사. 벤처 기업인. 인터넷 보안 전문가이며, 현재 한국 과학 기술원(KAIST) 석좌 교수로 있다. '지금 우리에게 필요한 것은' 등의 책이 있다.

안철수 박사는 모든 언론사에서 인터뷰 후보 1위로 꼽는 사람이다. 하지만 나의 인터뷰 순위에서는 늘 뒤로 밀려났다. 그의 이야기가 가치가 없어서가 아니라, 도리어 너무 잘 알려져 있는 사람이라는 이유에서다. 인터넷 검색창에 '안철수'를 쳐 보면 그를 인터뷰한 기사가 넘쳐 난다. 더구나 10년 이상 수많은 인터뷰를 해 왔음에도 그의 말은 늘 수미일관(首尾一貫)하다. 그러니 질문자의 입장에서는 그를 만나서 물어볼 새로운 거리를 찾는 일이 쉽지 않다. 이를테면 그는 전투에 임하기도 전에 상대의 힘을 빼 버리는 장수인 셈이다.

안철수 박사, 안철수 사장, 안철수 교수, 그리고……

안철수 박사를 만난 곳은 대전에 있는 그의 연구실이었다. 수인사(修人事)를 나누자마자 그가 먼저 말했다. "요즘은 참 질문이 중요한 시대인 것 같아요. 제가 한 번도 생각하지 못했던 것을 누군가가 물어 주면, 대답을 하면서 스스로 생각들이 정리가 되죠. 좋은 질문이 얼마나 어려운지 사람들이 잘 모르는 것 같아요. 21세기 융합의 시대에는 좋은 질문의

고등학교 《국어 上》
(디딤돌 刊) 64페이지

알고 싶었지만 인터뷰의 성격상 건조하고 딱딱한 내용으로 대화가 진행된 점이 유감스러울 따름이었다… (하략)

고등학교 《국어 下》(금성출판사)의 5단원 '면담 기사와 전기문'에서는 사실 여부가 불분명한 이야기가 등장한다. MBC '무릎팍도사'를 인용한 것으로 보이는 안철수 씨의 군 입대 당일 이야기가 '대단원 준비학습'에 짧은 만화로 구성되어 실려 있다. 군입대 당일까지 바이러스 백신을 개발해 전송하자마자 입영열차를 탔고, 내무반에 들어가고 나서야 가족들에게 연락 안 한 걸 깨달아 중대장에게 사정해 전화를 걸었다는 내용이었다.

그러나 安씨의 아내인 김미경 씨가 〈조선일보〉(2011년 8월20일자)와 인터뷰한 내용은 이와 다르다. 김 씨는 인터뷰에서 "군대 가는 날 아침까지 백신 프로그램 업데이트하더니 허둥지둥 지하철 타고 서울역으로

고등학교 《국어 下》
(금성출판사 刊) 159페이지

달려가더라. 기차 태워 보내고 혼자 돌아오는데 무지 섭섭했다"고 회상했다.

고등학교 《기술가정》(교학사)에서는 安씨와 관련, '안정적인 의사라는 직업 대신 소프트웨어 개발자와 기업인의 길을 선택했고, 회사가 어려웠던 시절 외국 기업에서 1000만 달러에 회사를 매각하라는 제의를 받았지만 비싼 외국 백신 프로그램이 한국 시장을 장악하는 것을 우려해 거절했다'는 내용을 소개하고, '바람직한 직업윤리에 대해 생각해보자'는 과제를 학생들에게 제시했다.

특정인 美化

무소속의 강용석 前 의원은 "가치관이 형성 중인 과정에 있는 초·

중학교 《도덕 2》
(천재교육 刊) 74페이지

중·고등학생들이 매일 보는 교과서에 역사적 검증이 끝나지 않은 생존 인물이 이렇게 많이 실려 있다는 것은 분명한 잘못"이라고 비판했다.

특히 "자신을 주관적으로 기술할 수밖에 없는 자서전의 내용이 아무런 여과 없이 교과서에 그대로 인용된다는 것은 자칫 특정인에 대한 美化(미화)가 이루어질 수 있다"고 지적했다.

더욱이 "현재 정치계로의 입문 시기를 이리저리 재고 있는 안 교수"이기 때문에 그에 대한 객관적인 검증 결과가 마무리되기 전까지는 학생들에게 유형·무형으로 미칠 수 있는 영향들을 고려해야 한다는 입장이다.

강 前 의원은 "11권의 교과서에 수록된 안 교수 관련 내용들은 검정위원회의 수시 검정에 의해 잠정적으로 삭제되는 것이 마땅하다"고 주장했다. 현재 교과서 내용의 개정을 위한 논의는 한참 기다려야 한다. 초등학교 1·2학년과 중학교는 2012년 8월, 초등학교 3·4학년과 고등학교는 2013년 8월, 초등학교 5·6학년은 2014년 8월이 되어야 정기 검정위원회에서 논의가 가능하다.

교과부 관계자는 "이들 교과서의 사용에는 문제가 없다. 또 향후 새로 제작되는 교과서에 안 씨 관련 내용이 수록되는 것은 출판사와 집필진이 자율적으로 판단할 문제"라고 밝혔다. "다만 안 씨가 대선 출마를 공식화한다면 교과서 수록의 적절성 여부에 대해 선관위 등에서 향후 검토가 이뤄지지 않겠느냐"는 판단이다.

실제로 살펴본 교과서에는 안철수 씨 외에 만화가 김수정 씨, 가수 김장훈 씨, 산악인 엄홍길 씨, 여행가 한비야 씨 등 다수의 '생존인물'이 등장했다. 그러나 '정치인이 될 수도 있는' 안철수 씨의 등장, 그것도 교과서 11권에서 다수의 등장은 엄연히 그 의미가 다르다. 이러한 교과서가 미래의 유권자들에게 영향을 미칠 수 있다는 생각은 杞憂(기우)인가.

CHAPTER 3

안철수는 과연 '세계적 석학'인가?

안철수는 '세계적인 석학 안철수 교수'라는 수식어를 써왔다.

그러나 그가 쓴 논문은 대학원 석·박사 및 군의관 시절에 쓴 논문 다섯 편뿐이다.

서울대의 안철수 임용 기준은 '大衆的 인지도'인가?

3

안철수는 과연
'세계적 석학'인가?

프로필에서 사라진 세 편의 논문

안철수 씨는 그의 멘토로 알려진 박경철 씨와 강연을 다니면서 현수막에 줄곧 '세계적인 석학 안철수 교수'라는 수식어를 써왔다. '碩學(석학)'의 사전적 의미는 '학식이 많고 학문이 깊음, 또는 그런 사람'이다. 安씨의 학문적 성과와 연구업적을 검증하기 위해 그의 이름으로 작성된 논문의 게재 건수와 내용을 확인한 결과, 安씨가 쓴 논문은 지금까지 다섯 편에 불과했다.

安씨는 1986년 서울대 의대를 졸업한 뒤 서울대 대학원에서 석사 학위논문(1988년)으로 '동방 결절 내에서의 흥분 전도에 미치는 Adrenaline, Acetylcholine, Ca++ 및 K+의 영향'을 썼다. 이후 1991년 '토끼 단일 심방근세포에서 Bay K 8644와 Acetylcholine에 의한

Ca^{2+}전류의 조절기전'이라는 논문으로 同대학원에서 박사 학위를 취득했다. 위와 같은 논문은 대학원에서 석·박사 학위를 취득하고, 졸업을 위해 누구나 써야 하는 通過儀禮(통과의례) 과정이다. 또한 특별히 의학계에서 주목을 받은 논문도 아니었다.

安씨는 서울대 융합과학기술대학원(이하 '융대원') 원장으로 부임하면서 대학원 홈페이지 프로필에 총 3편의 논문 제목을 게재했었다. 논문의 제목은 'Relationship of Plasma Potassium and Hydrogen Ion Concentration in Acidosis-Induced Hyperkalemia and Hyperkalemia-induced Acidosis', 'Effect of Cyclic GMP on the Calcium Current in Rabbit Ventricular Myocytes', '의료인의 컴퓨터 활용 범위' 등이었다.

이 중 두 편의 英語 논문에서 安씨는 '공동저자'였다. '의료인의 컴퓨터 활용 범위'라는 제목의 논문의 경우 총 5페이지 분량으로 전문적인 내용이 全無(전무)한 대학생 리포트 수준의 '잡글'에 불과했다. 雪上加霜(설상가상)으로 세 편의 논문은 모두 1993년에 작성됐는데, 이 시기는 安씨가 해군 軍醫官(군의관)으로 활동했던 시기이다. 그는 대학원 석·박사 및 軍醫官 시절에 쓴 논문을 제외하고, 논문다운 논문을 쓴 적이 없다.

그나마 이들 논문과 관련된 내용은 현재 '융대원' 홈페이지 安씨 프로필에서 모두 삭제된 상태다. 현재 그의 프로필은 학력, 경력, 수상경력, 그리고 지금까지 집필해온 책의 제목들로 채워져 있다.

서울대, 교수 채용과정에서 논문 편수 보지 않아

서울대는 당초 安씨를 교수로 채용할 때 '대학(원) 신설 등에 따른 전임교수 특별채용에 관한 지침'에 근거해 '융대원'(초대원장: 최양희) 신설에 따른 채용이라고 했다. 그러나 安씨를 정교수로 임용한 융대원은 2009년 3월에 설립된 기관으로, '대학(원) 신설에 따른 특별채용'이라는 근거는 전혀 맞지 않는다.

문제는 이뿐만이 아니다. 安씨와 같이 학문적 성과와 연구업적이 전혀 없는 인물도 서울대 교수가 될 수 있는 통로를 서울대 스스로 만들어 놓은 것이 됐다. 2010년 4월7일 당시 이장무 서울대 총장은 기자간담회에서 "교수 평가를 質 위주로 가져가겠다. 이는 논문 편수나 단기적 연구성과에 급급하던 데에서 벗어나 세계적 연구성과를 지향하겠다는 것"이라고 밝힌 바 있다. 이를 위해 서울대는 교수업적 평가에서 연구부문 평가요소를 제시했다. 자연계의 경우 "세계적 수준의 대학의 해당 전공 교수진과의 연구업적을 비교하겠다"고 밝혔다. 主(주)저자, 제1저자 등 논문에서의 역할이나 영향력 지수 등을 따져 서울대가 지향하는 소위 '세계 명문 대학'의 해당 전공 교수들과 비교 평가하겠다는 것이었다.

아울러 국제적 학술지 편집위원 등에 참여한 실적이나 국내외 해당 분야 석학 추천서도 평가에 반영된다고 했다. 인문사회계도 국제 저명 학술지에 발표된 논문에 대한 평가 비중을 높이는 등 '質 위주'의 평가방식을 도입한다고 밝혔다. 국내외 저명 학술상 수상자나 연구재단 국가석학 선정자의 경우 더 좋은 평가를 받을 수 있다고 했었다.

당시 〈한국대학신문〉 등 복수의 언론보도에 따르면 李총장은 "교수 개인들이 논문 편수만을 갖고 경쟁하면, 걸작보다는 평작이 많이 발표될 수밖에 없다"면서 "노벨상 수상자들 가운데서도 논문 편수가 많은 학자보다는 단 몇 편의 세계적 영향력을 가진 논문을 낸 학자가 많다"고 지적했다. 李총장은 또 "지금까지 논문의 편수를 늘려 어느 정도 양적 토대를 만들었다면 이제는 연구의 국제화·융합화를 통해 세계적 연구 성과를 내는 데 주력할 것"이라며 "이를 위해 신임교수 채용 시 적용되는 논문 편수기준도 없애기로 했다"고 밝혔다.

임용 기준은 '大衆的 인지도'인가

논문 편수 기준이 없어졌으니 安씨와 같은 인물이 서울대 교수가 되는 것은 가능해졌다. 그렇다면 그가 지금까지 작성한 5편의 논문(이 가운데 한 편은 '잡글')이 質的(질적)으로 우수하고 '세계적 영향력'을 가진 정도의 논문이었는지에 대해서는 분명한 평가가 있어야 한다. 그렇지 않다면 서울대는 안씨의 '學問的(학문적) 기여도'가 아니라 '大衆的(대중적) 인지도'를 보고 교수로 채용했다는 지탄을 받을 수밖에 없다. 교수에 대한 質的 평가는 '강의'와 '연구'이기 때문이다.

서울대를 포함한 國內 대학의 모든 교수들이 安씨와 같은 '폴리페서'의 생활을 하지는 않는다. 서울대 자연대학 김빛내리 교수의 경우 1999년 박사 후 과정 연구원을 거쳐 2010년 중견석좌교수로 임명됐다. '키크는 유전자' 연구의 권위자로 한국에서 노벨상에 가장 근접한 학자라는 평가를 받고 있다. 매년 셀(Cell), 사이언스(Science) 등 세계 최고의 저널에 논문을 발표해 온 그녀는 얼마 전 네이처(Nature)誌에 RNA 관련 논문을 게재하기도 했다.

외국에서 세계적 '碩學(석학)'으로 인정하는 한국인 교수도 있다. 바로 강길선 전북대 교수다. 강 교수는 최근 '세계조직공학재생의학회'로부터 최고 영예인 '펠로(fellow)'에 선임된 인물이다. 세계조직공학재생의학회의 펠로 선임은 1998년 창립 이후 15년 만에 처음이다. 강 교수는 1995

년 美 아이오와대 생체의용공학과에서 박사 학위를 받은 뒤, 바이오 장기-제약 개발 분야를 연구해 왔다. 현재까지 300여 편의 국제과학기술학문색인(SCI) 등재 학술지에 논문을 게재했고 70여 건의 특허를 등록했다. 안철수 씨의 5편의 논문 수와 비교가 되지 않는다.

安씨와 같은 '폴리페서'들이 대학과 정치권에 양다리를 걸치면 그 피해는 학생들이 본다. 우선 대학은 정원 규정 때문에 후임 교수를 채용하지 못하고 강사로 대체하게 된다. 교육의 質이 저하될 수밖에 없다. 폴리페서들은 또 학기 중 강의를 하다 入閣(입각)을 하거나 出馬(출마)를 하기도 한다. '페서(fessor)'는 없고 '폴리(poli)'만 있다는 비판이 나오는 이유다.

서울대 A교수, 안철수 夫婦 채용과정서 '심사위원 사퇴'

서울대가 開校(개교) 이래 처음으로 안철수·김미경 夫婦(부부)를 정교수로 '특별채용'하는 과정에서 한 심사위원이 이에 반발해 사퇴한 사실이 뒤늦게 알려졌다.

2012년 8월29일 〈연합뉴스〉는 2011년 6월 경 안철수 씨와 김미경 의대 교수에 대한 채용 후 '정년 보장' 여부를 심사한 '정년보장교원임용심사위원회'에서 심사위원이었던 A교수가 "두 사람은 자격미달"이라고 반발하며 위원직을 사퇴했다고 보도했다.

A교수는 〈연합뉴스〉와의 통화에서 "특정전공 분야의 인물을 정년보장이 되는 정교수로 뽑으려면 해당분야 논문과 연구 실적이 있어야 한다. 安원장과 金교수는 그게 부족했는데도 정년 보장 결정이 이뤄졌다"고 밝혔다. 그는 이

어 "학문적 이유가 아닌 정치적 이유로 위원회의 독립성이 훼손되는 게 싫었고 요식행위나 다름없는 위원회에 시간을 낭비할 필요가 없다고 생각해 그만뒀다"고 했다. 그러면서 그는 "학문적인 입장에서 판단했다"고 말했다.

2011년 11월 강용석 당시 무소속 의원은 "安교수 부부에 대한 서울대의 특채 승인은 절차와 근거를 무시한 특혜"라며 채용과정상의 의혹을 제기한 바 있다. 이 문제는 그동안 네티즌들 사이에서 甲論乙駁(갑론을박)이 계속되어 왔던 내용으로, 〈조갑제닷컴〉이 2012년 8월24일 安씨 부부의 그동안 강의 기록, 그리고 채용과정에서의 의혹을 재차 취재·보도하면서 다시금 공론화됐다.

서울대의 '정년보장교원임용심사위원회'는 교수의 정년보장을 결정하는 기구로 총장이 임명한 17인 이내의 학내외 인사로 구성된다. 당시 安씨의 정년 보장 결정을 다룬 심사위가 먼저 열렸고, 이어 김미경 씨 등 다른 정년 보장 신청자들을 대상으로 한 심사위가 열렸다. 2012년 8월29일 '조선닷컴' 보도에 따르면 당시 '김 교수의 연구 실적이 정년 보장에 적절한가'를 두고 위원 간 의견 대립이 첨예해 이례적으로 회의를 한 번 더 열었던 것으로 전해졌다고 한다. 여기서 金씨는 근소한 차이로 과반의 표를 얻어 정년 보장을 받게 됐다는 것이다.

당시 심사위원 중 한 명이었던 서울대 관계자는 "(두 사람이 쌓아온) 융합적인 업적을 인정한 것이라 시각에 따라 의견이 다를 수 있지만, (심사 과정에) 부적절한 점은 없었다"고 말했다. 安씨 측은 이 같은 논란에 대해 "서울대 초청으로 교수로 가게 된 것이며, (논란이 있다면) 서울대가 설명할 일"이라며 "安원장과 金교수 모두 학문적 업적 뿐 아니라 다양한 경력과 전문성을 가진 것을 인정받아 채용된 것"이라고 밝혔다.

서울대와 安씨 측의 이 같은 해명에도 불구하고 두 사람의 특별채용이 합리적이었는지에 관해서는 의혹이 남는다. 安씨는 '대학(원) 신설 등에 따른 전임교수 특별채용에 관한 지침'을 근거로 대학원장으로 채용됐지만 융합과학기술대학원은 2008년 10월에 설립승인을 받았고, 2009년 3월에 개원해 최양희(전기컴퓨터공학부) 교수가 초대원장을 맡아왔다. 이 때문에 安씨의 영입을 대학원 신설에 따른 것으로 보기 어렵다는 것이다(〈일요신문〉 2012년 8월8일자 보도 인용).

서울대는 또 김미경 씨의 채용과 관련해 '서울대학교 전임교수 특별채용에 관한 규정' 제2조 2항에 의거, 새로운 학문분야의 연구 및 강의를 담당할 자를 임용하는 경우에 해당한다고 밝힌 바 있다. 金씨는 정년보장 심사에서 '찬성 8명', '반대 6명'으로 정년을 보장받았다.

당시 임용과 정년보장 등과 관련한 '심사위원회 회의록'에는 "생명공학정책이라는 것은 새로운 분야이므로 (김미경 씨의) 독창적 우수성을 판단하기 어렵다", "특채 대상자에 대한 정년보장 심사를 별도로 할 것인지에 대해 논의가 필요하다"는 등의 의견이 있었다.

서울대 융합과학기술대학원 홈페이지에는 安씨가 1986년 서울대 의대를 졸업한 뒤 同대학원에서 석·박사 학위를 받았고, 미국 펜실베이니아 대학교 공과대학 공학석사, 同대학 와튼스쿨 경영학 석사를 받은 것으로 되어 있다. 부인 김미경 씨는 서울대 의대 본과 2학년 때 1년 선배인 安씨를 처음 만난 것으로 알려져 있다. 결혼 후 의사로 15년간 일했다. 2002년 성균관대와 삼성의료원 병리학 부교수직을 그만둔 뒤, 미국 시애틀에 있는 워싱턴주립대 로스쿨에 입학했다. 이후 스탠포드대 法大에 진학, 생명과학과 法문제를 연구했다고 한다. 인터넷 〈쿠키뉴스〉 보도에 따르면 캘리포니아주와 뉴욕주에서 변호사 자격증을 땄고, 2006년에는 스탠포드 의대에서 조교수 겸직 발령도 받았다고 한다. 카이스트(KAIST) 부교수를 거쳐 2011년 서울대 교수로 특채됐다.

CHAPTER

'햇볕'에 취한 안철수의 對北·통일관

安씨는 북한정권을 비판하지 않는다. 최악의 억지는 북한의 핵개발 옹호다.

安씨는 돈으로 평화를 구걸한 결과인 핵개발에 대해

"남한이 돈을 주지 않아도 북한을 핵개발을 했을 것"이라며 대북 퍼주기를 감싼다.

'햇볕'에 취한
안철수의 對北·통일관

"김대중 '햇볕정책' 성과 계승-발전시키겠다"

안철수 씨는 2012년 10월17일 對北정책과 관련, "햇볕정책의 성과
를 계승해 더 발전시키겠다"고 말했다. 安씨는 이날 국회 헌정기념관
대강당에서 열린 김대중기념사업회 주최 '김대중 대통령의 국정철학과
대한민국의 미래 토론회'에 참석, 축사를 통해 "김대중 前 대통령이 남
기신 꿈을 이제 우리들이 실현할 차례다. 제가 앞장서겠다"면서 이같
이 밝혔다.

그는 "(김 前 대통령은) 대통령이 되어서 평생의 신념을 실천하려고 애
썼다"며 "남북대화와 햇볕정책도 마찬가지다. 분단 50년 만에 처음으
로 남북 정상회담을 열고 남북대화의 큰 물꼬를 트셨다"고 말했다. 이어
"그 분(김 前 대통령)이 여신 평화의 길이 중단됐다. 이제 다시 열어가야

한다. 저는 북방경제가 섬처럼 고립된 대한민국이 나아가야 할 길이라고 생각한다”고 자신의 ‘북방경제론’을 소개했다.

安씨는 “김 前 대통령은 12년 전 이미 남북한 철도를 연결하는 ‘철의 실크로드’를 만들자고 말했다. 부산에서, 목포에서 출발한 기차가 러시아를 거쳐 유럽 대륙까지 뻗어가는 꿈을 꾸셨다”고 말했다. 이어 “저를 포함한 우리 시대의 사람들은 그 분(김 前 대통령)에게 빚을 지고 있다”며 “민주주의와 인권이 꽃피는 시기에 저는 제 꿈을 펼칠 수 있었다”고 했다.

그는 “김 前 대통령은 IMF 위기 속에서 IT투자로 새 성장동력을 만들었다. 기초생활보장제도를 다졌고 의약분업으로 누구나 공공의료서비스를 받을 수 있도록 했다”며 “2012년에 (김 前 대통령이 당선됐던) 1997년의 변화가 다시 재현되기를 바란다”고 밝혔다. 安씨는 “그 분의 깊은 신념과 의지, 통찰력에서 배우겠다”며 “역사와 국민만 보고 가겠다. 당당하고 의연하게 대처하고, 당한 만큼 갚아준다는 식으로 저들과 똑같아지지 않겠다”고 다짐했다. 그러면서 “김대중은 용서의 사람이었다. 자신에게 사형 선고를 내리고 납치, 살해하려고 했던 상대까지 용서했다”며 “그 분의 뜻이 지금 이 시대에 필요한 것이 아닌가 생각한다. 대립과 분열의 정치, 증오의 정치를 넘어 국민에게 도움 되는 정치를 할 때”라고 말했다.

‘대북지원 하다보면 北 변할 것’

安씨의 대담집 《안철수의 생각》에서 언급된 대북관은, ‘북한정권은 당분간 무너질 리 없고 무너뜨려서도 안 된다, 대북지원을 하다보면 북한이 점점 변화할 것이다, 인권문제는 대북지원을 하면서 차츰 제기할 필요가 있다'는 것으로 요약된다.

또 安씨는 북한의 핵무기·미사일 개발로 파탄 난 햇볕정책의 復活(부활)과 북한에 우선 필요한 것은 자유 이전에 쌀이라는 信念(신념), 통일은 가야만 할 '사건'이 아니라 돈을 주면 도달할 '과정'이라는 확신을 갖고 있다.

그의 대북관은 전체적으로 안보에 무지하고 인권에 관심이 없으며 통일에 반대한다. 이런 시각을 종북·좌파로 보기는 어려울지 모르지만, 그의 입술엔 거짓과 선동에 넘어간 한국인의 뒤집힌 善惡觀(선악관)이 배어 있다. 가련한 동족을 구하는 북한 해방의 사명, 더 많은 기회를 만들어 낼 자유통일의 비전을 거부한 채 돈으로 평화를 구걸해 남북한 분단을 고착시키려는 利己心(이기심)이 드러난다.

'북한은 무너지지 않는다'는 안철수

安씨는 《안철수의 생각》에서 북한, 정확히 말해 북한정권의 붕괴를 반대한다.

〈이명박 정부가 채찍 위주의 강경책, 기계적 상호주의를 고수한 것은 북한이 곧 무너질 것이라는 붕괴 시나리오에 따른 것으로 보이는데, 그런 시나리오는 설득력이 없다고 봅니다〉

〈북한의 붕괴를 전제한 봉쇄정책은 한반도의 긴장만 고조시키고 평화를 훼손한다고 생각해요〉

〈(질문: 우리 사회의 일부 보수파들이 가정하고 있는 북한 붕괴 시나리오가 현실성이 없다고 보시는 이유는 무엇인가요?) 북한에는 아랍의 봄과 같은 민중봉기가 일어나기 어렵다고 생각하는데요. 인터넷이나 SNS 등의 커뮤니케이션 기반이 되어 있지 않고 주민에 대한 독특한 통제체제가 강력하기 때문입니다. (중략) 지난 1994년의 김일성 사망, 그리고 작년(2011년) 김정일 사망 당시도 우리나라 일부 인사들은 북한의 붕괴를 기대했지만 그런 조짐은 나타나지 않았죠〉

安씨는 소위 보수파들의 북한 붕괴 시나리오를 비판한 뒤 노무현·김대중 정권의 대북정책에 대해 "햇볕정책은 교류협력으로 남북 긴장완화의 성과를 거둔 반면, '퍼주기' 논란 등 남남갈등, 남한 내의 이념 갈등을 유발했다. 투명성이 부족했다는 문제도 있다"며 보수층의 비판적 화살을 피해간다. 그러나 북한정권과 남북대화·경제협력 확대를 일관되게 주장하며 '햇볕정책'의 투명성 부족과 '퍼주기' 강도만 보완 내지 완화하자고 말한다.

安씨가 급변사태로 상징되는 북한정권 붕괴 시나리오를 부정하는 이유는 善惡(선악)에 대한 기준이 무너진 탓으로 보인다. 북한정권이 공개처형·강제송환·영아살해·강제낙태 등 입에 담기 어려운 만행을 저질러 왔고, 수십만 동족을 정치범수용소에서 살해했으며, 배급을 중단해 수백만을 학살하고, 그보다 더 많은 이들을 중국의 떠돌이·부랑자·노예로 전락시킨, 존재해선 안 되는 사악한 체제라는 사실을 받아들이지 않는다.

선과 악이 뒤집혀 버리니 남북대화 중단 책임이 소위 '이명박 정권의 봉쇄정책'에 있다고 말한다. 이것은 사실이 아니다. 남북대화가 중단된 이유는 북한이 禁忌(금기)를 범했기 때문이다. 금강산에서 관광객을 射殺(사살)하고 서해에서 우리 해군 함정을 어뢰로 擊沈(격침)시키는가 하면 백주 대낮에 연평도에 무차별 포격을 감행하는 蠻行(만행)을 저질렀다. 걸핏하면 핵과 미사일 카드를 휘두르며 상대방을 위협, 공갈하는 행위를 끊임없이 반복했다. 모두 북한의 짓이다.

安씨는 '이명박 정권의 봉쇄정책' 운운하지만 이 역시 사실과 다르다. 천안함 폭침·연평도 도발 이후 정부는 응징도, 보복도 하지 않았다. 심리전도 마찬가지다. 5·24조치라는 이름으로 소위 인도적인 대북지원이 중단됐을 뿐 개성공단을 통한 남북교역액은 노무현·김대중 정권에 비해 몇 곱절 늘었다.

통일부 통계에 따르면, 김대중·노무현 정권 당시 남북교역액은 각각 20억 2500만 달러(2278억 1000만 원), 56억 2300만 달러(6314억 6000만 원)였는데 이명박 정권 4년 동안 남북교역액은 71억 2500만 달러(8008억 5000만 원)였다. 임기도 끝나지 않은 이명박 정권 기간의 남북교역액이 노무현·김대중 정권 때보다 훨씬 많다는 것이다. 安씨는 이 통계에 대해 어떻게 설명할 것인가? 安씨는 《안철수의 생각》에서 이명박 정권이 평화를 깬 주범이라고 끈질기게 몰아간다.

〈이명박 정부는 채찍만 써서 남북갈등이 심화됐습니다. 이명박 정부가 채찍 위주의 강경책, 기계적 상호주의를 고수한 것은 북한이 곧 무너질 것이라는 붕괴 시나리오에 따른 것으로 보이는데…〉

〈북한의 붕괴를 전제한 봉쇄정책은 한반도의 긴장만 고조시키고 평화를 훼손한다고 생각해요〉

<이명박 정부가 봉쇄정책을 펴면서 손해는 금강산 등 북한 지역에 투자한 한국기업들이 많이 입었습니다>

安씨는 천안함 폭침에 대해서도 "정부 발표는 기본적으로 믿지만 異見(이견)을 무시하는 태도가 사태를 악화시켰고…"라고 운운한다. 이명박 정부와 외국 전문가들이 참여한 民軍(민군)조사단에 의해 완벽하게 조사되고 북한의 어뢰 잔해까지 발견된 사건에 대하여 억지를 부리며 북한 소행임을 부정하는 사람들을 비판해야 할 安씨는 그들로부터 시달린 정부를 비판했다. 이명박 정부를 한 대 때리면 김정일 정권은 백 대를 때려야 할 판인데 북한에 대한 비판은 찾을 수 없다.

천안함 폭침이 북한소행임을 부정하는 從北(종북)세력은 제주해군기지 건설도 반대한다. 안철수 씨도 제주해군기지 건설을 '참극'이라고 비난한다.

북한정권은 욕하지 않는 안철수

安씨는 북한정권을 비판하지 않는다. 그는 《안철수의 생각》에서 북한인권에 대한 질문에서 '정치범수용소', '탈북자의 강제북송과 처형' 등을 언급한 뒤 "우리 정부가 남북협력을 진전시키면서도 북한 주민들의 인권과 관련해 필요한 발언은 하는 태도가 필요하지 않나 생각합니다"라며 애매하게 말끝을 흐린다.

천안함·연평도 등 북한의 도발에 대한 문법과 같은 맥락이다. '인권'을 말하긴 하지만 유린의 주체인 북한정권을 욕하지 않는다. 만만한 이명박 정부에 대해서 소위 봉쇄정책을 버리고 남북경협을 늘리라고 강조

한다. 전형적인 '햇볕' 궤변이다.

安씨는 통일 역시 소위 남북경협과 대북지원을 통해 가능할 것이라 말한다. "북한은 문제인 동시에 미래를 위한 선물일 수도 있다", "우리 경제는 현재 성장이 정체된 상황인데 북한이 새로운 성장 동력이 될 가능성이 있다", "북한 내 지하자원, 관광자원, 인적자원을 활용할 수 있고, 동북아 경제권 형성을 위한 길이 열릴 수 있다" 등의 화려한 어휘로 남북경협의 미래를 묘사하지만 그 수단은 핵무기·미사일 개발로 파탄난 햇볕정책이다.

통일은 자유통일 아니면 적화통일뿐이다. 연합제건 연방제건, 자유통일과 적화통일 둘 중 하나로 귀결된다. 헌법에 따른 자유통일을 하려면 북한의 공산주의·주체사상 정권이 해체돼야 한다. 그런 면에서 김정은 집단을 지지·지원·강화하면 평화도 오고 통일도 온다는 햇볕정책은 태생적 비논리요, 모순이다. 무엇보다 핵무기·미사일 개발로 실패가 입증된 잘못된 길이다. 예를 들어보자.

실패한 구걸

2009년 5월 정부 발표에 따르면, 1998~2007년 현금과 현물을 더한 대북지원·經協(경협)의 총규모는 69억 5950만 달러(8조 6800억 원)로 나타났다. 당시 곡물가격에 따르면, 1998~2007년 북한에 간 69억 5950만 달러로 식량을 샀을 경우 최소 23년 간 한 명도 굶어죽지 않았을 것이라는 통계가 나온다. 북한정권은 한국이 보낸 23년 치 식량을 살 수 있는 돈·쌀·비료로 대량아사를 막는 대신 戰力(전력)을 증강했다.

미국 전략국제문제연구소(CSIS)의 '2006 아시아군사력비교(The Asian

Conventional Military Balance)' 보고서에 따르면, 북한의 군사비 지출은 김대중 정권 초기인 1999년 21억 달러에서 노무현 정권 중간인 2005년에는 60억 달러에 달했다. 김대중·노무현 정권을 거치는 6년간 3배가량 늘어난 것이다. 이 통계는 객관성과 정확성 면에서 정평이 나 있는 영국 국제전략연구소(IISS)의 '세계군사력비교(The Mlilitary Balance)' 보고서를 인용했다.

북한은 같은 기간 '대량살상무기(WMD)' 개발에 집중해 생화학무기를 세계 3위, 미사일을 세계 4위, 잠수함 능력을 세계 4위로 끌어올렸다. 북한의 잠수함 능력은 천안함 폭침 사건으로 확인됐다.

安씨가 집착하는 소위 남북경협과 대북지원은 주민이 아닌 정권을 살렸고, 평화가 아닌 전쟁의 위기만 키웠다. 북한에 퍼다 준 쌀도 효과는 같았다. 군량미 전용뿐 아니라 배급제를 살려내 최악의 독재만 강화한 것이다. 김정은 집단에 충성을 맹세한 이들만 식량을 받았고 북한의 변방 추방지역과 온갖 수용소에선 지금도 굶주려 생명을 잃는다. 북한에 주는 돈·쌀·비료는 실패한 求乞(구걸)이다. 인도적 목적을 이루지 못했고 이룰 수도 없었다. 끝없이 확인돼 온 사실이다.

安씨는 햇볕정책 13년의 참담한 결과를 철저히 무시한다. 북한 주민의 마음을 얻는 것은 식량이 아니라 자유, 생명, 인권일진데 이렇게 정당화한다.

〈통일을 하려면 북한 주민의 마음을 얻어야 합니다. (중략) 누구든 기본적으로 생존이 가능해야 변화를 희망할 수 있을 겁니다. 물론 식량 배분 등의 과정에서 군량미 전용 등의 문제가 생기지 않도록 모니터링 제도화를 요구할 필요가 있다고 봅니다. 최근 들어 국제

〈식량기구의 모니터링이 상당히 진전된 것으로 알고 있는데 그 점은
다행스럽다고 생각합니다〉

　사악한 체제를 되살려 내자는 安씨의 주장은 새로운 게 아니다. 북한
정권과 탯줄이 이어진 從北(종북)과 풋내기들의 흔해빠진 선동이다. 새
로운 정치를 한다며 출사표를 던진 安씨 역시 惡(악)을 키워야 변화가 온
다고 말한다. 철없는 말이다.
　安씨는 '국제식량기구의 모니터링이 상당히 진전된 것으로 안다'고 했
는데 이 역시 근거가 없다. 김일성 가문이 그대로 버티고 있는데 어떤
모니터링을 말하고 있는가? 북한정권에 대한 지원을 정당화하기 위한
왜곡이다.

북핵 개발은 체제유지용이라는데

　최악의 억지는 북한의 핵개발 옹호다. 安씨는 돈으로 평화를 구걸한
결과인 핵개발에 대해 "남한이 돈을 주지 않아도 북한을 핵개발을 했을
것"이라며 대북 퍼주기를 감싼다. "대북경협 달러가 핵무기 개발 자금으
로 쓰였다는 지원 반대 논리에 대해 어떻게 생각하느냐?"는 질문에 대
한 그의 답은 이렇다.

〈북한은 남한이 돈을 주지 않아도 핵개발을 했을 것이라는 분석이
많더군요. 워싱턴포스트 기자였던 돈 오버도퍼는 저서에서 "우리
에게는 일상적인 훈련 정도로 인식되는 '팀스피릿 훈련'에 대해서도
북한은 실제로 엄청난 위협을 느꼈다"라고 말했습니다. 핵개발이

노무현 前 대통령도 2004년 11월 'LA연설'에서 "자위용이라는 북한의
핵개발 주장은 여러 상황에 비춰 일리 있는 측면이 있다"고 말했다. 북
한의 핵개발이 미국 탓이라는, 주적과 동맹을 뒤바꾼 利敵(이적)논리다.
안철수 씨의 생각도 크게 다르지 않다. 한국이 준 돈이 핵개발 자금으로
쓰이지 않았고 미국의 위협에 맞선 체제유지 도구라는 북한 주장을 그
대로 따왔다.

한국이 북한에 준 달러가 핵무기 등 북한의 軍費(군비)로 쓰였을 것이
란 가설은 북한 체제의 특징상 필연이다. 북한의 금융인 출신 탈북자 金
光進(김광진) 씨는 〈월간조선〉 2008년 3월호 등에서, 2000년 6월 김대
중 정부가 현대그룹을 앞세워 북한정권에 불법 송금한 4억 5000만 달
러가 김정일의 혁명자금으로 분류돼 핵무기 개발 및 군 장비 현대화 등
에 쓰였다고 주장했다.

金씨는 김정일의 혁명자금을 관리했던 사람이다. 김대중 정권 시절인
국방부 산하 한국국방연구원(KIDA)의 성채기 · 박주현 · 백재옥 · 권오
봉 연구원은 2003년 발표한 '북한 경제위기 10년과 군비증강 능력'이라
는 논문에서 "금강산 관광비용과 소위 남한의 인도적 대북지원이 북한
의 군비로 전용됐다"는 사례를 들었다. 안철수 씨는 북한 체제의 이 모
든 본질과 쓰라린 실패사례를 무시한 채 이렇게 주장한다.

한의 핵개발은 남한과의 경협 여부와 상관없이 진행하는 것이고 중국에 광물자원을 파는 등 어떤 수단을 써서라도 자금을 조달했을 겁니다. 남북이 대화의 공간을 마련하고 평화체제를 정착시켜야 북한이 핵에 의존할 명분을 제거할 수 있다고 생각합니다〉

김정은 집단에 대한 安씨의 宥和的(유화적) 시각이 그대로 드러난다. 1998년 김대중 정권 출범 이후 북한에 퍼다 준 달러가 2006년 핵개발로 이어지지 않았다고 강변하고 북한은 중국에 광물을 팔아서라도 핵무기를 만들었을 것이라는 논리이다. 그의 말처럼 "북한이 어떤 수단을 써서라도 자금을 조달했을 것"이라면 한국이 준 달러는 당연히 핵개발 자금으로 사용됐을 것 아닌가? 스스로 한국이 준 달러는 핵개발용으로 쓰였을 것이란 속내를 드러낸 셈이다. 이렇게까지 김정은 집단을 감싸는 이유가 무엇일까?

6자회담 詐欺劇을 재탕하겠다는데

북한의 정권과 주민을 나누는 것은 善惡(선악)에 대한 원초적 판단을 한다는 것이다. 북한정권을 惡이 아닌 신성한 통일과 평화의 파트너로 인정하는 순간 양심의 기준은 무너져 버린다. 안철수 씨의 북핵문제 해법 역시 같은 맥락이다. 그는 《안철수의 생각》에서 "한반도 비핵화는 우리에게 양보할 수 없는 목표"라며 이렇게 말한다.

〈북한 핵은 지금까지처럼 6자회담을 통해 국제적인 해결책을 모색하되 남북 간 경제협력을 통해 접촉 창구를 넓힐 수 있어야 합니다〉

즉, 북한에 퍼주다 실패한 과거는 말하지 않고 앞으로 더욱 퍼주면 성공할 것이며 이와 함께 6자회담이라는 고장 난 기계를 다시 돌리자는 것이다.

진실은 이렇다. 6자회담은 북한의 핵무기 개발의 시간만 벌어준 국제 사기극이었다. 북한은 6자회담을 거치며 두 차례 핵실험을 벌였고 핵무장에 사실상 성공했다. 풀어서 말해보자.

6자회담이 시작된 2003년 8월27일부터 중단된 2007년 7월20일까지 여섯 차례 회담이 있었다. 2005년 '9·19공동성명' 2007년 '2·13합의' 등을 통해 북한이 주한미군 철수와 동의어로 사용하는 '한반도 비핵화'라는 표현까지 성명 안에 집어넣고, 노무현 정권이 2005년 7월 '대북직접 송전'이라는 유화책을 내놓지만 효과가 없었다.

북한은 6자회담 시작 무렵 핵무기 능력을 의심받는 수준이었지만 6자회담 기간인 2006년 10월9일 핵실험에 성공했고 6자회담 이후인 2009년 5월25일 2차 핵실험에 나섰다. 2012년 대선 국면에서 대통령 후보인 안철수·문재인 역시 이 어이없는 실패를 되풀이 하고 있다. 남북문제에 無知(무지)하거나 無識(무식)하거나 無責任(무책임)한 주장이다. 안보·통일전문가도 아닌 安씨에게 이런 엉터리 생각을 각인시킨 이들의 정체는 무엇일까?

평화체제, 공허하고 위태로운 아젠다

안철수 씨의 '평화체제 정착'론 역시 비현실적 虛構(허구)이다. 그는 《안철수의 생각》에서 "남북이 대화의 공간을 마련하고 평화체제를 정착시켜야 북한이 핵에 의존할 명분을 제거할 수 있다"고 말한 뒤 소위 '이명박 정부의 봉쇄정책'을 남북관계 경색의 원인인 양 비난한다. 9월 출마선언에서 "평화체제는 역시 안보와 균형을 맞출 때 실현 가능합니다"라고 한 발 물러서기는 했지만 여전히 평화체제의 함의는 모르고 말하는 것 같다.

평화체제는 북한정권과 남한 종북세력이 강력히 주장해 온 것이다. 이들이 말하는 평화체제는 곧 주한미군 철수이다.

"평화체제 수립에 조응해 주한미군을 철거시키고 자주통일로 매진하자(2006년 4월4일, 평통사 성명)", "오직 주한미군이 철수하는 그 순간 한반도 평화체제가 시작될 뿐이다(2007년 7월27일, 6·15남북공동선언실천연대 성명)" 등 남한 내 종북세력 주장은 명료하다. 6·25사변 이후 전쟁을 억지해 온 停戰(정전)협정을 平和(평화)협정으로 바꿔서 소위 평화체제로 가자는 것이다.

2012년 8월11일 소위 '광복 67주년 한일군사협정 저지, 6·15남북공동선언 이행 자주통일결의대회'에서도 한국진보연대 등 참가단체들은 "평화체제 구축과 주한미군의 철수, 동북아 안보협력체제 구축과 패권적 한미동맹 해체의 길을 힘차게 열어 나가자. 6·15공동선언과 10·4선언의 약속에 따라 6·15통일의 길로 폭풍처럼 전진해 나가자"고 결의했다.

북한은 1992년 남북기본합의서에서 '정전상태의 평화상태 전환'이라고 합의한 이래, 1994년 '조선반도 평화보장 체계', '조선반도 평화보장 조치' 등을 주장해왔다. 2005년 9월19일 6자회담 9·19공동선언에서는 "직접적인 당사국들은 적절한 별개의 연단에서 조선반도의 항구적인 평화체제를 수립하기 위한 협상을 진행할 것이다"라는 문구에 합의했다.

북한은 다양한 어휘로 '평화체제론'을 떠들었고 이것을 한국 또는 주변국은 일정부분 수용해왔다. 그러나 평화체제가 실현되지 않은 것은 전적으로 북한 탓이었다. 종북세력과 마찬가지로 주한미군 철수ㆍ한미동맹 해체 등 한국이 받아들일 수 없는 선결조건 때문이다. 북한 주장의 예를 들어보자.

〈정전체제를 평화체제로 전환하고… 통일에 가장 큰 장애물로 되고 있는 남조선 강점 美軍(미군)을 지체 없이 撤收(철수)해야 한다 (2005년 8월13~14일, 평양 인민문화궁전 결의서한)〉

〈평화체제를 공고히 하고, 美軍을 撤去(철거)하여 민족의 자주와 통일을 성취하자(2005년 8월19일 반제민전)〉

〈조선전쟁을 법적으로 종결짓고 조선에서 공고한 평화를 보장하기 위한 협정… (중략) 평화협정은 쌍방이 서로 상대방을 침범하지 않고, 무력증강과 군비경쟁을 그만두며 미국은 조선의 내정에 간섭하지 않고 통일을 방해하지 않으며, 남조선을 강점하고 있는 美軍을 撤去시키어 미군이 撤去한 다음 조선은 그 어떤 다른 나라의 군사기지나 작전기지로도 되지 않는다는 것을 기본내용으로 하고 있다(평양 과학백과사전출판사 刊《북한 백과전서》의 평화협정에 대한 정의)〉

安씨의 소박하고 나이브한 바람과 다르게 현재 상황에서 "대화 공간을 마련"하는 일도, "평화체제를 정착"시키는 일도 그 책임은 대한민국의 몫이 아니라 북한의 몫이다. 安씨는 이런 현실을 인식하지 못하거나 인식하는 것을 거부하고 있다. 만일 安씨가 당선된 후 '6자회담', '평화체제' 운운하며 북한에 또다시 돈을 바치기 시작하면, 북한은 이미 만든 핵무기를 改良(개량)할 시간적 여유를 갖게 된다.

북한이 소형화된 핵무기를 미사일 장착해 實戰配置(실전배치)하고 서해안과 DMZ 일대를 분쟁지역으로 만들어 간다면 겁먹은 한국의 여론은 보복을 피한 채 북한에 끌려갈 것이다. 2015년 12월 한미연합사가 해체되면 북한의 도발이 있어도 미군의 자동 개입이 불가능해진다.

북한은 남한이 연방제 赤化(적화)를 받아들이는 순간까지 도발의 빈도와 강도를 더욱 늘려갈 지 모른다. 惡(악)에 대한 무감각이 나라 전체를 무질서 상태로 내몰 수 있다.

CHAPTER
5

이명박系는
안철수를 밀었나?

박근혜씨 측은 중도 표를 잡으려다가 보수 표를 놓치고 있다.
중도성향 유권자들의 약 50%는 안철수로 기운다.
이런 가운데서 몰락한 親李 세력이 안철수 쪽으로 넘어가면
朴씨는 더 어려워질 것이다.
이것이 李明博 대통령이 원하는 바인가?

이명박系는
안철수를 밀었나?

親李系는 이념적으로도 安氏와 더 근접

안철수 씨와 親李系(친이계) 일부 인사들의 유착 의혹은 새로운 얘기가 아니다. 2011년 安씨가 정치권에 등장하자, 몇몇 언론이 이를 비중 있게 다룬 바 있다. 2011년 11월16일 〈시사저널〉은 '청와대와 親李系가 안철수 띄웠다' 제하 기사에서 새누리당(당시 한나라당) 내 親李系와 親朴系의 갈등을 다루며 "親李系와 親朴系는 절대 함께 갈 수 없다"는 요지로 보도했다.

박근혜 의원이 새누리당 大選(대선) 후보로 확정된 후 안철수-親李系 유착 의혹이 또 다시 힘을 받고 있다. 2012년 대선에서 박근혜 후보가 당선될 경우 정치적 퇴출의 대상이 될 운명인 親李系 일부 인사들이 安씨와 유대를 도모하고 있다는 것이다. 중도 내지 중도좌파 성향 인사들이 주축인 親李系 입장에선 이념적으로도 박근혜 후보보다 安씨와 더 근접하다는 배경도 있다. 그간의 안철수-親李系 유착 의혹 배경은 대체로 이렇다.

安씨를 향한 우호적 제스처들

安씨는 2008년 이래 이명박 정권과 밀접한 관계를 유지해왔다. 安씨는 2008년 5월14일 대통령령에 따라 설치된 '미래기획위원회' 위원으로 2011년까지 활동했고, 2011년 12월9일 당시까지도 홈페이지 위원 명단에도 이름이 올라 있었다. 위원회는 위원장 1명을 포함, 기획재정부 장관, 대통령실 국정기획 담당 수석비서관, 대통령이 위촉한 30명의 각 분야 전문가들로 구성돼 있었고 李 대통령도 함께 참석했었다. 청와대 홈페이지에는 李 대통령과 安씨가 함께 회의하는 사진까지 올라 있었다.

李明博 대통령 측근들은 安씨에 대해 우호적 제스처를 보내왔다. 2011년 9월7일 'MB브레인'으로 불리던 당시 박형준 청와대 사회특보는 '안철수 신드롬'과 관련, "현재 기존 정당의 틀을 깨지 못하면 제2의 안철수, 제3의 안철수가 나올 수 있다"고 말했다. 그는 이날 〈스포츠서울〉과 인터뷰에서 "안철수 교수는 새로운 사이버 영역에서 키워진 인물로, 이미지도 좋고, 젊은 세대 감각도 맞고, 그래서 불같은 호응을 끌어낼 수 있었다. 그만큼 앞으로도 그런 가능성이 언제든지 열려있다"고 격찬하며 이같이 밝혔다.

또 "인터넷, SNS를 통해 사람들의 의사소통은 굉장히 빠른 속도로 진행되고 있지만, 정치 의사소통 속도는 굉장히 느리다. 이런 것의 괴리가 국민들로 하여금 정치를 짜증나게 만드는 측면이 있다. 기존 정당이 새로운 욕구를 전혀 충족시키지 못했다”며 “그런 짜증을 풀 수 있는 아이콘으로 안철수가 출현한 것”이라고 진단했다. 朴 前 특보는 2011년 9월8일 자신의 페이스북을 통해서도 “안철수 현상의 밑바닥에는 근원적인 이 시대 정치의 위기가 자리 잡고 있다”며 “정치의 문제해결 능력에 대한 근원적인 회의, 벌거벗은 권력의지만이 난무하는 정치문화에 대한 대중의 반감은 이미 기름밭이다. (중략) (안철수 현상은) 이 기름밭에 불이 지펴진 것이다”고 평가했다.

2011년 12월14일 당시 임태희 대통령실장은 安씨의 멘토로 불리는 승려 법륜을 ‘청와대 직원·자녀 대상 토크 콘서트 송년행사’의 연사로 불렀다. 당시 安씨가 박원순 서울시장을 지지하며 자신의 정치적 색깔을 분명히 한 상태였다는 점에서 청와대의 조치는 安씨를 향한 추파로 해석되어 보수층의 비난에 직면했었다. 청와대 내의 이런 행사는 李 대통령의 허락 없이는 불가능했을 것이라는 게 중론이다.

대통령의 측근 중 한 명인 정운찬 前 국무총리 역시 安씨와 연대 가능성을 여러 차례 언급했다. 2012년 8월17일자 〈한국일보〉 보도에 따르면, 鄭 前 총리의 측근은 “鄭 前 총리가 새로운 정치 패러다임을 만들기 위해 직접 출마하는 방향으로 마음을 굳힌 것으로 안다”며 “다만 시대정신에 鄭 前 총리 자신이 가장 부합하는지, 안철수 서울대 융합과학기술대학원장이나 다른 세력과의 연대가 적합한지를 놓고 고심하고 있다”고 덧붙였다. 鄭 前 총리도 같은 날 오전 KBS 라디오 ‘안녕하십니까 홍지명입니다’에 인터뷰에서 安씨에 대해 “협력할 수 있다. 내가 도움을 줄 수도 있고 도움을 달라고 할 수도 있지 않느냐”고 말했다.

"올 것이 왔다는 생각을 했다"

이명박 대통령 본인도 安씨의 등장에 대해 "올 것이 왔다는 생각을 했다"고 말했다. 李 대통령은 2011년 9월8일 KBS를 통해 생중계된 추석맞이 특별기획 '이명박 대통령과의 대화'에 출연해 "정치권에 대한 국민의 변화 요구가 安교수를 통해 나온 게 아니겠냐"며 이같이 말했다. 李 대통령은 이어 "'정말 짧은 시간에 교수 출신이 그렇게 할 수 있을 수 있나'하는 생각이 들었다"며 "이미 스마트 시대가 왔고, 국민은 상당히 앞서가고 있는데 정치는 아날로그에 머물러 있다"고 지적했다. 李 대통령은 또 "이번 일을 발전적으로 나갈 수 있는 계기로 삼아야 한다"고 강조했다. 전체적으로 긍정적 논평이었다.

이명박 대통령 본인의 의중은 알 수 없다. 한 보수인사는 "李 대통령 본인이 안철수 교수를 민다는 소문은 사실로 보기도 어렵고, 믿고 싶지도 않다"고 말한 뒤 "다만 이념적으로 애매한 親李系 일부가, 살기 위해 各自圖生(각자도생) 할 가능성은 충분해 보인다"며 "박근혜 후보가 보수쪽과 선을 긋고 좌경화될수록 보수층 이탈과 親李系 이탈이 화학반응을 일으켜 안철수 교수나 민주당 후보가 어부지리를 얻을 수는 있어 보인다"고 관측했다.

여론조사에 따르면 자신이 보수라고 생각하는 이들 가운데서 약 30%는 안철수 지지자이다. 이들이 박근혜 씨에 등을 돌린 가장 큰 이유는 보수층을 무시하고 좌파에 영합하려는 행태에 배신감을 느끼기 때문이다. 朴씨 측은 중도 표를 잡으려다가 보수 표를 놓치고 있다. 중도성향 유권자들의 약 50%는 안철수로 기운다. 이런 가운데서 몰락한 親李 세력이 안철수 쪽으로 넘어가면 朴씨는 더 어려워질 것이다. 이것이 李明

博 대통령이 원하는 바인가? 그렇게 의심하는 이들도 적지 않다.

이명박-안철수, '서울대 평의원'으로 함께 활동

서울대는 노무현 前 대통령 집권 시기인 2003년 11월 서울대 기본정책에 관한 최고 심의·의결기구인 평의원회에 李明博 당시 서울시장과 안철수 '안철수연구소'(現 '안랩') 대표이사 등 13명을 學外 의원으로 선임했다. 외부인사가 서울대의 정책결정에 의결권을 갖게 된 것은 서울대 開校 이래 처음 있는 일이었다.

당시 평의회 學外 의원에는 이명박-안철수 두 인물 이외에 2007년 '신정아 사건'으로 청와대 정책실장을 물러난 변양균 前 기획예산처 차관, 박용성 前 대한상공회의소 회장(동생 박용만 두산그룹 회장은 과거 安씨와 함께 '브이소사이어티'에서 활동), 윤여탁 前 한나라당 의원, 이희상 ㈜한국제분 회장 등이 포함되어 있었다. 이들 외부 의원은 교수들로 구성된 나머지 52명의 평의원과 함께 교육 및 학사운영의 기본방침에 대한 사항, 학부·학과 설치 및 폐지에 관한 사항, 총장 후보 추천위원회 구성 등의 사안에 대한 심의·의결권을 행사했다.

당시 총장은 MB 밑에서 국무총리 지낸 정운찬…
최근 '제3정당' 창당 주장

서울대가 安씨 등을 외부 평의원을 선임할 당시 총장은 鄭雲燦(정운찬) 서울대 명예교수였다. 鄭씨는 이명박 정부 출범 이후인 2009년 9월 국무총리로 취임, 2010년 8월11일까지 총리직을 수행했으며, 2010년 12

월에는 초대 동반성장위원장으로 위촉되기도 했다.

鄭씨는 2012년 8월29일 언론과의 인터뷰를 통해 中道的(중도적)이고 국민통합적인 제3세력의 필요성을 강조하면서 대권 경쟁에 적극 가세할 뜻을 강력 시사했다. 〈뉴시스〉는 "주목되는 부분은 안철수 서울대 융합과학기술대학원장의 합류 여부"라며 "安 원장은 현재 9월 중 大選 출마를 공식화할 것으로 알려진 가운데 민주당에 입당하는 것보다 제3세력을 찾을 가능성이 높아 보인다"고 전했다. 이어 '政街(정가)에서는 鄭 전 총리가 지난 27일 법륜을 찾아가 환담을 나눈 것도 安 원장을 영입하려는 의도가 있다고 보고 있다'고 했다.

李 대통령, 2010년 오연천 총장 임명하며 '융합기술' 강조

現 서울대 吳然天(오연천) 총장과 안철수 씨와의 관계도 미스터리 중 하나다. 安씨가 부인 김미경 씨와 함께 서울대에 특별 채용된 시기가 吳씨의 재임기간이기 때문이다. 吳씨의 경력을 보면 그는 親李系 인사로 분류된다.

2010년 서울대 총장이 된 吳씨는 2008년 이명박 정부에서 기획재정부 공기업선진화추진특별위원회(이하 '공특위') 위원장으로 활동한 바 있다. 吳씨는 서울대 총장 출마 당시 그가 쓴 논문 5건 11편이 이중 게재된 것을 두고 논란이 있었다. 같은 글을 학술지와 정기간행물에 이중으로 싣거나, 자기 논문의 일부를 다른 논문에 실으면서 출처를 밝히지 않는 것은 모두 '논문 자기표절'에 해당된다. 학자로서 논문을 이중 게재했던 인물이 대학 총장이 되어 안철수 씨를 서울대 정교수로, 그것도 夫婦(부부)를 학교 역사상 처음으로 '특별채용' 한 셈이다. 문제는 이들의 과거를 추적하면 초점은 역시 이명박 대통령으로 모아진다. 李 대통령은 2010년 7월20일 吳然天 교수를 서울대 총장으로 임명하면서 매우 의미심장한 발언을 남겼다.

당시 李 대통령은 서울대 총장 임명장 수여식 후 가진 간담회에서 "IT 강국 대한민국인데 IT 공부하러 우리나라에 오지 않고 인도로 간다. 우리가 세계 최고 IT국가라면 IT관련 대학교육도 세계 최고가 되어야 한다"고 말했다.

李 대통령은 이어 "대학이 특성화 교육을 통해 성장해야 하고, 특히 새로운 융합 기술 등에 맞춰 교육도 시대에 맞게 이뤄져야 한다. 정부가 도울 일이 있으면 교육과학부 장관과 상의하라"고 당부했다. 그로부터 11개월 뒤인 2011년 6월 吳총장은 안철수 씨를 서울대 융합과학기술 대학원장으로 임명하고, 두 달 뒤 安씨의 부인 김미경 씨를 의대 교수로 임용했다.

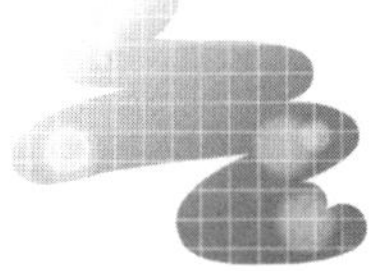

'안철수 현상'의 비밀
-'배운 無識者들' 연구

高學歷者일수록 잘 속고, 低學歷者일수록 현명한 나라.
젊은 층의 어리광에 영합하는 언론, 정치, 학자들, 漢字(한자)말살로
국민교양의 토대를 무너뜨린 기성세대,
그리고 敵前(적전) 이념무장 해제를 단행한 대통령이
나라를 망치는 경쟁을 벌이고 있다.
文法이 부서지니 憲法도 무너진다.

趙甲濟 (조갑제닷컴 대표)

‘안철수 현상’의 비밀
─‘배운 無識者들’ 연구

이해할 수 없는 나라

무역 규모 年 1조 달러를 돌파, 세계 9위(수출은 세계 7위)에 오른 한국은 生日(建國기념일)이 없는 세계 유일의 나라일 것이다. 정부는 8월15일을 日帝(일제)에서 해방된 날로만 기념한다. 한국은 또 건국의 産室(산실, 중앙청)을 역사의 죄인으로 몰아 사형집행한 세계 유일의 국가일 것이다. 建國(건국) 대통령의 동상과 기념관을 세우지 않고 건국에 반대한 인물의 동상과 기념관부터 먼저 세운 세계 유일의 나라이기도 하다.

한국은 두 개의 國字(국자) 중 하나인 漢字 사용 금지조치로 國語(국어)의 70%를 암호화함으로써 실질 문맹률이 70%를 넘는 세계 유일의 文明國(문명국)일 것이다. 세계에서 가장 안전하게 관리되는 미국산 쇠고기를 먹으면 인간 광우병에 걸린다며 돌도 채 되지 않은 아기까지 거리로

240

쏟아져 나와 석 달간 首都(수도) 중심부를 無法(무법)천지로 만든 나라는 100개가 넘는 미국산 쇠고기 수입국 중 한국이 유일하다.

동맹국을 敵보다 더 미워하는 젊은층을 이렇게 많이 가진 나라로서도 유일할 것이다. 좌익이 공산국가에서보다 더 힘이 세고, 狂牛(광우)폭동으로 경찰관이 500명이나 부상했는데도 판사들이 폭동 주모자들을 모조리 풀어주는 나라, 쇠파이프로 무장한 폭도들에게 경찰이 물대포를 쏘았다고 욕을 하고, 겨울엔 溫水(온수) 대포를 쏴야 한다고 주장하는 정당과 언론이 있는 세계 유일한 나라이다.

敵이 我軍(아군)을 공격, 46명을 죽인 것은 我軍이 敵을 자극하였기 때문이라고 말한 이가 수도 시장으로 뽑힌다. 세계 최고의 IQ(지능지수)와 세계 최고의 學歷(학력)을 가지고도 '해가 서쪽에서 뜬다'는 수준의 거짓말에 속아 넘어가는 이들이 30%를 넘고 大卒者(대졸자)가 中卒(중졸) 이하 학력을 가진 이들보다 더 잘 속는다.

같은 민족이 40km의 거리를 두고 남자 평균키가 17cm, 평균 수명이 16세나 차이가 나도, 권력 3代 세습에 침묵하고 700만 학살자를 추종하는 세력이 '진보'라고 불린다. 배운 사람들일수록 나라 생일도 모르고, 敵도 모르고, 法도 모르고, 고마움도 모르고, 진실과 거짓도 구분하지 못하는 나라는 망할 것 같은데 그렇지도 않다.

세계에서 15번째로 잘 사는 국민들의 불만

2011년 11월 초, 유엔개발기구(UNDP)는 2011년도 국가별 인간개발지수(HDI · HUMAN DEVELOPMENT INDEX)를 발표하였다. 180여 개국 중 한국은 15위였다. 2010년은 12위였다. 교육, 수명, 소득을 중심으로 하여 입체적으로 '삶의 질'을 평가한 결과이다.

1. 노르웨이

2. 호주

3. 네덜란드

4. 미국

5. 뉴질랜드

6. 캐나다

7. 아일랜드

8. 리히텐슈타인

9. 독일

10. 스웨덴

11. 스위스

12. 일본

13. 홍콩

14. 아이슬란드

15. 한국

16. 덴마크

17. 이스라엘

18. 벨기에

19. 오스트리아

20. 프랑스

다음은 기타 주요국의 순위이다.

한국의 1인당 국민소득은 2만 8230달러(구매력 기준)로 세계 29위인데, 인간개발지수는 15등이다. 이는 국가가 소득 수준에 비하여 교육과 보건 분야에 투자를 많이 했다는 뜻이다. 즉 소득에 비하여 복지예산을 많이 썼다는 이야기이다. 그런데도 정치인들은 '양극화' 현상을 과장, 무상복지 경쟁을 벌인다.

인간이 건강하게 살 수 있는 기간을 '건강수명'이라 한다. 한국인의 평균수명은 80.6세이지만 건강수명은 71세이다. 최장수국인 일본은 83.4세에 76세이다. 북한인의 건강수명은 59세로 남한 사람들보다 12세나 적다.

李明博(이명박) 정부 들어서 한국은 '삶의 질' 순위에서 처음으로 20등 이내에 진입했다. 2008년 금융위기를 한국이 잘 극복한 것이 이런 등수로 나타난 듯하다. 그럼에도 한국의 언론과 정치는 정부가 경제를 망쳤다고 욕을 해대고, 젊은 세대의 어려움을 과장하면서 기성세대를 일방적으로 공격한다.

국가, 조상, 선배들에 대한 고마움이 없고 공짜심리에 물들면 불평불만이 늘어난다. 삶에 대한 만족도 부분에서 한국인은 불만이 비정상적으로 높은 것으로 나타났다. 삶의 만족도는 캐나다(10점 만점에 7.7), 노르웨이(7.6)가 높은 편이고 일본(6.1) 한국(6.1) 홍콩(5.6) 중국(4.7) 등 東아시아 국가들이 낮은 편이다. 삶의 질이 15등인 한국인의 불만도는 삶의 질 48등인 우루과이와 같고, 105등인 엘살바도르(6.7)보다 심하다.

2040세대가 과연 불행한가?

한국인들이 객관적 삶의 수준에 비하여 주관적 불만도가 높은 것은, 정치와 언론과 학자들이 젊은층의 어려움을 과장하는 것과도 관련이 있을 것이다.

〈상황이 이렇고 보니 5060세대 입장에선 대학 공부까지 시켜주었건만 변변한 직장에 취직 하나 제대로 못하는 아들딸을 도무지 이해할 수 없고, 2040세대 입장에선 출구조차 없는 암울한 현실은 외면한 채 기득권 고수에 여념 없는 5060세대를 향한 분노가 고개를 들면서 '세대 전쟁'이라 불러도 손색없을 戰線(전선)이 형성되고 있다〉

이화여대 함인희 교수가 쓴 신문 칼럼의 한 대목이다. '출구조차 없는 암울한 현실'이란 표현은 과하다. 청년층의 실업률이 상대적으로 높긴 하지만 중소기업에선 사람이 모자라고 60만 명 정도의 외국인 노동자가 궂은일을 한다. '출구조차 없는 암울한 현실'은 6080세대가 6·25 前後 (전후)에 경험하였다. 그때 이들은 '암울한 현실'에 굴복하지 않고, 일하면서 싸우고, 싸우면서 일하여 2040세대가 누리는 富(부)를 창출하였다.

〈이젠 부모의 도움 없인 서울에 전셋집 한 칸 마련하는 일도 벅찬 것이 2040세대의 현실이요, 내 집 마련은 언감생심 꿈도 못 꿀 일 이 되어 버렸다〉
〈5060세대에게 대학 진학은 사회적 특권의 상징이었고 졸업하고 대학문을 나서는 순간 일자리가 눈앞에 널려 있었기에… (하략)〉

함 교수의 이런 비교도 사실과 맞지 않다. 현재 한국의 주택보급률은 5060세대의 젊은 시절보다 거의 倍增(배증, 1970년의 74%에서 110%로 증가) 하였다. 5060세대의 젊은 시절보다 지금 실업률이 낮다(1970년은 4.4%, 지금은 2.9%). 한 세대 전, '일자리가 눈앞에 널려 있었다'는 표현은 2040 세대를 동정하기 위한 과장이다. 지금 2040세대가 직면한 어려움은 선배 세대가 맞닥뜨렸던 현실에 비교하면 '행복한 고민'이다. 과거의 고민이 생존 차원이었다면 지금의 고민은 생활 차원이다.

인간은 시련을 통하여 진정한 행복을 얻는다. 19세기 평화를 누리던 영국도 우리와 비슷한 고민이 있었는지 토마스 칼라일은 《영웅숭배론》에서 이렇게 말했다.

"逆境(역경)을 이기는 인간이 100명이라면, 풍요를 이기는 사람은 한

명도 안 된다."

청년 백수가 무슨 벼슬인가?

2011년 11월 중앙일보 심상복 논설위원(경제연구소장)은 '청년 백수가 무슨 벼슬인가'라는 題下(제하)의 時評(시평)에서, 지난 10월 일자리가 2010년 同月(동월)에 비해 50만 개 늘고 그 전달에 비해서는 24만 개 더 많아졌다는 정부 발표를 소개했다. 10월 실업률은 2.9%를 기록했는데, 3% 아래의 실업률은 9년 만이다. 박재완 기획재정부 장관이 이걸 '고용 대박'이라고 했다가 언론의 뭇매를 맞았지만(늘어난 일자리의 절반이 50~60 대용이고 2030세대 일자리는 오히려 줄었다는 이유로) 심 위원은 "양질의 일자리, 그게 어느 날 갑자기 하늘에서 뚝뚝 떨어질 걸 예상했던 사람이 있단 말인가. 늘어난 일자리가 허접한 것이라고 하지만 당장 뾰족한 수는 없다. 더구나 지금은 찬밥 더운밥 가릴 때도 아니다"고 현실론을 편다.

그는 "문제는 그런 일자리는 아예 쳐다보지도 않는 20~30대다. 대기업이라도 지방은 싫다, 수도권이라도 중소기업은 싫다고 한다. 취업전쟁이라고 하지만 현장에선 아직도 이렇게 배부른 소리가 넘쳐난다"고 했다.

〈한창 일할 나이에 경제활동에 가담하지 않는 것 자체가 염치없는 짓이다"고 비판한 뒤 "중소기업은 정식 직원도 지원자가 없어 못 뽑는 판이다. 그래서 채용하는 게 외국인이다. 지난 6월 정부가 5인 이상 근로자 3만 여 개 기업을 조사한 결과, 올 1분기에 필요한 직원을 뽑지 못한 경우가 11만 4400명에 달했다. 지난해 同期(동기)보다 4000여 명 늘어난 수치다. 이런 현상은 300명 미만 업체에서 더

욱 두드러진다〉

중소기업 관련 단체에 감사로 근무하는 한 인사는 "대졸자들의 중소기업 기피는 상당 부분 부모 때문이다"고 했다.

〈부모들이 중소기업에 자식이 다니면 결혼을 시킬 수 없다고 생각해요. 요사이 중소기업은 설비 자동화로 근무 조건이 좋고, 봉급도 대기업의 80% 수준입니다. 대졸자가 취직해도 부모가 말리는 바람에 도중에 그만두는 이들도 많아요〉

서울에 사는 이승현 씨(30代)는 〈조갑제닷컴〉에 기고한 글에서 언론이 2030세대의 불만을 여과 없이 소개한다고 비판했다.

그는 "(한 신문에 소개된) 29세의 金 모 씨는 미혼인데, 월급 250만 원에 할머니로부터 매달 생활비 지원까지 받고 있다. 그는 대학 시절 받았던 학자금 대출금과 오피스텔 월세를 내고 나면 저축하는 돈이 한 달에 50만원도 안 된다고 보도했다"면서 이렇게 비판했다.

〈적은 봉급으로 지혜롭게 열심히 살아가는 수많은 청년들을 놔두고 흥청망청 소비하고 할머니에게 '삥'까지 뜯어가며 과소비하는 청년을 인터뷰해가며 '가난한 아들' 운운할 것인가? 분당에 살고 있는 34세 朴 모 씨는 월급이 500만 원이라는데 그가 빚 갚는 것도 어렵다며 늘어놓은 하소연을 왜 언론이 동정적으로 소개하나. 노름하다 빚을 졌는지, 주택시장에 투기해서 빚을 졌는지 모르지만 왜 우리가 걱정해야 하는가?〉

부모의 과보호 아래에서 자란 2030세대를, 요사이는 정치인과 언론이 과보호하는 게 아닌가? 문제는 그런 젊은 층의 분별력과 시민의식이다.

'덜 배운 유식자'와 '많이 배운 무식자'

2010년 5월26일 〈한국일보〉는 "정부의 천안함 사태 원인 조사 결과를 어떻게 생각하느냐는 질문에 응답자의 70.1%가 신뢰한다고 답했고 신뢰하지 않는다, 모르겠다는 응답은 29.9%였다"고 보도했다. 〈한국일보〉가 미디어리서치에 의뢰해 실시한 설문조사 결과에 따르면 정부 발표를 신뢰한다는 응답은 나이가 많을수록, 학력이 낮을수록 많았다는 것이다. 덜 배운 사람일수록 현명하고 배운 사람일수록 어리석다는 결론이다.

정부 발표를 신뢰한다는 正答(정답)은 60세 이상 층이 89.9%에 달했고 50대(84.7%), 40대(70.2%)의 순이었다. 믿지 않는다는 誤答(오답)은 60세 이상 층에선 4.8%인 반면 20대는 41.6%나 되었다. 천안함 폭침이 북한 소행임을 믿지 않는다는 誤答(오답)은 中卒(중졸) 이하 층에서 9.4%로 가장 낮았고 대학 在學(재학) 이상 층에서 30.7%로 가장 높았다.

세계 최고 학력(2030세대의 大卒率은 약 60%)과 세계 최고 대학 진학률(약 80%)을 자랑하는 한국의 젊은 층이 속아 넘어가는 데도 1등이란 희한한 사실이 확인된 것이다. 이는 한국 교육의 총체적 실패를 뜻한다. 천안함 폭침을 믿지 않는 유권자가 1인 1표제에 따라 천안함 폭침을 믿는 건전한 국민들과 동등한 선거권을 행사하는 건 문제가 있다. 그렇다고 보통 선거권을 제한할 수도 없다.

시간이 걸리더라도 이들을 교육하고 선도해야 하는데, 이들에게 영합하기에 바쁜 언론과 정치가 문제이다. 5060세대의 대학 졸업률은 약 10%이고 이들의 자식 세대(2030세대)는 그 여섯 배이다. 부모 세대가 희생적으로 아들딸을 교육, 세계 최고 학력자로 만들었다. 그런데 약 40%는 '정치적 선동에 속아 넘어가는 데서도 세계 1등인 괴물들'이 된 셈이다.

大卒者의 문서 해독력이 최저 수준

高학력자일수록, 젊은 층일수록 광우병 怪談(괴담), 천안함 음모설과 같은 좌익들의 거짓 선동에 넘어가 진실을 믿지 않게 되었다는 것은, 한국 사회가 당면한 가장 큰 문제이다. 속는다는 건 말에 속는다는 뜻이다. 인간은 말과 글에 대한 이해력이 약하면 잘 속게 되어 있다. 2001년 한국교육개발원이 15세에서 65세까지의 국민 1200명을 대상으로 조사한 결과는 놀랍다. 大卒(대졸) 이상 한국인의 고급문서 해독력이 OECD 국가 중 꼴찌였다. 고학력층의 文解力(문해력)이 약한 것과 이들이 선동에 잘 넘어가는 것 사이엔 관련성이 있을 것이다.

교육개발원 조사에 따르면, 한국인의 고급 文解力은 2.4%로 꼴찌인데 1등인 스웨덴은 35.5%였다. 즉 스웨덴 국민 세 명 중 한 명은 고급 정보를 활용, 구사할 수 있으나 한국인은 100명 중 두세 명만이 고급정보를 이해할 수 있다는 뜻이다. 한국 大卒 이상자의 문해력은 노르웨이의 中卒 以下者(이하자)와 비슷한 수준이었다.

서울대 국어교육과 閔賢植(민현식) 교수는 2009년 발표한 '국어 능력 실태와 문법 교육의 문제점'이라는 논문에서 "한글전용 덕분에 단순 문맹률은 낮으나, 規範(규범) 교육이 부실하여 실질 문맹률인 文識性(문식성, literacy)이 낮고, 高학력자일수록 문식성이 낮게 나타났다"고 발표했다. 閔교수는 "1990년부터 중학교에서 漢字(한자)가 선택 교과로 格下(격하)돼 한국인의 한자 및 한자어 이해력이 급감하고 있다"며 "한글전용으로 인해 한자어의 語源(어원) 의식 상실로 한글세대에게는 漢字語(한자어)의 同音異義語(동음이의어)가 多義語(다의어)로 인식되는 현상이 생기고 있다"고 했다.

閔교수는 '진통'(陣痛: 산모가 해산할 때 주기적으로 반복되는 통증)과 '진통'(鎮痛: 통증을 가라앉혀 진정시킴)을 예로 들었다. 醫大(의대)의 산부인과 학생들이 '산모가 진통을 시작하자 진통 주사를 놓았다'라고 한글체로만 익히다 보니 語源(어원) 의식이 없어 한 단어의 多義語(다의어)인 것으로 착각하는 경향이 있다는 것이다. '전자파'(電磁波, electromagnetic wave)와 '전자파'(電子波, electron wave)는 한글로만 적으면 변별이 안 된다. 이러다 보니 미묘한 개념의 정확한 변별이 이루어지지 못하고 어휘력도 줄게 된다는 것이다.

'人才'(인재)는 재주가 뛰어나게 놀라운 사람이란 뜻이고, '人材'(인재)는 학식이나 능력이 뛰어난 사람이란 뜻이다. '配置'(배치)는 사람이나 물자 따위를 일정한 자리에 알맞게 나누어 둠이란 뜻이고, '排置'(배치)는 일정한 차례나 간격에 따라 벌여 놓음이란 뜻인데 '인재', '배치'로 표기하면 이런 변별 의식이 사라져 버린다.

漢字 말살의 업보

고학력자일수록 좌익의 선동에 넘어가는 비율이 높고 고학력자의 문해력이 낮은 것, 이는 '漢字(한자) 말살에 의한 한글專用(전용) 풍조가 한국인의 말과 글과 事物(사물)에 대한 이해력을 약화시켜 잘 속게 만든다'는 가설을 뒷받침한다. 學曆(학력)이 좋지 못한 고령자가 學歷이 좋은 젊은 층에 비하여 선동에 잘 속지 않는 이유 중 하나는 고령자들의 漢字(한자) 실력 덕분이 아닐까?

일본 유권자들은 투표할 때 용지에 지지 후보자와 정당 이름을 漢字로 적어 넣는다. 文盲率(문맹률)이 1%밖에 안 되는 나라만이 할 수 있는 방식이다. 유권자들이 투표에 참여하려면 漢字에 밝아야 하고 무엇보다도 선거에 관심이 있어야 한다. 대부분의 나라는 후보자와 정당 이름 앞에 도장을 찍는 방식을 사용하고, 문맹률이 높은 곳에선 정당의 상징을 동물 도안으로 만들어 투표를 돕기도 한다. 같은 漢字 문화권인 한국에서 일본식으로 투표하게 한다면 어떤 결과가 나올까? 한국과 일본의 國力(국력) 및 교양 차이는 漢字 실력의 차이이기도 할 것이다.

30대 젊은 기자 金泌材(김필재) 씨는 이렇게 썼다.

〈짧다면 짧고 길다면 긴 2년 동안의 일본 생활에서 얻은 가장 큰 수확은 漢字(한자)를 익힌 것이다. 漢字를 배움으로써 多重宇宙論(다중우주론), 平行宇宙論(평행우주론) 등 어려운 과학용어의 뜻을 명확하게 이해하게 됐다. 한자를 통해 母國語(모국어)의 讀解力(독해력)이 증대되었고, 세상이 一次元(일차원)에서 입체적으로 보이기 시작했다. 한글만 익히면 당연히 水平的(수평적)이고 단순한 사고밖에 할 수 없다. 외눈박이 인간이 되기 쉽다. 左派(좌파)가 漢字를 사용하는 것을 본 적이 없다〉

40년간 계속된 漢字말살-한글專用으로 한국어는 반신불수, 암호화, 저질화되었고, 정보전달의 부정확, 고급독서 불가능의 결과를 초래했다. 또 人文學(인문학)의 붕괴를 초래하여 국민교양이 황폐화되고, 국가 엘리트층이 약해졌다. 언어의 타락은 정신의 타락으로 이어지고, 잘 살면서도 고마움을 모르며 불평불만이 많은 마음 속으로 좌익 선동이 파고들어 고학력일수록 잘 속는 '배운 무식자들'을 양산, 사기꾼과 깽판꾼과 반역자들이 선출직에 뽑히고 있다.

더 큰 문제는 지도층 인사들이, 漢字 말살에 의한 한국어 파괴가 萬惡(만악)의 근원이란 점을 전혀 모르고 있다는 점이다. 문제점을 알면 문제가 풀리는데 문제를 문제로 인식하지 않으니 대한민국은 희망이 없는 나라가 된 것인가? 이런 나라가 200년 내에 선진국이 된다면 행운일 것이다.

故 吳之湖(오지호) 화백은 1971년에 쓴 《國語에 대한 重大한 오해》란 소책자에서 이렇게 예언하였는데 불행히도 적중했다.

〈그러면, 이 땅에서 한자가 깨끗이 소멸한 다음에는 어떤 사태가 야기될 것인가.

1. 少數(소수)의 특수 지식인을 제외한 일반 국민은 언어능력의 원시화에 의한 사고능력의 퇴화로 말미암아 국민의 정신 상태는 한자 수입 이전의 저급한 단계로 환원될 것이다. 젊은 세대에 있어서는 이와 같은 사태가 이미 진행 중에 있다.

2. 학술을 연구하는 자는 필리핀이나 인도처럼 순전히 유럽어를 사용하지 않으면 안될 것이다. 그 결과 국민은 白人化(백인화)한 소수의 지식귀족과 한글밖에 모르는 다수의 원주민 低知識族(저지식족)

의 두 가지 계층으로 나누어질 것이다.

3. 우리의 민족문화는 黃人文明(황인문명)의 일환으로서 한자와 한자어를 바탕으로 생성하고 발전되어 왔다. 한자를 없앰으로써 이 강토에서 수천 년 동안 連綿(연면)히 계속되어온 우리의 고유문화는 그 전통이 단절될 것이다. 그 불가피한 결과로 국민의 생활감정과 사고방식은 외형적, 또 말초적 면에서 歐美化(구미화)할 것이다.

4. 동양문화권으로부터 스스로 이탈함으로써 한민족은 天涯無依(천애무의)의 문화적 고아가 될 것이다〉

'내 편이냐, 네 편이냐'가 판단 기준

2010년 5월 〈중앙선데이〉와 한국리서치는 천안함 爆沈(폭침) 관련 정부 조사 발표에 대한 여론조사를 실시, 정치 성향별로 비교했다. 자신의 정치성향을 '보수'라고 답한 이들의 약 63%가 정부 발표를 믿는다고 응답했다. '중도'라는 이들의 58.5%, '진보'라는 이들의 44.5%만 신뢰한다고 정답했다. 보수는 正答率(정답률)이 높고, 이른바 진보는 誤答率(오답률)이 높다는 이야기이다. 한나라당 지지자의 73.1%는 천안함 폭침이 북한 소행이라고 응답하였는데, 민주당 지지자는 47%만 그렇게 믿는 것으로 나타났다(무당파는 52%).

한나라당 지지자들과 많이 겹치는 보수적 성향의 국민들보다 민주당 지지자들과 겹치는 이른바 진보적 성향의 국민들이 더 많이 '천안함 怪談(괴담)'에 넘어가 사실을 사실로 받아들이지 않게 되었다는 이야기이다. 정치적 성향이나 이념이 사실 인식에도 영향을 준다는 게 입증된 셈이다.

이념에 함몰되면 '내 편이냐 네 편이냐'를 기준으로 진실과 거짓, 善과 惡, 합법과 불법을 가른다. '내 편의 거짓'과 '내 편의 惡'은 '내 편'이므로 진실과 善이 된다. 한국에선 요사이 한국에선 '이념보다 사실이 중요하다'는 신념을 갖고 살아야 할 기자와 판사도 흔들린다. 한 사회의 판단 기준이 되어야 할 기자와 판사가 양심을 잃게 되면 '기준 없는 사회'가 '심판 없는 경기장'처럼 되어버린다.

기자와 언론의 선동기관화

주진우라는 한 잡지 기자가 어느 출판 기념회에서 아래와 같은 말을 하였다가 朴正熙 대통령 아들 志晩(지만) 씨로부터 死者(사자)에 대한 명예훼손으로 고소당했다.

〈1964년도에 대통령이 독일에 간 것은 맞습니다. 거기까진 팩트인데 뤼브케 대통령을 만나지도 못했습니다. 그때 뭐였었냐면요. 독일은 이미 조금 민주화가 되어서 대통령이 오자마자 호텔을 민주화 인사들하고 시민단체 인사들이 데모를 해가지고요, 대통령은 다른 데 한 발짝도 바깥에 못나갔다고 합니다. 그리고 대통령은 아니 독재자하고, 우리나라도 그렇잖습니까? 아프리카에서 쿠데타로 정권 잡은 사람이 온다고 해서 막 만나주고 그러지 않습니다. 아무리 이명박도 그러지 않잖습니까? 만나지도 못했습니다. 탄광에 간 거는 맞는데, 나머지는 다 구라(거짓말)입니다, 그거〉

주 씨가 자신 있게 한 이 말은 물론 허위이다. 朴正熙 대통령과 서독

254

대통령 뤼브케 사이엔 몇 차례의 회담과 식사 자리가 있었고 당시 국내 신문에 자세히 보도되었다. 주 씨는 서독 대통령이, 자신을 찾아온 박정희 대통령을 독재자라고 치부하여 만나주지 않은 것처럼 썼다. 한국을 무슨 식민지 정도로 생각하는 듯하다. 主權(주권)국가 頂上(정상)끼리의 회담이 갖는 외교상의 중요성을 전혀 이해하지 못하는 폭언이자 自虐的(자학적) 상상이다. 박정희를 미워하는 마음이 앞서다가 보니 기초적 사실 확인도 생략한 듯하다.

시간에 쫓기는 기자는 실수할 수 있다. 誤報(오보)도 할 수 있다. 중요한 것은 그 다음이다. 실수에 대하여 인정, 사과하면 된다. 그렇게 했을 경우, 지만 씨는 고소를 취하해야 할 것이다. 만약 명백한 허위 사실이 밝혀졌는데도 광우병 선동 MBC의 PD들이 그러했듯이 억지를 부리면서 변명만 한다면 기자가 아니라 선동원이라고 볼 수밖에 없다. 주진우 씨는 자신이 기자인지, 선동원인지를 스스로 결정해야 한다.

박건찬 종로경찰서장은 2011년 11월28일 밤 광화문 일대에서 韓美 자유무역협정(FTA) 비준 무효화를 요구하며 不法(불법)집회를 벌이던 시위대에 집단 폭행당했다. MBC는 이와 관련, "폭력 행위를 용납할 수 없다"는 경찰 입장과 "당시 경찰 행동에 문제가 있었다"는 시위대 입장 사이에 논란이 있다는 식으로 보도했다. 11월28일 뉴스데스크는 "영하의 날씨에 물대포 진압으로 이미 감정이 격앙돼 있던 상황. 이런 상황에서 경찰서장이 사전 통보 없이 경호조와 채증조를 데리고 시위대 한 가운데를 가로지른 건 시위대를 자극하기에 충분했고, 그래서 상당수 시위대들이 흥분할 수밖에 없었다는 겁니다"는 기자의 설명을 담았다. "영하의 날씨에 물대포 진압으로 이미 감정이 격앙돼 있던 상황"이라는 설명 때는 경찰의 물대포 사용 영상도 나왔다. 시청자로 하여금 물대포 사용이 시위대를 자극한 것처럼 느끼게 보도한 것이다.

MBC 보도와 달리 이날 경찰은 물대포를 사용하지 않았다. 경고방송만 했었다. 이런 지적을 받아도 MBC는 정정 보도를 하지 않았다. 경찰도 "MBC는 원래 그러니까…"라면서 항의를 하지 않았다.

최은배 부장판사는 '뼛속까지' 從北?

기자에 이어 판사도 선동에 가담한다. '우리법연구회' 소속 최은배 부장판사가 페이스북에 올린 글의 내용은 다음과 같았다.

〈뼛속까지 친미인 대통령과 통상관료들이 서민과 나라 살림을 팔아먹은 2011년 11월22일, 난 이 날을 잊지 않겠다〉

문맥상 崔 판사는 親美(친미)를 惡으로 보는 듯하다. '뼛속까지', '팔아먹은'이란 극도로 감정적인 어휘 선택은 그가 미국을 증오하는 사람이 아닌가 짐작하게 만든다.

親美는 악인가? 미국은 군사동맹국이다. 미국은 '알지도 못하는 나라의 만나 본 적도 없는 사람들을 지키기 위하여' 젊은이들 延 150만 명을 한국 戰線(전선)으로 보내 한국을 구했다. 5만 4000명이 죽고 10만 명이 다쳤다. 이런 희생이 없었더라면 최 판사는 김정일 치하에서 살고 있을 것이다. 미국이 피 흘린 代價(대가)로 제주도를 달라고 했다든지, 金鑛(금광) 개발권을 가져갔다는 이야기를 들어 본 적이 없다. 이 동맹 덕분에 한국은 1953년 이후 북한 정권의 재남침을 저지하고, 경제건설과 민주화에 노력하여 年 1조 달러의 무역국(세계 9위), 세계 7위의 수출대국, 세계 5~6위권의 공업대국, 그리고 생동하는 민주국가를 만들었다. 그렇다면 한국의 대통령은 의무적으로 親美노선을 가야 한다.

親美와 사대주의는 다르다. 親美는 國益(국익)을 수호하기 위한 수단이다. 사대주의는 國益을 포기한 굴종이다. 李明博 대통령은 親美한 사람이지, 事大(사대)한 사람이 아니다.

판사는 심판자 역할을 하므로 자신의 정치적 성향을 노출시켜선 안 되는 직업이다. 영국 축구팀과 프랑스 축구팀이 경기를 하는데 심판이 평소에 "난 영국 놈들이 정말 싫어"라고 公言(공언)하고 다닌 인물이라면 심판의 공정성을 누가 믿겠는가?

괴테가 말하기를 "행동하는 사람에겐 양심이 없다. 관찰하는 사람에게만 양심이 있다"고 했다. 판사는 관찰자의 입장을 벗어나 행동가나 참여자가 될 때 양심을 떠나게 된다는 뜻이다. 판사는 헌법과 법률과 양심에 따라 독립적으로 판단해야 하는 사람이다. 행동가로 데뷔하고 싶다면 변호사가 되어야 한다.

'서민과 나라살림을 팔아먹은'이란 최 판사의 표현은 좌파운동권 수준의 선동이다. 대통령과 관료들을 '매국노'라고 폄하한 셈이다. 법치국가에서 이런 글을 쓰고도 판사직을 유지할 수 있는 나라는 많지 않을 것이다. 이런 수준의 感性(감성)과 知性(지성)을 가진 판사가 과연 재판을 이성적으로 공정하게 진행할 수 있을까?

법원의 좌경화

그가 재판장으로 있는 인천지법 행정 1부는 2011년 12월8일 민주노동당(이하 민노당)에 불법후원금을 냈다는 이유로 해임 또는 정직 처분을 받은 전국교직원노동조합(이하 전교조) 인천지부 소속 교사 7명이 나근형 인천시 교육감을 상대로 낸 징계처분 취소 소송에서 '야당한테 준 후원금은 죄가 되지 않는다'는 취지로 원고 승소 판결을 했다. 이들은 민노당에 불법 후원금을 낸 혐의로 형사 기소돼 2011년 1월 서울중앙지법에서 30만~50만 원의 벌금형을 선고받았으며, 현재 서울고등법원에서 2심 재판이 진행 중이다.

민노당과 전교조는 從北反美(종북반미) 성향을 공유하고, 전교조는 민노당의 母胎(모태)인 민노총 소속이다. 최 판사가 소속한 '우리법연구회'도 좌편향적이란 비판을 많이 받았다. 민노당은 더구나 한미동맹 해체, 주한미군 철수, 연방제(적화)통일, 국가보안법 폐지를 강령으로 삼아 활동한다. 불법과 폭동도 서슴지 않는다. 최 판사의 판결은 그의 막말에 어울리고 '뼛속까지 從北'이 아닌가 하는 의구심을 불러일으킨다.

'개방 노선'을 감정적으로 비판한 최 판사의 글로 미뤄 그는 소위 '폐쇄적 자주 노선' 지지자로 보인다. 한국이 1조 무역大國(대국)이 된 것은 자주적 개방노선 덕분이고, 북한 정권이 세계 最貧國(최빈국)이 된 것은 폐쇄정책 때문이다. 개방노선이 제공한 세계시장이란 무대에서 이승만, 박정희, 정주영, 이병철, 과학자, 기술자, 기업인, 근로자들이 신나게 일하였고, 그 덕분에 최 판사는 유복한 생활을 누리고 있는 것이다.

참고로 이용훈 대법원장이 취임한 2005년 7월 이후 5년간의 親北(친북)·左翼(좌익)·국가 공권력 도전 혐의자 관련 37개 사건 40개 판결을 분석한 결과, 무죄가 14건으로 전체의 35%에 해당했다. 그밖에 유죄-집행유예 16건, 구속영장 기각 5건, 처분취소 2건, 선고유예 1건, 공소기각 1건, 기타(수사기록 공개) 1건이었다. 유죄를 선고한 16건의 경우도 모두 집행유예로서 실제로 형을 집행한 경우는 없었다. 언론에 보도된 재판을 조사대상으로 삼았으므로 실형 선고가 전혀 없었다는 뜻은 아니다. (출처:《문제판사 감시핸드북》 12페이지, 李知映, 2010년)

從北=파쇼좌익

최근 몇 년간 있었던 가장 큰 선동은, 李明博 대통령이 취임사에서 한 "이념의 시대는 끝났다"는 몽상적 발언이었다. 그는 지난 4년간 한 번도 '從北'이란 말을 입에 담지 않았다. 한국 사회의 가장 큰 병리 현상을 없는 것으로 치부하였다. 李 대통령은 한반도의 현실과 동떨어진 幻想(환상)을 만들어 그곳을 도피처로 삼았다. 그렇게 하여 從北세력을 키운 것이다. 대통령의 가장 큰 힘은 연설인데, 스스로 敵前(적전)에서 이념 무장해제를 단행한 李 대통령은 反국가세력이 주도한 폭동을 당하고도 분노할 줄 몰랐다. 레이건과 대처, 李承晩(이승만)과 朴正熙(박정희)의 성공 요인은 이념형 지도자였다는 점에 있다.

마가렛 대처 영국 수상은 좌익이 지배하던 탄광노조의 不法 행위를 진압, 지도력을 확보, 국가개혁에 성공했다. 파업 중이던 영국 탄광노조는 정부가 발전소 및 제철소로 수송하는 석탄이나 코크스를 저지하기 위하여 시위대를 투입했다. 경찰이 이를 진압하려 하니 충돌이 빚어졌다. 1984년 5월29일엔 5000명의 시위대가 경찰에 돌을 던졌다. 경찰은 騎馬隊(기마대)를 동원하여 이들을 짓밟았다. 69명이 다쳤다. 다음날 대처 수상은 유명한 연설을 했다.

〈여러분들은 어제 텔레비전을 통해서 그 광경을 보셨을 줄 압니다.

어제 광경은 법치(the rule of the law)를 暴治(폭치 · the rule of the mob)로 뒤바꾸려는 책동이었습니다. 그게 성공하도록 내버려둬선 안 됩니다. 저들의 기도는 실패할 것입니다. 첫째, 훌륭한 경찰이 있습니다. 그들은 자신들의 직무를 용감하게, 그러나 공정하게 집행할 수 있도록 잘 훈련되었습니다. 둘째, 압도적 다수의 영국인들은 명예를 중시하고, 점잖으며, 법을 준수하는 이들입니다. 이들은 협박에 굴복하지 않습니다. 저는 시위대를 뚫고 일터로 나간 분들의 용기에 경의를 표합니다. 법치는 暴治를 눌러야 합니다〉

대처는 탄광노조의 지도부를 노동운동가로 보지 않았다. 그들을 극좌 공산주의자로 보았다. 그는 회고록에서 이렇게 썼다.

〈탄광노조의 파업이 실패함으로써 영국은 파쇼 좌익(the Fascist Left)이 무정부 상태를 만드는 것을 용납하지 않는다는 사실을 확인했다. 마르크시스트들은 법이 지배하는 나라에 도전함으로써 경제의 법칙을 무너뜨리려 했다. 그들은 실패했다. 그럼으로써 자유시장경제와 자유로운 사회는 상호의존적임을 증명했다. 누구도 잊을 수 없는 교훈이었다〉

김정일 정권을 추종하는 종북세력이야말로 '파쇼좌익'이다. 문제는, 그렇게 규정한 뒤 국민들을 설득하고 경찰 · 검찰에 힘을 실어주었어야 할 대통령의 이념不在(부재)이다. 이념은 '공동체의 利害(이해)관계에 대한 自覺(자각)'(황장엽)이고 '자기 정당성에 대한 확신'이며 한반도에선 가장 큰 전략이다.

이념은 또한 감정이라고 한다. 거짓과 위선, 학살과 독재에 대한 분노가 '이론화된 신념'으로 승화되어야 憎惡(증오)의 과학인 공산주의를 누를 수 있다. 이념이 모든 것인 나라에서 이념은 별 것 아니란 풍조를 확산시켜 彼我(피아)식별 기능을 마비시킨 李대통령은, 2030세대가 좌익선동에 잘 속아 넘어가도록 방치한 책임을 지게 될 것이다.

理念대결을 피하여 진 서울시장 선거

YTN은 2011년 10월26일 서울시장 투표일에 실시한 出口(출구)조사를 소개하면서 재미있는 통계를 제시하였다. 투표하고 나온 사람들에게 "(오세훈식) 선별 급식과 (이른바) 전면 무상급식 중 어느 쪽을 지지하느냐"고 물었더니 '선별급식' 지지가 53.1%, '전면 무상급식' 지지가 41%였다는 것이다. 나경원 후보를 찍었다는 사람들 중엔 85%가 '선별급식'을 지지했고, 박원순 후보를 찍은 이들 중에선 70%가 '전면 무상급식'을 지지했다.

이 선거에서 박원순 후보는 약 53%, 나경원 후보는 약 46%의 득표율을 보였다. 선거는 朴후보가 이겼으나 보궐 선거의 원인을 제공하였던 급식문제에서는 투표자들이 매우 보수적 성향을 보였다는 이야기이다. 이는 한나라당의 선거 전략이 民心(민심)을 잘못 짚었을 가능성을 드러낸다. 당시 한나라당 洪準杓(홍준표) 대표와 朴槿惠(박근혜) 의원은 나경원 후보에게 '전면 무상급식 반대'를 선거쟁점으로 만들지 말 것을 주문하였다고 한다.

이를 받아들인 羅후보는 가장 유효한 무기를 칼집에 넣어버린 셈이다. 羅후보가 좌파의 낭비적 복지 정책을 정면 공격하였더라면 2011년

8월 주민투표날에 투표장으로 나왔던 216만 표(대부분이 무상급식 반대)를 확보하고 박원순 후보의 비리에 분노한 표를 더할 수 있었을 것이다. 한나라당은 보수 성향 시민들이 가진 불만과 분노를 애써 터트리지 않는 전략으로 임하여 50세 이상 유권자들을 대거 투표장으로 불러내는 데 실패하여 졌다.

복지정책은 이념문제이다. 한나라당의 패배는 이념대결을 피한 결과라고 해석된다. 한반도에서 가장 큰 戰略(전략)은 언제나 이념이다.

안철수는 安保백치?

선동에 잘 속아 넘어가는 고학력 집단인 2030세대의 寵兒(총아)가 안철수 서울대 교수이다. 그가 '안철수의 생각'이란 對談集(대담집)을 내기 전, 구글(Google)에서 그가 남긴 수많은 인터뷰, 기고문, 연설문을 23개의 키워드로 검색해보니 놀라운 결과가 나왔다. 그는 천안함 폭침·연평도 포격·광우병 난동·韓美 FTA·전교조·종북·공산당·김정일·3대 세습·북한인권·강제수용소·서울올림픽 등 안보 문제와 관련된 말을 한 번도 하지 않은 것으로 나왔다(2011년 11월17일 기준). 2011년 8월17일, 안철수 씨는 경남 창원에서 열린 '청춘콘서트'에서 '좌우 이념 구분이 소모적인 것'이라고 주장했다. 그는 "외국에서는 좌파, 우파 논쟁이 20년 전에 끝났다고 하더라. 아직도 논쟁하는 나라는 지구상에 우리나라 밖에 없다고 한다"고 말했다. 그러면서 "지금 좌파, 우파 논쟁하면서 허송세월할 만큼 우리나라 상황이 녹록치가 않다. 굉장히 소모적"이라고 비판했다.

安씨의 이런 태도에 대하여 국민행동본부는 '안보 백지인가, 안보 백치인가'라는 제목의 성명서에서 "국가大事에 대한 찬반 의견이 없는 이는 公職(공직)에 출마할 자격이 없다. 安씨는 安保(안보)문제에 대한 언급이 全無(전무)하다. 남태평양 통가 사람이 아니라면 있을 수 없는 현실도피이다. 안보에 관심도 흥미도 없다면 정치포기를 선언하라! 김정일 정권을 비판한 기록이 없는 이는 절대로 公職을 맡아선 안 된다"고 주장했다. 이 성명서는 또 "安씨는, 지난 서울시장 선거에서 나경원 후보를 지지한 이들을 비상식파, 박원순 후보 지지자를 상식파로 분류하였다. 투표자의 46%를 敵對視(적대시)하는 그런 몰상식으로 누구를 지도하겠다는 건가!"라고 비판했다.

安씨가 구사하는 어휘력은 매우 한정되어 있다. 金泳三(김영삼), 李明博 수준이다. 漢字문화의 교양이 보이지 않는다. 선동에 잘 속는 2030세대와 여러 모로 어울리는 사람이다. 인간은 어휘력만큼만 성장할 수 있다는 말이 있는데, 安씨는 그런 한계를 넘은 사람으로 보인다.

역사의 교훈을 거꾸로 배우는 韓民族의 부끄러운 쬡性(습성)

- 1592년 임진왜란: 보름만에 서울 함락
- 1627년 정묘호란: 後金(후금) 군대가 압록강을 넘은 지 11일 만에
평양 점령(조선, 휴전협상에 응하여 형제의 맹약을 하다)
- 1636년 병자호란: 後金의 後身(후신)인 淸軍(청군)이 압록강을 건
넌 지 열흘 만에 서울 점령. 인조는 남한산성으로 피했다가 항복

임진왜란에 대비하지 못하였던 조선은 그 35년 뒤 정묘호란을 당했고, 다시 그 9년 뒤 병자호란을 허용했다. 대비를 하지 않은 상태에서

강경론을 편 탓이다. 실수로부터 배우지 못하였다. 1910년의 韓日합병도 역사의 실패로 배우지 못한 조선조의 종말이었다. 이런 체질은 요사이도 계속된다.

1989~1991년 사이 동구와 소련의 공산체제가 무너졌다. 사회주의 실패를 보고도 한국에선 좌익들이 득세하기 시작했다. 2011년 유럽에서 과잉복지로 경제위기가 발생하고, 그리스, 이탈리아, 스페인 등 과잉 복지국가의 정권들이 바뀌었다. 이를 보고도 한국에서는 이른바 무상복지 선동이 기승을 부린다.

천안함 폭침을 당한 8개월 뒤 또 다시 연평도 포격을 당했다. 두 번 다 응징을 하지 못했다.

1870년 普佛(보불, 프로이센·프랑스)전쟁 때 프로이센에 진 프랑스는 이를 갈다가 1914년에 일어난 제1차 세계대전 때 독일을 이겨 빼앗겼던 알사스 로렌 지방을 되찾았다. 이에 화가 난 독일은 히틀러를 등장시켜 1940년 전격전으로 프랑스를 패배시켰다. 프랑스는 그러나 드골의 영도 하에 연합군의 일원으로 반격을 개시, 제2차 세계대전이 끝날 때는 戰勝國(전승국)으로서 패전 독일을 미국, 소련, 영국과 함께 분할 점령하고 UN안보리 상임이사국이 된다.

일본은 1274년 몽골·고려 연합군의 침공을 받았다. 하카다에 상륙한 연합군은 일본 가마쿠라 막부軍을 大破(대파)했으나 폭풍을 만나 후퇴했다. 그 7년 뒤인 1281년 몽골·고려 연합군 10만은 다시 일본을 침공, 상륙전을 벌였다. 이번엔 陸戰(육전)에서도 일본군에 밀렸다. 일본군은 몽골군의 再侵(재침)을 예상, 준비를 단단히 하고 있다가 반격을 했고 폭풍이 몰려 와서 정박 중이던 연합군의 함선들을 크게 부쉈다. 일본은 제국주의 시절에 미국 등으로부터 개항을 강요당하자 정신을 차리고

1868년 명치(明治·메이지)유신을 단행, 先制的(선제적) 근대화에 착수함으로써 식민지 신세를 면하고 오히려 식민지 확보에 나섰다.

이런 유권자가 간첩이 선거를 통해 대통령이 되는 길을 막을 수 있나?

한국은 역사에서 실패의 반복을 방지할 지혜를 배우는 민족이 아니라 역사의 교훈을 거꾸로 배우는 듯하다. 즉 실패의 요인을 제거하지 못하고 계속 키워가다가 더 큰 재앙을 잇달아 부르는 것이다. 공산 침략으로 300만 명이 죽는 비극을 당한 지 50여 년 만에 공산주의자들이 다시 한국에서 발호하도록 허용한 민족이다. '죽어봐야 죽는 줄 안다'는 말이 있는데 韓民族(한민족)은 그럴 것 같지도 않다.

《1984》, 《동물농장》의 著者(저자) 조지 오웰은, '배운 무식자들'의 말장난은 끝없이 계속될 수 있는데 그런 관념의 유희가 끝장나는 건 전쟁이 터졌을 때라고 했다. '고학력층일수록 잘 속고 저학력층일수록 건전한' 한국 사회에서 세계 최고 학력층이 벌이는 관념의 유희를 방치한다면 한국은 內戰 등의 流血(유혈)사태나 경제공황, 또는 남미식의 무질서로 빠져들 것이란 예감이 든다. 이렇게 배운 무식자들이 많으면 간첩이 선거를 통해 대통령이 되어 국군 통수권을 행사하는 일도 불가능하지 않다. 한국의 어린 민주주의가 종북정권이 선거를 통하여 등장하는 것을 막을 힘이 있는지 2012년에 결판이 날 것이다.

漢字를 포기함으로써 國語를 암호 및 소리 수준으로 격하시킨 文法(문법) 파괴의 국민들이 憲法(헌법) 파괴를 막기는 어려울 것이다. 좌경화 30년은 한글專用의 확산 시기와 일치한다. 좌경화가 헌법을 붕괴시키

고, 한글專用은 문법을 파괴하였다. 좌경세력이 漢字말살에 앞장 선 것
도 우연이 아닐 것이다. 한자말살–한글전용으로 국민 교양이 무너진 토
양에서 좌익이 번식했던 것이다. 言語(언어)는 思想(사상)을, 사상은 행동
을 결정한다.

비관적 이야기를 많이 했지만, 나라를 쪼개는 左右 대결, 계층 대결,
貧富 격차 등 모든 문제의 根源(근원)을 순식간에 치유할 수 있는 방법
이 있긴 하다. 5000만 국민을 안심시킬 수 있는 단 한 번의 선언이면
족하다.

새누리당, 민주당, 진보당, 좌파·우파 단체, 박원순·안철수 씨 등
이 한데 모여 "북한 동포 탄압하는 북한 독재정권 물러나라"는 공동성명
만 발표하면 나라는 하나가 될 것이다. 이것이 애국 시민의 갈망이고 헌
법의 요구이다. 그렇게 한 뒤에 좌파를 하든, 우파를 하든, 보수를 하든,
진보를 하든 대한민국 憲政질서 안에서 치열하게 싸우면 된다. 북한 정
권과 從北세력을 공동체의 敵으로 확실하게 규정한 바탕 위에서, 대한
민국 편에 선 이들이 모여 헌법의 범위 안에서 경쟁하고 싸우는 것은 분
열이 아니고 生動(생동)하는 민주국가의 표상이다. "북한 독재 정권 물러
나라"는 말을 하기가 그렇게도 어려운가? "李承晩, 朴正熙, 全斗煥 물러
나라"고 외쳤던 이들은 다 어디로 갔는가?

"從北척결 자유통일, 부패척결 一流(일류)국가"라는 국민행동본부 구
호대로 從北–부패를 추방하여 법치국가를 만들어야 대한민국이란 龍은
계속 昇天(승천)할 수 있을 것이다. 무역 1조 달러를 달성한 한국인들이
亢龍有悔(항룡유회: 용이 하늘에 올라 내려 갈 길밖에 없음을 후회하는 것)의 악몽
을 쫓아내려면 文法과 憲法을 회복해야 한다.

안철수檢證보고서

펴낸이 | 趙甲濟
펴낸곳 | 조갑제닷컴
초판 1쇄 발행 | 2012년 8월10일
증보판 1쇄 발행 | 2012년 10월26일

주소 | 서울 종로구 내수동 75 용비어천가 1423호
전화 | 02-722-9411~3
팩스 | 02-722-9414
이메일 | webmaster@chogabje.com
홈페이지 | chogabje.com

등록번호 | 제300-2005-202호
ISBN 978-89-92421-85-0 03340

값 10,000원

*파손된 책은 교환해 드립니다.